THE CREATIVITY CRISIS

Reinventing Science to Unleash Possibility

创造力危机

重塑科学以释放潜能

［美］罗伯塔·乃斯（Roberta Ness）／著
赵 军 安 敏／译
高 福 安志强／校审

科 学 出 版 社
北 京

图字：01-2019-0984

图书在版编目（CIP）数据

创造力危机：重塑科学以释放潜能 /（美）罗伯塔・乃斯（Roberta Ness）著；赵军，安敏译. —北京：科学出版社，2019.4

书名原文：The Creativity Crisis：Reinventing Science to Unleash Possibility

ISBN 978-7-03-060853-6

Ⅰ.①创… Ⅱ.①罗… ②赵… ③安… Ⅲ.①技术革新-研究 Ⅳ.①F062.4

中国版本图书馆 CIP 数据核字（2019）第 049261 号

责任编辑：朱萍萍　赵丹丹 / 责任校对：贾伟娟

责任印制：吴兆东 / 封面设计：有道文化

科学出版社 出版

北京东黄城根北街 16 号

邮政编码：100717

http://www.sciencep.com

天津市新科印刷有限公司印刷

科学出版社发行　各地新华书店经销

*

2019 年 4 月第　一　版　开本：720×1000　1/16

2024 年 4 月第二次印刷　印张：18

字数：276 000

定价：98.00 元

（如有印装质量问题，我社负责调换）

序　言

您正在读的这本《创造力危机——重塑科学以释放潜能》由接受过良好教育、充满智慧并有影响力的中国科学家组织翻译，对我来说有着特殊的意义。在这里，我非常感谢高福博士、安志强博士、赵军博士和安敏博士，也要感谢白玉女士和仝舟博士，他们的辛勤劳作使得本书得以付梓。也因此，我在这里专门为中文版写个序言。

作为世界人类历史上最先进的文明之一，中国拥有五千年文明史上最引以为豪的象征——四大发明。印刷术、造纸术、火药、指南针这四大发明不仅推动了中国历史的进步，也加速了世界历史的进程。汉朝金属冶炼技术的进步，促进了金属熔炉的出现和服饰金属配件的发展；宋朝时期社会经济和科学技术的发展以及日益繁荣的商业活动催生了世界上最早的纸币；机械及水力学方面的发展使链条传送系统及水车的出现成为必然；火药的发明直接促成了地雷、火箭等在中国的出现。然而，由于种种原因，中国在近几个世纪的科技创新方面发展相对缓慢。

在当代，创新与创造被认为是社会健康繁荣的关键因素，并得到了史无前例的关注。创新是公司、行业乃至整个国家发展的不竭动力。几乎全世界都公认，没有新思想，科学乃至整个社会都将停滞不前。

我自己三次访问中国的经历（两次造访高福博士及其同事，一次访问厦门大学夏宁邵博士等）使我觉得，尽管许多中国朋友谦虚地认为自己今天并没有太多创新，但我认为这要看如何定义创新。创新是一个很广义的词。我所结识的中国科学家做事都很快速、精准且高效，他们工作极为刻苦且韧劲十足，他们的超前竞争意识令人钦佩。有鉴于此，今天的中国在包括科学在内的诸多领域已经是世界强国了，也有潜力成为领导世界的强国。当前中国科学家需要做的就是发展自己在竞争中领先一步的优势。我认为这一点可以通过严格的训练来实现。

而如何增强民族创造力呢？一个解决方案就是在学校中开设激发创新性思维、提高创造力的课程。不在学校教授这些课程，却又期望获得最大的创造力，怎么可能呢？可能很多人认为想象力是天生存在而非后天开发的，但近年来的许多教授和培养创造力的项目得出的结论一致认为，创造力能够通过训练得到大幅提高。

另一个解决方案则是改变教育体制对创新的阻碍。我个人认为，即便有联邦基础经费的大力支持和大学的精益求精，美国仍然没有达到最大限度的创新。这本书是我对于原创在社会、机构和个人等多个层次上面临的阻力的看法。这些障碍是由经济、社会和伦理等多方面因素共同造成的。各个国家为了鼓励创新，都实施了一系列的措施，如设立科研基金、建设大学及开展实验等。然而，这一系列举措并未获得预期的效果，培养出来的更多的是体制化的思维模式。要想彻底改变这种状况，我们需要逐步推进对创造力的培养。中国科学界的情况同样如此。因此，这本书对于中美两个世界大国都非常适用。

口头上谈论创新往往是很容易的，真正的困难在于如何培养科技创新的社会文化。本书希望开启一个关于“人类真正想要的是什么”的讨论。是传统吗？这样发展让我们觉得安逸。或是未知？那么既有惯例就将被颠覆。最终，也许我们将被迫选择未知的事物，因为这个世界最危险的问题可能必须要用具有颠覆性的方式来解决。但如果我们不及时做出选择，那么危害将是永久性的。

中国有着庞大的人口数量、辉煌灿烂的历史、智慧且有向心力的人民，这些都使她拥有巨大的潜力。随着近四十年来社会经济的空前发展，中国已再次处于能为世界科技创新做出巨大贡献的位置。

罗伯塔·乃斯

2018 年 1 月于（美国）休斯敦

译者序

在浩荡的人类发展史中，100 年前的先人无法想象和预知科学将带给当今社会的全方位改变。当静下心来学习和思考科学发展史时，你会发现人类对科学的认知是那么的肤浅和短暂。当前，科学具有的变革性和创新潜力是空前的，但是科技界在开展科学活动时的过度“谨慎”却成为极大限制和影响“创造力”的桎梏。科学技术发展过程中不仅有“卡脖子”更有“卡脑子”问题的出现。

当科学不再完全取决于探知求索的兴趣、当科学家被迫成为“受金钱支配的奴隶”、当科学新秀坚持自己的科学奇想而不被“主流科学”认可、当科学探知过分“功利化”、当科学环境变得不再“利他”甚至自私时，科学的创造力就像是被“谨慎”束缚的花蕾，娇艳欲滴却不曾绽放，不得不说是一种遗憾。

唯有大胆探索方能实现科学的创造力，突破性的创新活动急需补给。科学是具有偶然性的过程，重大科学发现往往不能规划和设计未来，在塑造科学创造力的漫漫征途上，以社会为代表的“谨慎”一方，在资助了 30%的研发和超过半数的基础研究的同时，也把科学家和他们的工作限定在一定的范围内；以大学等研究机构为代表的组织机构，在用科学研究塑造了其品牌价值、形成良性循环以后，其所获得的财力和声望能否驱动创造力的革命性创新仍不得而知；以科学家为代表的个人，是否因求知欲而从事科学研究，而不是迫于生计或追求安逸与金钱，对创造力的实现影响甚大。而这一切的一切，成为遮挡在我们眼前的迷雾，影响我们更好地去探知科学、寻找“创造力”密码的步伐。

本书即是这样一本关于探讨科学研究的“谨慎”与“创造力”如何保持平衡，进而释放颠覆性创造创新潜能、重构科学生态系统的力作。就像原书作者罗伯塔·乃斯（Roberta Ness）教授自己所描述的那样，真正的变革（创造）需要对房间（当下的科学）本身进行“重新设计”，而不是简单地把房间内的家具改变一下摆放位置。这也就是说，需要对决定科学“创造性”和“谨慎性”的因素进行确认、分类，用更为基础的阐述找出有助于重新平衡的解决方案，而不是通过对细枝末节或某些试点项目进行分析，简单得出结论。盖新房子与重新装修一幢“旧”房子正是科学的创造与创新的区别所在，创造力的体现就是“万丈高楼平地起”。

令人耳目一新的是，原书作者没有采取说教的方式向读者灌输观点，而是运用大量的事实、案例、研究结论及科学史经典故事来对读者进行引导，激发读者在阅读中思考，进而悟出其中蕴含的道理。而这不仅是原书作者更加希望看到的结果，也印证了一个观点——科学研究可以存在争议，科学评价也不应只有一种声音，唯有互相碰撞激荡，才能释放思想和创造力的火花，“头脑风暴”是科学发现的“金钥匙”。

科学研究没有边界（国界）。本书虽然是针对美国的科研体制机制现状和案例进行的分析，但是对于中国的科技创新依然具有很好的借鉴意义。当前，中国正处于建设世界科技强国的关键时期，党的十九大擘画了新时代“加强国家创新体系建设”“加快建设创新型国家”的蓝图方略。不再坐吃人口红利，不走粗放发展的老路，“创新”“原始创新”成为中国向世界亮出的崭新名片。夯实科学的创新基础，建设创新型国家。

纲举而目张。打造创新体系，打通“创新链”，促进创新成果转化；优化科研经费配置，完善科技计划管理，下放科技成果处置权……制度藩篱渐次拆除，中国的创新战略日见成效。特别是党的十八大以来，中国的科技创新取得了举世瞩目的成就。以“蛟龙”“天眼”“悟空”“墨子”等为代表的重大创新成果相继问世；发明专利申请量、授权量都居世界前列，中国科研的开放性不断加强，中外学者合著的论文比例逐年上升，国家创新能力排名也从2012 年的世界第 20 位升至 2017 年的世界第 17 位；中国的企业创新主体地位进一步增强，在全社会研发投入、研究人员、发明专利的占比均超过70%；科技创新力量由以科研人员为主向全社会拓展，形成了“大众创业万众创新”的新局面，4000 多家“众创空间”、3000 多家科技企业孵化器和400 多家企业加速器，以及 19 家国家自创区和 156 家国家高新区形成了一个日趋完善的创业孵化生态链条。

中国的经济在快速发展，科技也在突飞猛进。然而，在中国科技创新取得举世瞩目成就的同时，我们也应清醒地看到，当前我国距离世界科技强国的建设目标还有相当大的差距，一些有碍科学创新的体制机制和科研体系还需要进一步理顺，国家科技体制改革需要继续深入推进。重构科学研究“谨慎”与“创造力”的平衡链条仍有待深入思考，而解决这些问题的密钥则有待读者在本书的阅读和思考中找寻。科学兴则国家强，我们必须清醒地认识到自己的差距，补短板、强弱项，谦虚谨慎，认真学习，把创新、创造的认识深入人心，释放创新、创造新活力。

本书不但可以为从事科学研究、高等教育、科研管理、科技政策研究、科技哲学研究等方面工作的各类研究人员、政策制定者提供有效参考，还可以作为高等院校本科生、研究生的教学参考书，同时也可以为对科技哲学感兴趣的朋友提供有效思路。不夸张地说，凡是跟科学和创新有关的人士，都值得花上一些时间认真阅读这本书，相信都会有所受益。正如原书作者所言，希望这本书可以起到抛砖引玉的作用，引发由科学家、政策制定者、科学界以外人士参与对话，以实现“谨慎”与“创造力”之间更加协调的关系以及科学创新生态系统的平衡。

像我一样，我的老朋友安志强也有长途旅行时在行李箱里带几本书阅读的习惯。本书的翻译也是一种偶然。志强自美国回国，在我的办公室向我介绍了这本书，我读了一下感觉很好，遂请求留下本书供我阅读。读了几章，我爱不释手，决定将它翻译介绍给更多的读者。这本书的作者罗伯塔·乃斯教授是志强的好友与同事，沟通后她也同意译成中文并欣然答应写中文版序言。在组织本书的翻译工作中，白玉女士做了大量工作，在此致以诚挚的感谢！

高 福

2018 年 3 月 20 日于北京

致　谢

思想的领域确实是非常伟大的，至少你没有枷锁，你有权利去探索任何高度和深度；在广阔的思想领域里，没有围墙和栅栏，也没有禁地和圣地。

——罗伯特·格林·英格索尔（Robert Green Ingersoll）

这是我承担的所有项目中最难完成的一项。实际上，在这本书的构思和写作过程中，我有两次都想放弃。但是，它却从未放弃过我。促使我一次又一次重拾这个项目的是我反复地演讲创新的经历，特别是在研究型大学中演讲创新。在问答环节，一些站在后面的年轻人恳求道："您的创新思维工具很有启发性，但是，如果我提出了非常不同寻常的想法，我可能永远都不能在职业中取得成功。您有什么好办法来解决这个问题吗？"

为了"想办法解决这个问题"，我写了《创造力危机——重塑科学以释放潜能》（*The Creativity Crisis*: *Reinventing Science to Unleash Possibility*）这本书。

在撰写这本书时，我得到了很多帮助和支持，在此，我想表示感谢。感谢保拉·斯蒂芬（Paula Stephan）审阅并对初稿提出了很多建议。她为我带来了灵感，她的著作也被我在本书中广泛地引用。同样感谢夏因·张（Shine Chang）和南希·霍普金斯（Nancy Hopkins）为本书提出的宝贵意见。本书编辑艾比·格罗丝（Abby Gross）更是厥功至伟，感谢她对本书一直保持着近乎质疑般的和非常严谨的态度。

感谢我所有的良师益友，是你们在这些年中不断激发我对创新的兴趣，特别要感谢刘易斯·库勒（Lewis Kuller）、赫伯特·尼德曼（Herbert Needleman）、托马斯·斯塔齐尔（Thomas Starzl）和刘易斯·戈德弗兰克（Lewis Goldfrank）。

感谢我的孩子乔尔（Joel）和萨拉（Sara）给予我一如既往的爱和鼓励，他们是我的力量源泉。最要感谢的是我的丈夫大卫（David），如果没有他，我将无法完成这个项目。他帮助我理清思路，提出了很多真知灼见，同时给予了我坚实的支持，并且原谅了我对他长时间的冷落。

罗伯塔·乃斯

目　录

第一部分 在现实中追求创新

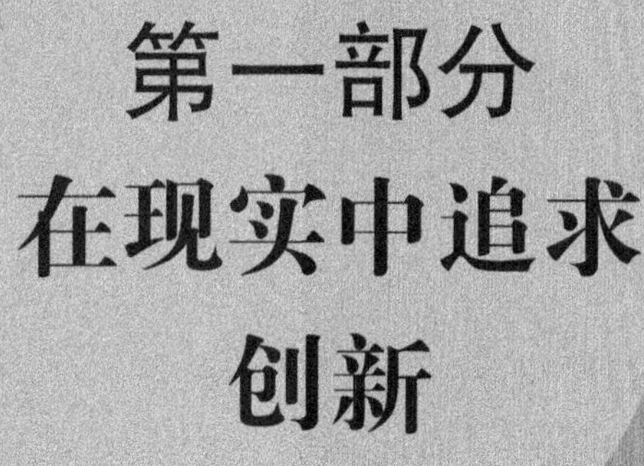

第一章　阴　与　阳

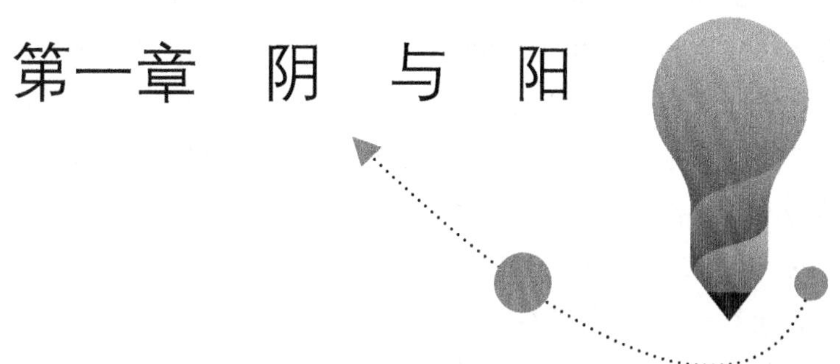

科学技术的突飞猛进，带来了难以想象的社会变革。一系列省力、有趣的产品和工艺，疏通了人们彼此间的社会关系，掀起了当今世界波澜壮阔的现代化浪潮。我们越来越多地沉浸在日新月异的智能手机、袖珍传感器、GPS 和笔记本电脑之中。我们由衷地感谢根除了天花和基本消除了小儿麻痹症的两种疫苗。我们享用着清洁的水源和健康的食物。所有这些变化，包括日益丰富的生活和不断延长的寿命，都得益于科学技术的进步。

早在 1965 年，戈登・摩尔（Gordon Moore）就认识到，集成电路单位面积上可容纳的晶体管数目每两年将翻一番。摩尔定律则预计这一趋势将持续至少十年。但是事实证明，摩尔过于保守，他没能充分预想到未来的发展潜力。从那时起，电子技术的复杂性呈几何级数增长，且一发而不可收。半个世纪以来，电子学领域的突破接踵而至，而且一个比一个惊心动魄。技术的发展速度似乎远不像登山，反而更像径直跳向天空。如果摩尔定律继续有效，未来技术发展的复杂程度将远超我们现在的预想。著名预言家、谷歌技术总监雷・科兹韦尔（Ray Kurzweil）断言，我们这代人将有幸见证机器人重新设计其他机器人的奇迹。他在 2005 年出版的《奇点迫近》（*The Singularity Is Near*）一书中断言，人类在 2045 年之前将到达令人瞠目的“奇点”，“技术变革如此迅速和深远，将造成人类历史某种程度的断裂”。

但是，科兹韦尔深信不疑的科技进步会如期而至吗？或者说难道不会如同

20 世纪 90 年代互联网泡沫那样只是一场非理性的狂热吗［时任美联储主席艾伦·格林斯潘（Alan Greenspan）语］？科兹韦尔到底是一位洞察力超凡的预言家，还是“骗子”呢？科兹韦尔曾预言那场互联网繁荣将会持续，但那个泡沫最终还是破了。事实上，他的许多其他判断也都灰飞烟灭。因此，著名的认知科学家道格拉斯·侯世达（Douglas Hofstadter）在接受《美国科学家》（*American Scientist*）杂志的一次访谈中，把科兹韦尔的著作称为“美食与狗屎的杂烩”。有些怀疑科兹韦尔的人也说其预言好景不会太长，而另一些人则认为其判断方向有误，让人误入歧途。

当然也有人对现代科技的进步速度及其质量非常不以为然，泰勒·科文（Tyler Cowen）就是其中的一位。他在 2010 年出版了一本很有影响力的著作——《大停滞》（*The Great Stagnation*），其实书名就明确表达了其观点。他虽然认同科兹韦尔关于科技进步速度的判断，但是也提出了令人信服的理由证明其他领域的科学进展是拖后腿的。科文认为，科技进步速度放缓的主要原因是缺乏创新。

科技界似乎还没有找到新思路或全新的办法来解决当今社会所面临的那些重大威胁。若不能有效地应对，这些威胁足以重创地球及其所有的赖以生存者。让人类享用可以消费得起的清洁能源依然是没能实现的美好愿望。大多数科学家认为，目前燃料资源的使用导致了极端气候，并威胁了生物物种。对每年有 500 万美国人患病并耗费 2030 亿美元医疗支出的阿尔茨海默病（又叫老年痴呆症），我们尚无医治良策。此外，对新发传染病、水荒、癌症和肥胖症等问题的科学防治仍然收效甚微，有时甚至一筹莫展。

并不是说科学界不重视或不想解决这些问题，而是科学家解决这些问题的方法和思维方式常常过于陈旧。以肥胖症为例，科学家花费了一代人的时间，研究出了数量越来越多、质量越来越好的饮食和锻炼方法，以应对这个可能减少患者 8～13 年寿命的杀手。但是，那些想让“大块头”缩减尺寸的尝试是根本行不通的。肥胖症继续折磨着 1/3 左右的美国人。而对医治这种疾病的其他可能方法的研究却仍是一片“荒地”。我们可否换一种思维呢？众所周知，许多大型食品加工厂把糖和脂肪掺杂到了廉价的玉米和大豆产品中，使得饮食中含有很多低营养热量。科学家也许可以通过改变这些“增肥食物”的制造工艺和供应链，使得食物更加健康，同时改变人们的膳食结构。也许可以设计一个评估实验，即如果减少政府对种植玉米的补贴，蔬菜和水果被包销，以及在商品标签中写明食物中卡路里与锻炼的对应关系，看这些是否会影响美国人的腰围。或者，科学家还可以研究在热量之外的其他导致肥胖症的因素。2007 年，克里斯塔基斯（Christakis）和福勒（Fowler）就曾在发表于《新英格兰医学杂志》（*New England Journal of Medicine*）的一篇论文中指出，如果将肥胖症比作传染病，那么社交网络也许是其传播的关键。还有其他一些有趣的报道，如把肥胖与某种感冒的腺病毒（腺病毒-36）或者某种存活于人类胃肠道的微生物相关联。其实，问题不在于是否要把医治肥胖症的研究集中在食物环境或微生物上，而在于科技界一直在"同一盏陈旧的灯下寻找答案"。事实上，要找到答案，就需要先在一个意想不到的领域寻找新的灯。毋庸置疑，这需要科学家更富有探险精神和想象力。

2010 年，美国《新闻周刊》(*Newsweek*）有一期封面故事宣称美国正面临一场创造力危机。美国社会各界本来就担心重大创新停滞不前，该报道无异于火上浇油。一项全国调查表明，美国学龄儿童创造力的标准测试分数在过去 20 年持续下降。这并不是因为我们的孩子比以前笨了。恰恰相反，他们更聪明了，因为同一群孩子同期的智商分数在持续上升。然而，他们的创造力分数为什么比 20 年前更低了呢？大家莫衷一是。但是，这些数据让我们开始担忧可以改变思维模式的原创能力的未来发展趋势。

一方面是令人惊讶的可能性，另一方面却是令人忧虑的停滞。这就是现代科学的阴与阳。我们发明了更多的设备和工具，但是我们的想象力却无法给出崭新的思路，因而无法解决危害我们生存的一系列重要科学难题。

创作本书的目的就是试图解答这样的悖论。我认为，当今的科学所具有的变革性和创新潜力是空前的，但是科技界在开展科学活动时过于谨小慎微，因而无法将这些潜力转变为现实。

固然，对社会和各种组织的生存和发展来说，保持一定程度的谨慎是基本的，也是必须的。但是，本书认为我们过于"前怕狼，后怕虎"了。我们受到需要保持经济生产力（即社会现状）和道德纯洁性的想法的困扰，因而畏首畏尾，极大地限制了我们的颠覆性创造力。

创造与谨慎应该保持平衡，但是目前这个平衡被打破了。现代科学在发展的同时，潜移默化地给自己戴上了一套根深蒂固的枷锁。本书主要探讨如何恢复创造与谨慎的平衡，从而释放颠覆性创造力的潜能。

世界真变了吗?

19 世纪末至 20 世纪初，科学进步达到了一个令人狂喜的高峰。在瑞士，阿尔伯特·爱因斯坦（Albert Einstein）没几年就发表了他的“奇迹年”（*Annus Mirabilis*）论文。在这些论文里，他从理论上阐明了光既是粒子也是波，证明了原子的存在，并设想了物质与能量的平衡。

在奥地利，西格蒙德·弗洛伊德（Sigmund Freud）研究了一种检查并医治精神方面问题的新方法，称为精神分析法。在意大利，伽利尔摩·马可尼（Guglielmo Marconi）已经准备首次接收来自大西洋的无线电信号，且着手组建他的无线通信帝国。在美国，托马斯·爱迪生（Thomas Edison）已经发明了灯泡①并获得了多项专利，成为现代电气革命之父。换而言之，这几十年诞生了多位科学巨人，他们支撑着当今世界的科技大厦。

如今，我们每天都能读到有关创新的报道，也常常感到科技进步日新月异。但是，我们扪心自问，这些可以与当年爱因斯坦、弗洛伊德、马可尼和爱迪生等人所取得的震撼世界的进步同日而语吗？遗憾的是，从发表在《商业周刊》（*Business Week*）、《国家评论》（*National Review*）和《纽约时报》（*New York Times*）上的大量评论来看，回答是否定的。19 世纪中叶至 20 世纪 70 年代初，美国生产力的发展曾突飞猛进，而现在的进步速度明显慢于上一代。在整个 20 世纪中，人类的寿命奇迹般地延长了 30 年；但是自 20 世纪 80 年代以后，这种增长速度却开始放缓。在美国一些地方，人们的寿命甚至开始减短。广受欢迎的专栏作家戴维·布鲁克斯（David Brooks）曾感叹道：一个时间旅行者去太空

① 原文讲爱迪生发明灯泡，其实这里应该是爱迪生改进了灯泡并获得了多项专利——译者注。

走了一代人的时间，于 2011 年回到地球，如果她期待看到与 1900 年出生的一个老朋友所经历的明显的进步速度，那她一定很失望。在蹒跚学步的孩提时代，这位老友的主要交通工具很可能是马车；但是在他即将迈入古稀之年时，他却已经可以看到人类在月球上行走了。但如果穿越者在 20 世纪 70 年代去的太空，他或许会发现，主要的交通工具在40年间并没有什么重大改变。

亨利·福特（Henry Ford）发明的第一辆低成本、可大批量生产的 T 型汽车彻底改变了美国。这其中既包括现代的城镇与乡村格局，还包括我们进入上流社会的梦想。近些年来，纯电动车越来越普及，谷歌甚至生产出了一系列无人驾驶汽车。所有人都为这些技术进步而欢呼雀跃。但是，这些进步能够代表真正的科学变革吗？无论如何，T 型汽车从根本上改变了社会的基本理念，而电动和无人驾驶汽车只不过是建立在有 100 多年历史的 T 型汽车的概念之上。尽管这些颇为新潮的发明会节省珍贵的碳基燃料，还可能预防事故的发生，但从宏观角度看，它们只是工程科学的一项重要进展。如果非要与福特所做出的为社会带来天翻地覆变化的颠覆性跃进相比，恐怕怎么也无法等量齐观或者相提并论了。

一个世纪之前福特所处的科技生态系统已经发生了巨大变化。福特竭尽全力地完成了他的 T 型汽车梦想——制造廉价、可靠、便利、快捷的汽车。为了实现这一梦想，他走出了租用的狭小作坊，来到外面兼职，并且坚持了长达 36 年的艰苦努力，不断地从反复的试验和失败中寻找解决问题的办法。福特的妻子克拉拉（Clara）曾居住在一所“火柴盒大小”的房子里长达几十年，但她无怨无悔，心甘情愿地陪伴福特度过了那段艰难岁月。

为了完成他的目标，福特一次又一次地修改汽油发动机的设计。为了提高汽车所能行驶的速度，他一度放弃了“制造一台每个人都能买得起的汽车”的初衷，而专攻赛车的生产。为了实现大规模制造，他尝试了 A、B、C、F、N、R、S 和 K 多种车型。直到他生产出时速为 45 英里[①]、日产 10 000 辆、售价 240 美元[②]的 T 型车时，福特自己才觉得实现了目标，认为总算如愿以偿了。

难能可贵的是，福特不受盈利动机的驱使。他的这种态度实际上容忍并保护了突破性再设计可能导致的缓慢进展。他说：“如果一事当前，先想到金钱，

① 1 英里=1.6093 千米。

② 1925 年美国家庭年均收入为 1400 美元。

人们就会畏惧竞争，害怕改变方法，不敢义无反顾地去改变所处的环境。”

福特能够胸怀努力实现突破性创新的抱负，毫无疑问是非常有魄力的。他把速度、低成本和可靠性融为一体，这远超出了当时其他汽车制造商的想象。为了解决提升汽车速度的难题，福特甚至剽窃了欧洲一项可以减轻汽车重量的钒钢技术。当时，这种钢材在美国无人知晓，为了说服俄亥俄州的一家小型炼钢厂生产这种材料，福特不得不事先做出损失赔偿保证。为了减少成本，福特寻求最简单的配置和最廉价的零部件。为降低售价，福特对汽车的每个部分都进行了重新设计，使它们能像螺母、螺钉一样可以在五金商店买到。最为大胆的是，为了提高可靠性，福特不但尽力改进制造工艺，而且努力提高服务水平。福特汽车公司确信，仅仅把可以畅行的 T 型汽车生产出来是不够的。由于拥有分布在全国各地的庞大维修人员队伍，该公司可以保证制造出来的汽车永不“停摆”。福特的信念不是谨小慎微地漫步，而是无所畏惧地腾跃。正是这种观念使得汽车进入了现代社会的主流生活。

然而今天，这样特立独行的发明者和创新者寥寥无几。科学家大都受雇于上亿美元规模的公司或研究型大学，并且行为受利润季报的影响。福特可能会将其称为“受金钱支配的奴隶”。在每个比尔·盖茨（Bill Gates）、史蒂夫·乔布斯（Steve Jobs）和马克·扎克伯格（Mark Zuckerberg）的身后，都有成千上万名科学家和工程师受雇于大型研究企业，而这些企业都需要不断可盈利的短期成果来维持运营。实际上，今天的科学家根本就无法奢望享有足够的自由去挖掘福特所坚信的那些可使科学与工程影响最大化的要素，包括全力追求完美、拒绝金钱支配、大胆想象和勇于冒险等。

平衡，还是失衡？

创新常常被定义为“有使用价值的创造”。其核心蕴含着一对本质性的冲突，即一面是创造，另一面则是实用性或谨慎性。

一方面，创造意味着漫长而艰难的探索——它往往并非坦途，结果难以预料。创造问的是“如果……会怎样”，需要走出怡然自得甚至胸有成竹的区域，进入“一切皆有可能”的地带。革命性的创造更是对规范的一种破坏性挑战，它会令人不适，还具有潜在危险。

另一方面，实用性是指需要从事或制造有用的、有价值的工作或事物。谨慎是必须的，因为它能够保证对事物的实用性；但也会令人墨守成规，使人坚决地反对或避开一切可能带来利润损失和伤害的事情，使人放弃习以为常的社会规范，与其抗衡。一个遗憾的事实是谨慎性对抗创造性——当社会及其相关部门不断加强对“恣意妄为”的行为的监管力度，或者当所在机构为避免财政或名誉损失而收紧政策之时，这个事实就会显得更加突出。

2012 年，谨慎性妨害科学前进步伐的诸多因素被惊人地揭示了出来。当时，美国著名的《科学》(*Science*)期刊邀请了全球年轻科学家回答以下问题：“在你的有生之年，科学实践将会如何发展及变化？哪些领域能够改善，还会出现哪些新的挑战？”按理说，在获得了大量科研进展的领域中，人们有理由期待年轻科学家给出鼓舞人心的答案。可结果恰恰相反，这些年轻科学家的回答颇带有几分苦恼和不祥之兆。

> 年轻一代面临的最大挑战是，如何摆脱科学前辈套在他们身上的枷锁……我们背负着众多期盼：去修补那个充斥着小团体利益的支离破碎的同行评审制度……不仅要感谢这样一种科研资助制度而且要促进其繁荣，它把大部分稀缺的资源用于少数从事“契约科学”的宠儿而非有好想法和发现的人……去迎接这个巨大的挑战，并且全力以赴，赴汤蹈火。
>
> 我们的先辈在攀爬林林总总的还原论阶梯的同时，为科学发展做出了巨大的贡献。然而，他们爬得越高，就越发孤立……我们今天的挑战就是，如何把那些梯子连接起来。(Sills，2012 年，36 页)

这些回答就好像是这些代表未来的年轻科学家在向我们诉说，他们根本无力参与解决重大问题，因为他们受到科学经济学和科学社会学的禁锢——包括科研资助制度、等级制度和狭隘的固执行为。然而，在现实中，大多数科学家受雇于大型组织，而这些组织为了生存，往往必须制定大量的繁文缛节，重视各种底线，所以其科研文化的变化也相对缓慢。

另一个可能影响科学前进步伐的现实原因，来自对科学结果不确定性的恐惧——既可能是建设性的，也可能是破坏性的。那些最令人激动的科学进展要么让人喜忧参半，要么是有人欢喜有人忧。例如，遗传学领域的一些进展被贴上了“生物末日”的标签；发明创造在推动新领域发展的同时，也可能会导致环境的恶化；汽车的诞生引发了人类社会交通方式的革命，但也导致了市郊不断扩张，加剧了空气污染的恶化。

颠覆性创新很难来自被我们的后人称为“破碎的同行评议”和“保守的小圈子”的体系，也不会来自以还原论和封闭隔绝为特征的体系。一个对“生物末日”忧心忡忡而缺乏广泛民众支持的社会，同样也是无法产生颠覆性创新的社会。针对这些科学问题，我们该如何克服这些担忧，找到独具匠心的创造性的解决方法呢？美国国家科学院（National Academies of Science）召集专家编写的两本权威性报告《迎战风暴》（*Rising above the Gathering Storm*）（相继出版于 2007 年和 2010 年），给我们敲响了警钟。报告指出，美国正在失去其全球科技霸主的地位，其部分原因是“知识资本、人力资本和创新生态系统”的匮乏。报告认为，应该增加对研究型大学的资助力度，大力培养学龄儿童的科学兴趣。然而，仅仅靠增加资金投入和兴建更多机构还是不够的。

重新平衡

假如今天的科技体制能够孕育另一个福特，允许他为追求一场潜在的变革而几十年如一日地钻研而不受追求短期利益的压力，助力其大胆创新，努力战胜失败，那么情形又会怎样呢？要想重新设计创新生态系统，我们需要从根本上转变对资助和从事科学研究的社会、机构和个人的基本期望。著名的商业类畅销书作家丹娜·左哈尔（Danah Zohar）曾说：“大多数的变革满足于换汤不换药，在一间不变的屋子里把家具搬来搬去，改变一下摆放位置便万事大吉，大功告成。而真正的变革则需要我们对房间本身进行重新设计。”

本书认为，我们首先要试着了解当下科学的“房间设计”，即对决定科学创造性和谨慎性的因素进行确认、分类，找出有助于重新平衡的节点的解决方案——不是通过对细枝末节或某些试点项目进行分析，而是一种更基础的阐述。特别指出的是，社会需要的不是只把钱花在有形产品上，而是创新驱动导致的突破。以互联网为基础的众包机制产生了大量的合作机会，但这些机会并没有得到合理利用，因为科学社会学仍然停留在 19 世纪。革命性的科学研究不仅带来了希望，也使人警醒。希望往往只是转瞬即逝，而紧随警醒而来的则是有着持久影响力的清规戒律。

在此，请大家不要误解，虽然这些话里充满了对科学的指责，但是实际上这并不是笔者的本意。时至今日，科学仍是社会中最实证、最严格、最具善意的活动之一。它是人类进步的主要源泉，是人类获得美好未来的最大希望所在。目前这些阶梯式的进步中，有的科学创新也是很了不起的。这并不是说科学已经支离破碎，相反地，在科学创新的征途中，唯有靠大胆的探索才能激发创新，突破性的创新活动急需燃料。21 世纪的科学体制要取得真正意义上的平衡，必须燃起突破性探索的激情，同时又不损害科学创新的实用性。

科学创新能帮我们完成最有希望实现的幻想，而催生科学创新则需要建设一个可将潜能最大化的科研环境，让我们舍弃陈规旧习，自由地设想一个更优化的科学生态体系。人类是地球上最强大、最智慧的建筑师，让我们一起重塑创新空间，共同迎接创造力危机的挑战。

第二章　创造和谨慎之争的三种情境

当我们说科学系统失去平衡时，这其实是向我们提出了一个很大的命题，并且该命题很难去证实。考虑到科学系统非常错综复杂，处处都存在着创造和谨慎之争，因此，为了使本书的讨论更加有条理，首先需要简化科学系统，并回答一个根本的问题：创造和谨慎的冲突缘何而起？

科学系统包含直接或间接参与科技研发的组织和个人产出科学或技术产品的整个过程。如果从社会、研究机构及个人这三个层面来分析，可以更好地理解科学系统这一概念。但是在分析各个层面中科学的生产者和资助者之前，让我们先来看看他们各自生产了什么。

科学产出与过程

根据美国国家科学基金会（National Science Foundation，NSF）的观点，可以把研发的产出想象成一条通道。通道上游大部分是基础的研究发现和理论，中游是把这些基础的研究发现和理论用于新产品和加工方法，下游是在产出阶段为了提升市场价值而进行产品改进。根据美国国家科学基金会统计，美国2009年对研究项目的资助经费超过了4000亿美元。其中，760亿美元用于基础研究，713亿美元用于应用研究，还有2532亿美元用于产品改进研究。

肥胖新基因、构成宇宙中绝大多数质量的原子内粒子希格斯玻色子、自然选择进化论都属于基础发现或理论。将这些基础发现或理论应用到激光打印机、位图成像及新药和疫苗等产品时，就是科学通道的应用部分。此外，有用的手机应用、改进的数码照相机及用户使用方便的银行软件等属于产品的改进。可以看出，通道的比喻有些太过简单。科学史告诉我们：应用和开发研究常常会反过来影响基础科学。但这里为了理解和记忆，仍将科学比作通道。

尽管惊人的大成果往往来自基础理论，但是研发的所有产出形式都对科学领域很重要。美国国立卫生研究院（National Institutes of Health，NIH）将基础科学定义为在不直接考虑其应用的情况下系统地研究知识和认知。实用性可以是基础科学的动机之一，但并不是一个直接因素。更重要的是，本书讨论的基础科学并不局限于实验室研究。无论是理论还是实战，以及对概念、现象或者过程等的思考都可以产生基础科学。基础科学并不会产生类似于工程领域中的实用工具，但它们确实可以推动基础科学向前发展。美国国家工程院（National Academy of Engineering）院长丹·牟德（Dan Mote）通过孩子的视角来解释这一区别：孩子会说发现是把东西从其他地方拿进脑子里，而发明则是把东西从脑子里拿到其他地方。换句话讲，伟大的发现展现了大自然的工作法则，而伟大的发明则展现了由此建造而成的有用工具。两者都可以促进创新，但是科学的重大突破往往发生于人们对大自然的某些方面有了全新认识的时候。

几乎所有生物医学领域的诺贝尔奖都集中在那些阐明深层机理的研究，多数机理都颠覆了以前的观念。即使是在贝尔实验室（Bell Laboratories）和美国电话电报公司（AT&T）的研发部门，重大的突破也是通过追求基础知识而非单纯追求利益来获得的。乔恩·格特纳（Jon Gertner）在2012年的著作《创意工厂：贝尔实验室与美国革新大时代》（*The Idea Factory: Bell Labs and the Great Age of American Innovation*）中强调："遗憾的是，我们现在使用'创新'这一术语来描述一切。它可以描述一个智能手机应用程序或社交媒体工具，也可以描述一个手机系统的晶体管或蓝图。但它们之间的差异是巨大的。一种创新只产生少量的工作机会和利润；而另一种则可以产生数以百万计的工作机会，并成为一个增加社会财富和造福人类的平台。”

有一部分人认可“巨大的社会进步起源于基础认识的突破”这一观念。瑞士经济学家汉斯·格斯巴赫（Hans Gersbach）指出，最能驱动经济增长的科学技术往往来自基础研究的突破，而非来自那些陈旧的研究工作。

重大发现或想法具有经济学家所称的积极外部效应或光环效应。例如，细菌理论已经可以指导我们的公共卫生、安全用水、食品安全、抗生素及疫苗研发的各个方面。而对经典物理学和相对论的基本认知则成为太空运载装置、定位系统、桥梁和城市景观的设计基础。公共卫生领域的宿主-病原-环境相互关系理论揭示了二手烟的危害及宫颈癌的病原。正如格特纳所言，科学革命确实创造了一个平台，可以由此产生大量有影响的成果。

蛋白质三维结构折叠机制的研究给研究者带来了意外收获——它的探究促进了大型超级计算机的发展。而对某些蛋白质结构的解析则向人们揭示了疯牛病这类退行性大脑疾病的成因。凭借这一项研究工作，霍里奇（Horwich）和哈特尔（Hartl）获得了声望仅次于诺贝尔奖的拉斯克奖（Lasker Award）。最令人惊讶的是，为解决蛋白质折叠问题而诞生的方法甚至引发了一场科学方法的变革，即全民科学。蛋白质折叠规则的破解并不源自一个研究团队，而是源自一个网络游戏。在这个名为“折叠它”的游戏中，玩家要根据蛋白质的关键特征给出最优的组合构型。通过这款由 25 万名爱好者在家参与、动机只是提高游戏得分的游戏，玩家仅仅用 10 周时间就获得了感染猴的艾滋病病毒蛋白的精细三维构象，解决了困扰科学家 15 年的难题。实际上，参与游戏或者研究项目的大多数人并没有正规的科学背景或者高等教育背景。

生产者和赞助者

现在我们可以从社会、组织机构和个人这三个层面上来讨论科学的生产者和赞助者。由于目标和方法不同，每个层面都有其自身的创造和谨慎之争。

虽然更全面的理解需要考虑不同国家及其不同历史时期，即便比较研究这些不同的例子会有诸多益处，甚至能发现一些更深层次的东西，但为了避免多因素带来的复杂性，本书在这里重点讨论美国当代的研究，这些研究主要是在研究型大学（相对于工业）内由科研人员（相对于工程师）进行的。之所以把重点放在美国的大学研究，是因为美国的基础研究处于世界领先的地位（以学术论文和专利来衡量），研究型大学获得了 50%～60%的基础研究经费，产出的学术论文占所有论文的 75%。此外，进行基础研究与开发（research and development，R&D）的科研人员中，来自大学的科研人员远超过了工程师和工业界的科研人员。总之，美国的研究型大学和科研人员是基础研究的中坚力量，因此，我们可以通过以其为重点研究分析对象来反映和折射整个基础研究的情况。

以纳税人为代表的社会可以资助大量的科学研究，尤其是基础研究。尽管几年前制药、电子、计算机、医学及银行等领域的私人企业已经超越政府，成为相关行业的主要资助者，但纳税人的税收还是资助了 30%的研发及超过半数的基础研究。研究者喜欢挂在嘴边的一句话是，“没有钱支持的想法只是幻想”。因此，政府在科学和基础研究的生态系统中仍然占据着中坚地位。虽然政府并不一定直接参与各种科技产品及其创造过程，但在为创新创造机会等方面起到了重要作用。总的来说，政府的科研经费主要来自美国国立卫生研究院、美国国家科学基金会和美国国防部。如前所述，工业界是科学领域中非基础研究的更大资助者。另外，还有少量资助来自州政府和基金会。

在社会中，政府作为主要规则的制定者，是谨慎一方的代表。管理制度上难有创新，其阻力通常来自顶层，因为联邦政策决策者在面对公众抗议时，通常以保护民众为由而拒绝创新。

接下来，我们来讨论在我们简化的科学系统中执行研发任务的研究所。研究型大学是基础研究的主体。当然，不是所有的研究型大学都一样，我们将在后文深度阐述这个问题。但是，研究型大学有许多共性：都致力于提供高质量的教育、研究和服务；都拥有相似的从校长到院长和主席的组织管理机构，每一级都设有办公中心来执行基金管理等职能；都采用雇佣教授和其他专业人员来为那些缴纳学费的学生授课的机制等。而公立研究所通常会减免学生的部分学费，这使其与私立研究所在任务、运转模式和监管环境等方面均有区别。并且，某些大学与其他大学相比较而言，更加注重研究，所以我们完全不能将哈佛大学与小的区域性大学相提并论。

科学系统的最后一个层面，是每日从事研发工作的大学科研人员。同样，他们之间存在共性，也有各自的特性。无论在哪里，研究者都同时效忠于“雇主”和其所在的科学领域。前者指其所在大学的院系，而后者则指学术组织。在所有学科领域，发表论文和申请基金都是研究者获得同行认可的两个重要方面。生物学家往往比物理学家更容易获得政府以外的资助。不同专业领域发表的论文大不相同。不同领域之间的科学语言和研究方法也不尽相同，如一位分子生物学家和一位数学家想进行科学交流可能会比较困难。

创造和谨慎冲撞下的经济学、社会学、伦理学

为了回答“哪里才是创造和谨慎之争的战场”这一问题，我们先来回顾一下化疗之父、美国最早的抗癌斗士之一西德尼·法伯（Sidney Farber）的故事。在法伯参与筹建的非常有名的达纳-法伯癌症研究所（Dana Farber Cancer Institute）的网站上，法伯化疗法的发现之旅被描述为“干净利索、直接地攻击恶魔的心脏”。这听上去非常漂亮，但是它更像是一个童话故事而非事实的描述。事实上，法伯的工作受到一部分人的尊重，但同时也受到另一部分人的斥责，这不是因为大家对这件事有误解，而是由于他的创新之路在经济现实、社会规范和伦理方面都充满了创造和谨慎之争。

法伯的父亲是波兰犹太移民。作为一名保险代理人，他始终坚信他的孩子可以超过自己的成就。法伯在 14 个孩子中排行第三，从小就很聪明也很有抱负。他突破了 20 世纪 20 年代医学院不招收犹太人的限制，获得了在海德堡大

学医学院学习一年的机会，而后进入哈佛大学学习。之后，他破天荒地成为波士顿儿童医院病理学方面的第一名全职助理教授。在承担繁重的工作的同时，他还撰写了《尸体剖检》(*The Postmortem Examination*)这本被后世奉为经典的教科书。但法伯并不是一个容易讨人喜欢的人，20 年的时间里，他都在医院地下室的尸体解剖室和活组织检验实验室里与尸体打交道。由于他的拘谨和自大，哈佛大学的同学给他取了一个外号——四个纽扣的西德。或者是狂妄，或者是天赋激发了他坚信自己能够治愈一种从未被攻克的疾病的信念。当他成长为所在领域的专家之后，便把目标瞄向了人类最大的疾病杀手——癌症。

法伯关注的头号癌症敌人是儿童白血病。这是一种十分可怕、破坏性极强的疾病。但是对法伯而言，这是一个明智的选择。在各种癌症中，白血病是典型的“暴露狂”。肺癌、结肠癌、乳腺癌、子宫癌、前列腺癌及其他常见癌症在发病早期通常都隐藏在人体深处，而白血病则是将感染细胞直接注入血液中。因此，通过简单的针刺就可以追踪白血病的病情发展和愈合情况。另外，法伯所在医院的儿童患者早已经人满为患，这些孩子的家长迫切希望能参与任何一项有希望的临床研究。

1946 年的夏天，法伯开始给患儿注射叶酸（即维生素 B9）。叶酸已经被证明可以治疗一种由骨髓中缺乏维生素和矿物质而无法产生红细胞从而引发的贫血症。法伯推测既然叶酸能够改变血细胞中的营养不良，那么也有可能将白血病中的异常细胞转变成正常细胞。但最后的结果证明，他的这个想法是严重错误的。

事实证明，叶酸不仅能给正常血细胞提供营养，也能给白血病中的异常细胞提供营养。当法伯将叶酸注入一名患儿体内后，其白血病异常细胞从血管迅速扩散到皮肤。另外一名患儿体内的异常细胞数量也迅速翻倍。

这一错误并没有使法伯受到打击，也没有放缓他研究的步伐。法伯认为，既然叶酸能够加速白血病病情的发展，那么抗叶酸的物质则有可能减缓其发展。法伯之前认识一位叫亚拉普拉哥达・苏巴・罗（Yallapragada Subba Row）的非常聪明的科学家，他后来成为雷德尔实验室（Lederle Labs）的研发总监。法伯早期实验中用到的叶酸就是苏巴・罗提供的。后来法伯转而测试苏巴・罗在合成叶酸过程中不经意产生的一系列中间体化合物。这些中间体化合物能阻碍叶酸代谢，因此，被称为反叶酸。作为叶酸的“坏表亲”，反叶酸可以阻碍小鸡体内正常细胞的生长。法伯意识到这种化合物正是他要寻找的对付白血病异常细胞的“手榴弹”。

拿到苏巴·罗合成的一种反叶酸后，法伯开始了另一轮实验。他的第一个患者是名叫罗伯特·桑德勒（Robert Sandler）的两岁男孩。他还有一个孪生兄弟名叫埃利奥特·桑德勒（Elliot Sandler）。1947 年 8 月，罗伯特突然开始不明原因地发热、全身乏力、脸色苍白，后被确诊为白血病。正常人的脾脏是折叠在隔膜里的，可以捕获异常血细胞。而罗伯特的脾脏则凸起地像一个熟烂的哈密瓜。

法伯开始给罗伯特试用蝶酰天冬氨酸（pteroylaspartic acid，PAA）一周后，罗伯特变得更加虚弱。3 个月后，这个男孩的病情急剧恶化。他的脾脏变得越来越大，白血病的异常细胞侵入他的关节，让他疼痛不堪。他的脊柱几乎被异常细胞填满以至于他只能跛行。正当罗伯特一步步接近死亡时，法伯于 12 月 28 日从苏巴·罗那里获得了第二种反叶酸氨基蝶呤，后来被命名为甲氨蝶呤。这一次，罗伯特对药物产生了良性反应。1 个月后，罗伯特已经恢复得像他健康的双胞胎兄弟埃利奥特一样。

法伯的胜利铺平了通往全新化疗时代的道路。但是他这一路走来并不是一帆风顺的，而是在曲折、风险的历程中经历了一系列创造和谨慎之间的冲突。这些冲突体现在经济学、社会学和伦理学等方面。法伯的故事向我们阐明了这些领域中创造和谨慎的相互作用关系。

经济决定了科学研究工作被支持的方式。社会支持科学研究是希望科学发现能加强国防、捍卫国家荣誉，并且带来社会繁荣。但是，我们的社会实际上也缺少足够的耐心，它渴望快速成功。为了生存，研究型大学不得不把盈利放在首位。更糟糕的是，政府对各个研究机构的经费支持是倾斜的，大部分的经费被分配给了那些让国会议员听起来很好听的、能产出实际产品的项目。随着经费封顶，支持科学研究的经费越来越少，研究型大学也开始更多地追逐那些具有商业化潜力的研究项目。研究者被迫成为小商人，开始寻求短而快的成功。然而，这种发展方式不可能带来基础科学的突破。革命性的创新往往需要漫长且充满风险的冒险。在今天的环境中，科学家每年都必须提交年度报告，给出阶段性研究进展，法伯式的错误和失败很可能会毁掉一个科学家的前程。

与经济相关的创造和谨慎之争源于“科学成果属于每个人”这一事实。例如，进化论、相对论及破译人类基因组密码这类重大科学发现可以被全人类共享。共享虽然让每个人受益，但却减少了研究机构的利润。正如免费音乐下载对音乐人非常不利一样，科学突破中的创新若不能受到保护，也无法获得补偿。与此相反，技术产品的更新（如更好的电视、电脑、手机）则可以通过申请专利、出售来获取利润。小的技术进步可以享受保护，而大的科学突破却很难有这样的待遇。

技术更新越来越快，但基础性的科学发现却因为受制于一些大问题而停滞不前。又一次，谨慎战胜了创造。来自硅谷的一名颇具远见的人士彼得·泰尔（Peter Thiel）评论说，近年来科技的发展、大的创新仅局限于信息技术和金融部门。与这些领域相比，自法伯提出用化疗治疗儿童白血病患者的重要观点以来，癌症研究领域陷入了几乎毫无重大发现的“贫血”状态。虽然也有将癌症患者的生命延长几个月的新药问世，并获得巨大利润，但绝大多数癌症仍然无药可治。2012年国际肿瘤论坛（2012 World Oncology Forum）上，有人向这一领域的前沿专家提问：我们是否正逐步赢得对抗癌症的战争？前沿专家给出的答案是否定的，这令人非常不安。

社会领域同样也是谨慎占据优势。只有获得了文化的认可，创造才被认为是有用的。但文化是谨慎的，固守传统是人们面对变化的自然反应，科学领域尤其如此。与商业中不良的新事物仅仅会减少利润不同，科学研究中的新事物（如原子弹）则会危害人类。

科学社会学受到习惯和层级等级制度的影响。在科学研究中，观点想法是有“所属”的，观点想法的所有者会成为知识精英，随后这些知识精英反过来会为大众设定规范和限制，法伯也是如此。尽管他的研究历尽了千辛万苦，但他终究成为癌症研究的先驱者和领军人物，并被誉为“化疗之父”。尽管化疗还存在抗药性和副作用，甚至可能危及生命等较大局限（如肿瘤会逐渐具有抗药性；药物的副作用也常使患者虚弱，甚至威胁生命），但是法伯的地位使化疗免于争议。一直到现在，有关癌症疗法的研究才开始改变方式，化疗正转化为新的放射线治疗方法。如果癌症新疗法被更早地发现和更好地推广，那么法伯是不是就不会有这么高的声望？如果充分利用当今互联网的民主优势，我们是否会更快地研究出新的癌症治疗方案？例如，凸显团队力量的众包，即基于网络的解决问题之法。这种方法强调集体而非个人，才使得深受传统束缚的科学界在接受这种强而有力的却变化甚大的方法上行动迟缓。

创造和谨慎之争的最后一役是在道德范畴。个人，特别是科学家，通常是无私的，但他们也具有人类的特性——贪婪和自负。科学是把双刃剑，有的个人或者团队用它来造福人类，有的则用它来作恶或破坏。当创造有可能用于作恶或破坏时，保守可以对其进行必要的制约。然而，当每个人和研究机构都被认为具有威胁时，过度的管制就会限制人们去冒险。有原创想法的思想家会推翻陈旧的思考模式，同时也经常挑战权威。有时这些想法异于常人，他们会因为太潜心于科学上的突破而跨过行为底线。法伯的情况即是如此。

1948 年 6 月 3 日，法伯发表了那篇使甲氨蝶呤成为治疗癌症的药物的著名文章。在这篇文章中，他引述了 5 名儿童使用甲氨蝶呤治疗 4～6 个月后病情缓解的案例。但事实上一共有 16 名儿童使用了甲氨蝶呤，其中 10 名儿童有反应，但法伯在文章中只详细记述了其中 5 名收效最明显的儿童。丹尼斯·米勒（Denis Miller）在 2006 年《英国血液学学报》（*British Journal of Haematology*）上的一篇回顾性文章中承认，“按照今天的标准，如果文章中只片面报道 5 名最有反应的实验者，而不提供其他 11 名的细节，即便作者是西德尼·法伯或者路易斯·戴蒙德（Louis Diamond）这样声名斐然的科学家，也不可能使文章发表。”那么是否应该断然否定之前已经被认可的法伯的研究结果呢？而他在研究叶酸治疗白血病的过程中，曾坚持对波士顿市各个医院的共 90 名儿童进行测试，这一事实又应当如何考虑呢？有些同事甚至指控法伯加速了儿童的死亡，那么他应该被禁止参与日后的研究工作吗？法伯开拓了药物研发的新领域，使儿童（不太适用于成人）获得了奇迹般的治愈。谨慎会倾向于拒绝和禁止，而创造则倾向于带来真正的科学变革，尽管这种变革在道德层面具有一定的模糊性。

经济学、社会学和伦理学领域中创造和谨慎之间的争议战愈演愈烈。在经济学中，我们将探讨曲折的探索（即创造）与确定的生产力（即谨慎）的冲突；在社会学中，我们聚焦的重点是大众参与提供想法（即创造）与传统的知识精英提供想法（即谨慎）之间的较量；在伦理学中，我们关注的是放开可能性（即创造）与约束（即谨慎）之间的对抗。在第一章中提到的年轻科学家在

2012 年回答《科学》期刊调查问卷时的声音其实也表达了这层含义，包括：“稀缺资源主要用于少数从事契约科学的宠儿”表达了曲折的探索与确定的生产力的对抗；充满了拉帮结派的同行评议只对少数人有利；“减速的阶梯”描述了大众与知识精英的对抗；“逐渐衰退……与我们过去所研究的已经相去甚远”则说明了无限可能性与约束的对抗。

阅读本书的方法

本书分别从社会、组织机构和个人三个层面，将创造和谨慎之争分解到经济学、社会学、伦理学三个领域。因此，本书的第二部分“谨慎是因为钱吗？”重点讨论经济学方面。第三章“将晶体管还是智能手机放进口袋？”是从社会的角度来讨论创造与谨慎之争；第四章“斯坦福的金蛋”是从组织机构的角度来分析这一问题；第五章“谁想成为百万富翁？”则是从个人的角度来分析这一问题。第六章“重塑曲折的探索”进一步给出了人们应该如何应对这一问题，包括哪些研究可以优先资助，以及如何承受实验的失败。随后本书着重讨论了社会学（第三部分“谨慎是因为‘科学的社会性’吗？”）和伦理学（第四部分“谨慎是为了避开威胁吗？”）两部分内容。这些部分都是从社会、组织机构和个人的不同层面来分析相关问题。需要指出的是，我推荐读者要认真阅读这些部分中的第一章。

本书试图绘制一个全景，涵盖了人们对创造和谨慎的各种观点，而非特意刻画具体的某个组织机构或个人。这并不是要否认个性和多样性的重要性。大学与大学之间、个人与个人之间对创新和谨慎的看法差别很大。一些个人和研究机构似乎非常害怕离经叛道，另一些则热衷于追求创新。尽管一概而论有点简单，但从全景出发考虑总体还是有很多好处的。

写这本书的初衷是为了给大家提供一个全景画面，展示那些站得太近反而看不到的图案。就像基础知识的突破会产生巨大的社会影响一样，最能引起大家兴趣的正是那些最基础的问题。笔者希望我们对科学系统中创造和谨慎的体现方式的分析，也会对科学创新生态系统的设计产生影响。理解导致创造和谨慎之争的原因，也会启发我们如何去解决这些问题。正如新科学理论越来越没有边界一样，对科学创新生态系统重新设计的建议越大胆，我们就有越多的机会去促进科学创新进入一个更理想的平衡状态。

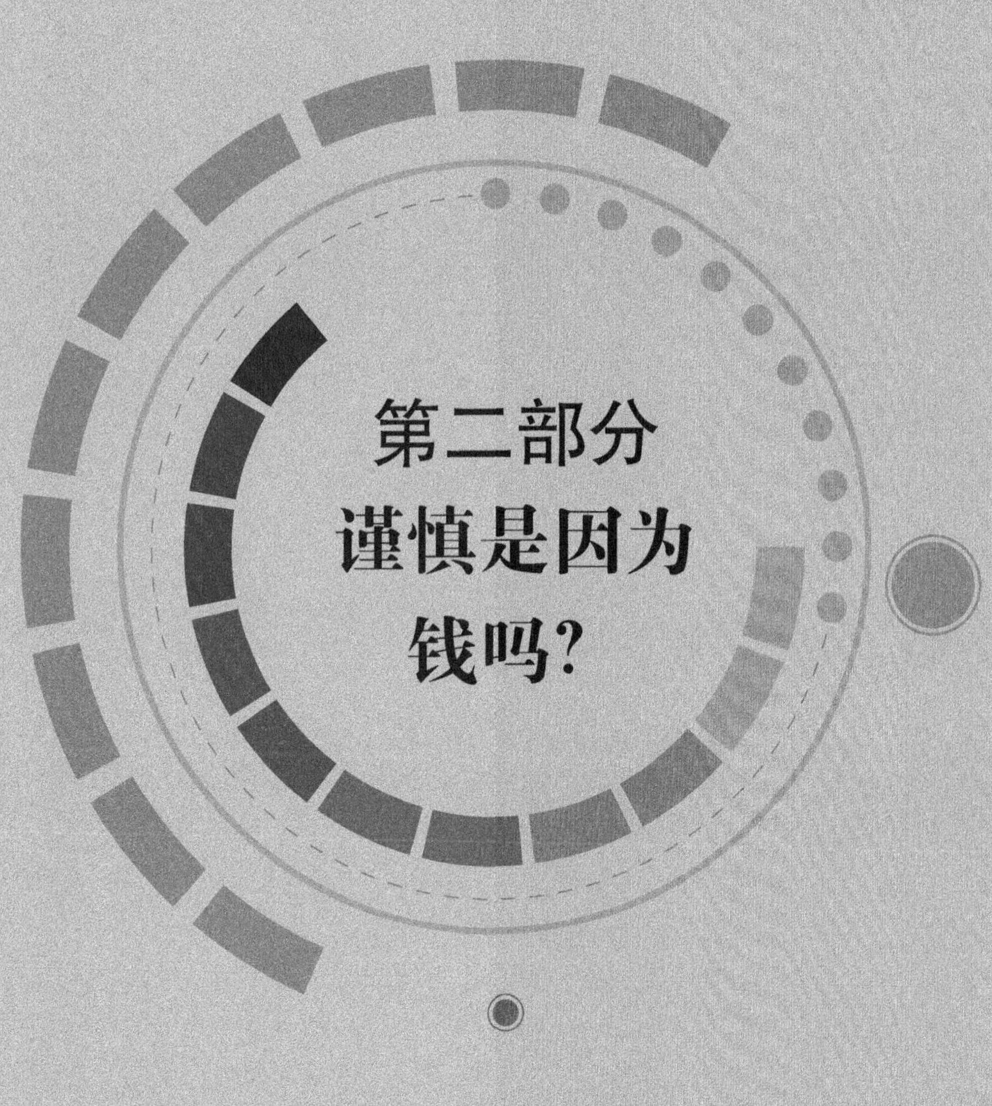

第二部分 谨慎是因为钱吗？

第三章　将晶体管还是智能手机放进口袋?

乐观的美国人一直相信，发明和发现会给我们带来无尽的健康和财富。直到今天，我们仍然坚信这一点。住房、交通、通信工具及食品工业的发展使我们的生活发生了变化，我们的生活质量逐步提高。这个似乎可以永续循环的过程使社会非常热衷于支持研究工作，特别是生物医药、计算机、电子产品和国防等领域的研究工作。正是这种热情的支持，2009 年美国投资了 4000 亿美元作为科研经费，大约占美国国内生产总值（gross domestic product，GDP）的 2.9%。

不仅美国高度重视发展科学技术，包括加拿大在内的一些国家对科技的人均投资已经超过了美国，其他国家的资金投入量也逐渐赶上了美国。实际上，世界各国仍在加大对科学技术的投资。美国对研发的投资由私人投资和公共投资构成，其中，私人投资约占 2/3，公共投资约占 1/3。这些投资总量已经超过了对其他经济领域的投资。1996～2009 年，全球对研发的投资从 5220 亿美元增长至 13 000 亿美元，差不多增至 3 倍。

在国家利益中的创造

尽管对科学技术进行投资的一个重要动机是促进繁荣，但是这并不是早期社会支持科学技术发展的原因。18～19 世纪，技术的发展带来了社会的工业化和城市化，从而为生活质量的巨大提高提供了动力。然而，那时的政府对科学和工程技术的投资却是微乎其微的。第二次世界大战彻底改变了这种情况。国家的投资使工程技术有了长足的发展，P-51 战斗机、B-17 空中堡垒和喷火式战斗机等武器先后问世。这些武器使我们在战争中获胜，美国国民走出家门庆祝这场由智慧成就的胜利，而最初纳税人对科研进行投资的动机正是这种军事霸权。

万尼瓦尔·布什（Vannevar Bush）诱发了隐藏在大众内心中的对科研支持的热情。他是模拟计算机的先驱，曾就任麻省理工学院（Massachusetts Institute of Technology）工程技术系主任和卡内基科学研究所（Carnegie Institution for Science）的所长，并且创建了雷神公司。他是那个时代最具有影响力的科学家。在第二次世界大战期间，他推动成立了以加速发明创造为主要职责的机构，并且成为这一机构的首位领导人。该机构服务于国防科技，在化学、爆破、交通和雷达方面取得了重大成果，并且为制造出原子弹的曼哈顿计划提供了支持。毋庸置疑，是这些科技成果让我们在第二次世界大战中获胜。布什在应富兰克林·德拉诺·罗斯福（Franklin Delano Roosevelt）邀请撰写的《科学——没有止境的前沿》（*Science—The Endless Frontier*）一书中提出，对科学技术的持续投资有利于提高美国的国家竞争力和对他国的震慑力。“新的产品和新的生产工艺并未完全成熟”他写道，“它们……是通过艰苦地研究纯科学领域来发展的”。那是美国联邦政府完全改变对科技投资政策的关键时刻。五年之后，杜鲁门（Truman）总统签发了成立美国国家科学基金会（NSF）的法令。

2012 年，美国国家科学基金会拥有 70 亿美元的预算，这与 1951 年启动之初 350 万美元（以美元现价计算）的预算相比有了大幅增长。美国国立卫生研究院的投入也在增加，从最初 1930 年创建时的对当时卫生实验室的投资 75 万美元增长至 2012 年的 300 亿美元。显然，这些机构都得到了充分的发展。第二次世界大战之后，这些机构进入快速发展期的一个原因就是军事武器发展的需要，而另一个更重要的原因则是人们发展科学技术的热情更加高涨，愿望更迫切。

斯普特尼克事件发生在 1957 年 10 月，那时正是“冷战”最严酷的时候。美国的科学爱好者像往常一样用他们自制的短波收音机收听新闻广播，突然电波里传来了一条来自苏联的广播。全世界懂俄语的天文观察者都应该听到了这条从宇宙太空舱中传来的广播，它来自第一颗人造地球卫星——斯普特尼克（Sputnik）。斯普特尼克可以被肉眼观察到，是现代发明的一个奇迹。它使苏联跳跃式地超过了美国，成为当时世界上首屈一指的科技强国。对这条新闻，艾森豪威尔（Eisenhower）总统的下意识反应是关掉广播，然而，广大美国民众却被激怒了。那时，“冷战”时期的美国“鹰派”人物声称斯普特尼克是国家的耻辱，需要给予强有力的回击。在那之后的十年里，美国联邦政府逐年提高对大学研究和教育的投资。《国防教育法》通过帮学生缴纳学费的方式激励学生在大学学习数学和科学。美国国防部高级研究计划署［the Advanced Research Projects Agency，也就是后来的美国国防部高级研究计划局（DARPA）］以敦促军事技术的发展为主要任务，成为美国对发明创造投资最多的机构。最重要的是，斯普特尼克最终促使美国成立了国家航空航天局（National Aeronautics and Space Administration，NASA）。

4 年之后，也正是“冷战”时期末期，肯尼迪（Kennedy）总统对美国国会宣布要实现“人类安全登月”计划的时候，对科学技术进行支持的原动力已经从国防需要提升到了爱国精神。与此同时，苏联宇航员尤里·加加林（Yuri Gagarin）已经在美国人充满震惊的注视下成功地完成了第一次亚轨道航天飞行。在随后发生的“猪湾”（Bay of Pigs）事件中，肯尼迪总统宣称不能再次忍受这种技术落后所带来的羞辱，美国要不惜一切代价成为第一个成功登月的国家。

斯普特尼克事件之后，政府对研究的投资从起初的不到 10 亿美元成几何级数地增长至 1970 年初的 60 亿美元（以美元现价计算），到 2012 年投资金额已经超过了 350 亿美元。这些慷慨的投资成就了研究型大学这一新兴产业。可以授予博士学位的大学的数量大量增加，第二次世界大战前仅有 55 个可以授予博士学位的大学，而这一数字到了 2011 年则增长至 325 个。在同一时期，授予的博士学位的数量也增长至第二次世界大战之前的 17 倍。大学中与地球和生命科学相关的院系及项目也扩增了 2～3 倍。同时，美国在发表文章、申请专利、培养研究生及取得科学突破方面成为全世界的佼佼者。

被斯普特尼克事件和肯尼迪的梦想鼓舞的年轻人纷纷投身到科学研究的事业中。历史学家后来认为，那时肯尼迪是被国家霸权激励，而那时美国年轻人喜欢看太空战也是这种国家霸权激励的体现。之后牵头设计了阿波罗指挥舱和土星 5 号运载火箭的哈里森·斯托姆斯（Harrison Storms）及第一位进入太空的美国人艾伦·谢波德（Alan Shepard）都表示斯普特尼克事件激发并鼓舞了其在职业上的选择。在巴克敏斯特·富勒（Buckminster Fuller）所著的《地球号太空飞船操作手册》（*Operating Manual for Spaceship Earth*）一书中说道“我们都是宇航员”恰好反映了这种全国性的痴迷状态。建筑物的圆形、星爆状及飞翼状的屋顶也显示着航空学对当时建筑学的深刻影响。火箭俱乐部也如雨后春笋般地在全国成立。当时，美国那一代的儿童深深迷恋着《杰特逊一家》（*The Jetsons*）、《太空迷失》（*Lost in Space*）和《2001：太空奥德赛》（*2001: A Space Odyssey*）等作品。

在寻求繁荣中的创造

国防、爱国主义和冒险活动仍然促进着科学技术的投资，但这些因素逐渐被一个更具有决定性的刺激因素取代。在今天，让科学更具有吸引力的因素是财富。诺贝尔经济学奖获得者罗伯特·索洛（Robert Solow）曾经说过，在发达国家，科技进步是刺激经济发展的最好的也是唯一的因素，让人难以置信地占到缓慢发展的国内生产总值增长的 1/3。研究型大学在当地是“创造性阶级”的中心，“创造性阶级”这一词汇由著作家和城市理论家理查德·弗洛里达

（Richard Florida）提出。像硅谷、波士顿市附近 128 号路、加利福尼亚州的研究性三角公园和得克萨斯州的奥斯汀市等地区一样，所有的经济中心都把一所或者多所研究型大学当做自己的智囊团。

整个社会现在都期待着科学和技术会带来财富，而财富会使生活变得更美好。美国国会想知道支持大学的研发投资将会带来什么样的不同结果。商人需要确保其投资研发能够盈利。人们期待新的产品和工艺流程能够带来新的商机、产业及市场。对创造利润越来越广泛的关注，成为现在刺激发明创造的原动力。

然而，盈利并不是刺激万尼瓦尔·布什进行科研的原因。他一直坚持研究他所认为的纯科学领域。在过去一个世纪中，电话、电流、汽车及互联网等发明提高了我们的生活质量。20 世纪，人类的平均寿命延长了 30 年，这一非凡成就得益于产前护理、公共卫生、疫苗和抗体等从产品和工艺流程的提高。如果没有对大自然基本认识的突破，这些奇迹都不大可能产生。对电流、机械及信息处理的深入研究使我们发明了电话、电灯、汽车和互联网。细菌理论使我们的平均寿命延长的愿望得以实现。

在科学变得如此功利之前，它的发展动力仅仅是解决深奥的问题。回答这些深奥的问题并不意味着一定有实际的利益。但是，实际上，大多数情况下都会有实际好处。在基础科学转换为实际应用的研究中，可能有雪球效应，或者伴随着正面外部效应的产生。巴斯德（Pasteur）对接触性感染的深入研究使他发现了非常多的细菌和病毒，这促成了公共卫生、疫苗和抗体的发展。对酵母的基础性研究使人们发现了能降低血脂并溶解血栓的斯达汀，从而延长了很多人的寿命。大多数基础知识的研究结果为进一步深入研究的人们带来了利益。事实上，进行下游应用研究的人们会比最初的研究者得到更多的利益。

尽管美国国家科学基金会、美国国立卫生研究院这些机构仍继续把相当大的一部分资金投入大学研究者的科研基金项目，一半以上的资金投入布什总统所认为的纯科学领域，但是整个社会对自然基础研究的投入正在下降。

在追求利润中的创造

美国联邦基金机构对各类投资优先权的改变常常令人难以参透。各个不同领域（如基础研究、应用研究和开发研究）能够分得多大一块蛋糕是个很难回答的问题。然而，有证据表明，与过去相比，应用研究领域分走了更大的蛋糕。英国投资优先权与美国类似，基础研究的资助比例在短短 5 年（2004～2005 年到 2009～2010 年）间，从 2004～2005 年的 68%下降至 2009～2010 年的 59%，遭到重创。2010 年，索普（Thorp）和戈德斯坦（Goldstein）在其关于创业型大学的书中指出，大学的科学家都在讲述一个类似的事实：相对而言，基础研究很难获得资金支持。现任美国国立卫生研究院院长弗朗西斯·柯林斯（Francis Collins）否认有任何投资比例的改变，然而，2012 年对基础研究的投资仅占当年美国国立卫生研究院预算的 54%。2013 年顶级期刊《自然》（*Nature*）的一篇新闻报道指出，奥巴马（Obama）总统的科学预算中把基础科学安排在“后排座位”。在柯林斯的领导下，美国国立卫生研究院着手成立一所耗资 5 亿美元、史无前例的研究所。这个研究所着眼于将研究成果应用于现实，特别是针对药物和诊断方法的研究。这个新成立的研究所在总统的科学预算中得到了引人注目的 16%的增幅，相比之下，整个美国国立卫生研究院只有 1.5%的增幅。奥巴马的科学预算中的另一个大赢家是美国国家科学基金会，他们倡议寻找新的有用材料、研究应用于制造业的机器人技术及培训研究者将基础研究应用于现实。与此相同的是，美国能源部也在寻求新的资金链，对连接基础研究和应用能源研究之间的“深渊”进行投资。所有这些投资优先权的改变使得基础研究逐步转向应用研究。正如科学界所见，降低美国联邦政府预算和加强国会监督的双重压力，使得联邦相关机构对投资长远目标变得更加谨慎。

有三条证据可以证明科学变得更加注重短期回报，而不是长期的潜在突破。第一，企业界，而不是社会（政府），已经成为整个美国研发的最大投资者，而企业界的兴趣则一直着眼于可以投放到市场的单个产品和工艺流程。1980 年，美国私营部门在科学技术方面的投资已经超过联邦政府的投资，现如今这部分投资占美国研发资助的 70%。1964 年，太空战开始之初，美国联邦政府的投资占当时研发全部投资的 2/3（尽管大部分的资金用于国防研究）。从那时起，这一比例持续下降，截至 2000 年已经下降至 25%～30%。

公司根据自身利益需要对研发进行投资。美国在 2009 年对研发的投资中，大概有 760 亿美元用于基础研究，713 亿美元用于应用研究，而 2532 亿美元用于开发研究。其中，产业界的投资占开发研究的 78%。与之形成鲜明对比的是，对基础科学的投资只占 22%，仅占私营企业对研发全部投资预算的 7%。一些对基础研究进行投资的实体公司也不是为了公共利益，如制药和科学服务等产业，而是为了可以直接从研究结果中获取利益。这些商业部门也是基础科学的主要投资者。

2009 年，美国政府部门对科学技术的投资似乎正好与产业界相反。美国联邦政府仅仅投资了 21%的开发研究，而且几乎全部是与国防部和国家航空航天局相关的先进军事与太空操作研究。但是，美国基础研究的 53%都是由联邦政府资助的。

谁领导着基础研究、应用研究和开发研究，谁就具有话语权。私营企业通过机构内部进行或者直接监督合作的方式参与半导体技术、生物技术和制造业等开发研究，这占私营企业投资的 89%。产业界同样也在应用科学中占有很重要的地位，他们的研究结果占了所有应用研究结果的 2/3。产业界对研发的基础研究投资最少（19%）。基础研究都丢给了研究型大学，与此相应，3/4 的科技论文是由大学发表的。

将全国所有对研发的投资进行比较（基础研究为 760 亿美元、应用研究为 713 亿美元、开发研究为 2532 亿美元）发现，基础研究备受冷落。对基础研究的投资占全部研发投资的比例不足 1/5，更是仅占企业总支出的 7%。产业界支持国家实验室的黄金时期已经一去不复返，现在他们对基础研究进行投资仅仅是想要拥有更特别的竞争优势。对以盈利为目的的公司来说，基础研究不具有吸引力。这是因为基础研究开发成现实应用的时间并不明确，甚至是遥遥无期的。而且，公司无法保障随着研究深入而产生的有益的下游产物（正面外部效应，如全球定位系统是从爱因斯坦的狭义相对论衍生出来的有益的下游产物）不会被竞争对手攫取。基于我们对谨慎一词的定义是回避能够使过程停滞、导致资金损失的行为，不难理解那些以增加红利为己任的首席执行官从商人的视角对基础研究投资并不感兴趣的原因。

第二条证明科学变得更关注于盈利而非解决社会问题的证据，体现在发展规模最大的研究领域。在过去的几十年中，提供人们所渴望事物的速度远超过了提供人们所必需事物的速度。公众渴望由新技术制造出的产品（如移动电话、计算和联通、电视机及高技术服务等），这也是产业机构集中投资的科研领域。虽然没有这些先进的设备，人们会感到不开心但是并不会受到实质性伤害。然而，对有些能够给我们带来实质性伤害的问题（如早产、阿尔茨海默病和癌症等），相关研究发展缓慢并且获得的私营部门投资相对较少。虽然这个类比显得不太相关，但是我们似乎看到了一个令人关注的现象，如果“消费者”不为成果“买单”，我们就缺少进行研究的动力。

2010 年，据估计全球大概有 1500 万名早产婴儿，其中，有 110 万名死于早产所带来的并发症，仅肺炎就夺去相当多婴儿的生命。一个国家的财富并不能防止早产的发生。在过去十年中，美国早产的情况变得比过去更严重，12% 的婴儿是早产的，这个数据令人十分震惊。根据可靠数据，美国早产婴儿的数量在有数据统计的国家中排在第三位，仅次于塞浦路斯和巴林。尽管在美国每年有越来越多的早产婴儿能够存活，但是严重不足月的早产婴儿往往患有非常严重的残疾病症。2013 年，《柳叶刀》（*Lancet*）期刊中发表的关于美国处理早产问题遇到的挑战最全面的一篇分析文章中，作者指出最大的困难之一是基础知识的匮乏。这种“匮乏”体现在将近一半早产病例的原因是未知的，而这些不可获知，又让有效抵御与治疗早产变得希望渺茫。在早产带来的致死与发育障碍的事实面前，科学变得如摸黑前行一般。我们需要明白的是这种“匮乏”是导致死亡与疾病的主因，而且它绝不仅限于早产这一事例。

同样让人烦恼的是，当研究结果不能盈利时，往往不会被重视。2012 年，网络期刊《科学公共图书馆·综合》（*PLoS One*）曾发表了一篇研究报告，解决了困扰美国农业数十年的一个难题，即如何减少化学试剂的应用。研究对以 4 年为周期的作物轮种模式与标准化的农业生产模式进行比较。作物轮种模式是将玉米、大豆、燕麦和苜蓿 4 种作物轮流种植，而标准化的农业生产模式则是将玉米和大豆隔年种植。实验显示，以 4 年为周期的作物轮种模式要比标准化的农业生产模式少使用 88%的化肥和除草剂，在不减少产量、仅仅适度地增加额外努力和耐心的情况下，美国种植者就可以不再继续污染土地。但是，两大主要医学期刊都拒绝了这篇文章，而且这项研究的资助方——农业部也没有对研究结论进行积极推广。

一个更显而易见的例子也充分说明利益比研究结论更重要。由美国国立卫生研究院耗资 1300 万美元进行的 ALLHAT 研究是世界上最全面的对高血压治疗进行的临床试验。2002 年，ALLHAT 研究结果发表在《新英格兰医学杂志》（*New England Journal of Medicine*）上。这篇文章指出，每天使用只花几分钱的利尿剂的效果与使用价格要昂贵二十多倍的治疗高血压药物的效果相同。临床指南几乎立刻进行了修订，但是开出利尿剂的处方只增长了 5%。这种没有引起巨大改变的医疗反应看似难以理解，其实不然。成千上万的医药公司代表涌进医生的办公室，表明 ALLHAT 的实验结果有瑕疵，而且在实验中较贵的降压药会更有疗效。美国国立卫生研究院对此进行了反击，指出 ALLHAT 是有史以来进行的最大最认真的临床试验，这次试验证明了利尿剂的有效性和安全性，开处方时应该更倾向于用利尿剂而非其他药品。但是这种教育性质的反击失败了。美国国立卫生研究院没办法与已经和医师形成一定关系的企业销售力量进行竞争；美国国立卫生研究院显得没有威信并且资金实力也不足。

第三条证据是，许多曾经重视科学改革的公司要么改变了其工作优先级考虑，要么已经退出了市场。例如，贝尔实验室曾经是最活跃、最著名的为商业领域做研究的实验室之一。它的母公司——美国电话电报公司并不追求快速盈利。事实上，他们非常了解通过探索和发展可以提供崭新的产品和服务。即便这些探索和发展进行得非常缓慢并且要耗费巨资。这个巨大的公司可以为物理、数学、材料科学和工程的基础研究提供经济支持，使得贝尔（实验室）系统成为美国最大的雇佣者之一。相较于美国每年庞大的财政预算，很多国家的财政预算甚至都变得微不足道。美国电话电报公司有进取心的领导者将他们的盈利投入到建设未来交流系统和使人类更好的基础研究中。

1974 年，当美国电话电报公司变成许多小公司时，这不仅敲响了贝尔实验室的丧钟，还为许多其他商业领域研究敲响了警钟。之后收购了贝尔实验室的阿尔卡特-朗讯公司（Alcatel-Lucent）在 2008 年表示，贝尔实验室将退出基础科学领域，转而集中精力于能够快速获利的研究，如电子产品和软件的发展。国际竞争和活跃的股东抑制了阿尔卡特-朗讯公司对有风险的长周期研究进行资助的意愿。而且，众所周知，产业界主导的通信领域的创新始终摆脱不了过去辉煌历史的影子。

但是，互联网不是产业界引导的一次深远的社会再创造吗？互联网很显著地改变了现代通信方式。但事实并非如此。互联网产生于 20 世纪 50 年代，而非大多数人所认为的 21 世纪。此外，互联网是作为一个美国联邦政府发起的、学术性质的项目开始的，并不是由私营企业投资而产生的。更近代的如电动汽车硬件、软件的发展，智能手机的发展，只能算作改进性的进步而不是革新性的进步。产业界对基础科学和技术研究的成本回收要求，失去了创造全新通信技术的机会。

施乐帕克研究中心（Xerox PARC）也发生过类似的事情。这个位于帕洛阿图市的施乐公司的研究部门，成立于 1970 年。促成个人电脑革新的大部分核心技术都归功于这个研究部门。在其成绩单上，这些核心技术包括激光打印机、个人电脑的图形界面（包括窗口和图标）、鼠标、位图、以太网和面向对象的程序。而这些令人难以置信的技术得以实现的原因是专项资金和集中的人才。据说到 20 世纪 70 年代，施乐帕克研究中心吸引了世界上一半的充满冒险精神的著名电脑科学家。施乐帕克研究中心当时的使命是建立“商业突破口”。2002 年施乐帕克研究中心脱离了施乐公司，成为一个独立的下属公司。不同于以往内部投资的时代，新的公司需要通过为施乐公司的其他部门或者其他国营、私营企业提供服务来招揽生意。尽管其仍是施乐公司能够自负盈亏的下属公司，但 2009 年仅有 6000 万美元的少量财政预算，这使其经营范围差不多都集中在了已有技术基础上的“末端”活动。

基础科学最好地服务于社会了吗?

不是每个人都同意那些有联邦资助的社团把基础知识创造作为首要任务。事实上，也并不是所有人都同意“基础科学是最有可能推动科学向前发展的动力”的说法。2014 年，查默斯（Chalmers）及其同事在拥有大量读者群的期刊《柳叶刀》上进行了强有力的反驳，他认为，是应用科学研究而非基础科学研究带来了最有用的健康、经济和社会影响。他引用了三条证据来支持其“应用科学研究胜过基础科学研究”的观点。第一点，是一系列研究关节炎、心脏病和精神分裂症等前沿科学的项目成果报告，尽管大多数例证中应用研究都产生了更为广泛系列的下游作用，但这些例证的作者却是审慎的，既因时间的跨度与范围的广度的局限性，又因这些作者提醒人们不要把这些尚未被完全证实的数据看成普遍现象，然而，查默斯却这么做了。第二点，查默斯引用了剑桥研究者佐伊·莫里斯（Zoë Morris）2011 年的一篇关于研究时间拖延的综述，《柳叶刀》文章的作者批评基础研究“应用到现实所需要的时间很长（20～25 年），比莫里斯之前预计的 10～20 年还要长”。这完全是断章取义，莫里斯根本没有表达这个意思。那篇文章的结论是基础研究应用到实际中并没有明确的时间限定：不同的研究要用不同的测量方法；研究不同的东西，需要不同的时间。我们总结现阶段对时间拖延的认知并不实用。第三点，也是最主要的一点，查默斯武断地认为，基础科学的影响有限，表现为他质疑来自科姆罗（Comroe）和朱普斯（Dripps）的影响重大的发现。科姆罗和朱普斯发现，在心血管药物方面62%的突破来源于基础研究，这一发现极具影响力。基于各种原因，科姆罗和朱普斯的文章点燃了一代人为基础研究投资的热情。2003 年，由伦敦布鲁内尔大学的约翰·格兰特（John Grant）领导的一组生物统计学家应用了复杂的现代方法重复了科姆罗和朱普斯的实验，发现基础科学的影响力远低于 62%，事实上只有 2%～21%。《柳叶刀》文章的这些作者暗示后面的研究结果更为准确。究竟谁是正确的？过去由科姆罗和朱普斯进行的研究及现在由约翰·格兰特进行的研究都太过复杂，难以全面地在这里进行解释，而且两次实验的设计都不是完美无缺的。因此，格兰特重新分析的结果显而易见不能被视为真理；而且通过仔细检验，他的研究方法有着根本上的缺陷。

科姆罗和朱普斯及格兰特分别给出了 5～10 个关键的临床进展（科姆罗和朱普斯是关于心血管药物及相关手术的，格兰特则是关于新生儿重症监护的），随后对导致这些进展的“核心知识体系”进行回顾性分析，然后再对照引述提出这些知识的原始文献。格兰特攻击科姆罗和朱普斯，认为其根据那些不专业顾问的意见来界定关键的临床进展，对核心知识的分类也似是而非，查找文献也不那么系统。尽管这些批评现在看起来都是站得住脚的，但格兰特试图开展“更加科学”的研究却带领其团队设计了明显不合理的研究方案。

格兰特仅仅通过文章所发表的期刊名称来对研究类型进行初步分类。例如，所有发表在《自然》期刊上的文章都被认为是基础研究，所有发表在《免疫学》（*Immunology*）和《英国医学杂志》（*British Medical Journal*）上的文章都被贴上“临床研究”的标签，而所有发表在《新英格兰医学杂志》上的文章都被认为是“临床综合研究”。但是高影响度的期刊，特别是那些被归类为“临床综合研究”的期刊，经常会发表一些未被发表的新的基础见解。另外，格兰特用来分析的文章中，1/3 的文章属于不能通过期刊名称来分类的。然而，格兰特却用作者的工作单位对这部分文章进行分类：如果作者在大学工作，发表的文章则被认为是基础研究；如果作者在医院工作，发表的文章则被认为是临床研究。不幸的是，这种二分法完全不合理，因为大学附属医院一般承担着医学院的教学工作，通常都会雇用基础科学家。但最糟糕的是，他的分析影响了文章最后的统计，忽略了那些 2%～21%的没法分类的文章。也就是说，百分数比例并不是从 100%所有文章中得来，而是要从所有文献剔除通过期刊名称没有分类的 1/3 的文章中得来。重新加上大学发表的基础研究文章，以及保守估计“临床综合研究”中 1/4 的基础研究文章，通过这些计算，格兰特的数据发生了很大变化。事实上，这一数据与科姆罗和朱普斯所得的数据很相近。也就是说，科姆罗和朱普斯及格兰特的实验数据（改正后的数据）都从事实上证明了大部分主要的临床突破都要归功于基础科学研究。

联邦资助对创新所产生的影响加速衰微

颠覆式创新和大学的研究更多情况下依赖于政府的慷慨资助。不幸的是，政府对科学的投资由于最近的经济不景气所带来的财政压力变得踟蹰不前。从大学角度来说，美国联邦政府对研究支持的黄金时间是 20 世纪 70 年代，那时候政府投资占大学研发预算的 73%，而到 2009 年这个比例降至 59%。

从 20 世纪 90 年代开始，研究型大学的研究工作对非政府渠道资源的依赖逐渐增加。企业界的投资增长了 3.7 倍，但是这种增长正在衰减。美国政府对公立研究型大学的资助也面临很大的威胁。根据自然基金委员会（National Science Board）的信息，2008 年的经济萧条导致除 7 个州之外的其他所有州政府都减少了对主要公立研究型大学的投资。高等教育收费已经成为越来越多的大学继续支持科学研究的一种手段。科学活动对内部预算的依赖是 20 多年前的 3.9 倍。慈善类的捐款现在已经超过了来自企业界同样用途的年度经济预算。

这种下跌及对不同经费支持渠道的重新导向都对颠覆式创新造成了伤害，而投资的不稳定性有着同样的破坏力。在太空竞赛的时代（1958～1968 年），投资到科研的预算增长了 4 倍之多，而到了越南战争期间预算开始下降，1968～1972 年减少了 6%。这种如同潮汐般的大起大落可以说是一种常见的趋势。21 世纪初，美国政府对美国国立卫生研究院生物医学研究的预算是之前的 2 倍。当受到经济萧条的打击时，政府的资金开始回流；奥巴马政府在 2009～2011 年的刺激性投资仅仅是一种“回光返照”的表现，感觉扩大的科学项目最终会“坠落悬崖”。在那之后，科学投资在实际额度上开始减少，如果考虑到通货膨胀的因素，投资额度实际减少得更多。

从长远的结果来说，资金上的大起大落，造成对设备和人才无法进行可持续性的扩充。美国医学院协会的一份调查显示，作为对美国国立卫生研究院预算加倍的回应，研究型大学加速购买新的设备，使其债务加倍增长，使每所医学院的平均债务从 2003 年的 350 万美元增加至 2008 年的 690 万美元。为了能填满那些新的教学楼，大学雇用了很多没有财政保障或者只有少量财政保障的教员。根据《经济如何塑造科学》(*How Economics Shapes Science*)一书的作者保拉·斯蒂芬所说，美国只有一半医学院的终身职位有工资保障，而大约有 1/3 医学院的终身职位完全没有工资保障。斯蒂芬将现代研究型大学描述成百货商场。最先进的仪器设备被租赁给那些得到有限启动资金的研究员。最终这些研究员成为租客，他们完全依靠申请科研经费资助自己的研究工作、支付仪器的租金和日常开支。

20 世纪 60 年代早期，美国科学家可以从美国国立卫生研究院获得令人满意的资助，资助成功的概率达到 58%。在美国国立卫生研究院预算加倍之前，成功率已经降至 30%。预算加倍之后，情况本来应该变好，但事实上竞争变得更激烈。2012 年，研究者需要竭尽全力面对史上空前的最低成功率——仅 18%的项目在那一年得到了资助。成功获得资助的新申请者（相对于再次申请的人），仅仅是新申请者中那些排名在前 10%的人。

为什么美国国立卫生研究院的财政预算增加了那么多，反而科学家得到政府资助却变得更困难呢？1998 年（预算加倍之前），新提交的项目有 18 807 项，而到 2012 年，增长至 45 859 项。每个申请者所申请的资助金额都在增加，一部分原因是不断上升的仪器和消耗品的费用远超过了平均通货膨胀水平，另一部分原因是没有工资保障的科学家要挣扎在调整其工资和实验室花费的平衡中。

美国国立卫生研究院刚成立时，一个非常有影响力的政策委员会，即美国总统科学技术咨询委员会（President's Council of Advisors on Science and Technology，PCAST），曾讨论过联邦资助的科研机构是否应该资助薪水的问题，一直到那个时候，薪水是被排除在科研经费申请范围之外的。美国总统科学技术咨询委员会的委员对美国联邦政府资助薪水普遍质疑，并且警告说如果学校的财政责任转移给政府可能会造成二流科学家，这是他们不愿意看到的状况。当然，薪水的请求最终在美国联邦政府资助的科研经费中得到了认可，美国总统科学技术咨询委员会的委员一语成谶。当科学界逐渐获得更多的回报和支持时，就沉溺于去雇用更多的没有或者只有少量经济保障的二流科学家。劳动力扩充的结果是造成美国联邦政府的投资不再仅仅局限于现金资助。受到政府财政大潮的刺激，科学界产生了泡沫。

财政支持宽松之后紧随而来的紧张促使研究者转向实际性研究的原因有四点：①投资的不确定性造成了保守主义，这种保守主义倾向于从事能够获得政府投资的研究；②进行高风险科学研究的小型研究机构关门；③各个学科之间的发展并不平衡；④一群有潜力创造重要研究突破的年轻人，在不确定的环境之下学会了谨慎，这将伴随其一生。

科学家普遍认为，艰苦时期会促使其采取保守的策略，为其已经通过实践检验的项目申请资助。由于获得资助的竞争比较激烈，研究者通过申请大量的项目来提高获胜概率；赋予旧项目一个新的目标是最快且最安全的获胜途径。此外，他们一直坚持于一个已经模式化的成功方法，这些成功缔造了其在科学界的美誉。然而，这些稳赢的项目却代表科学家最程序化的、最少深入研究的工作。在经费紧张的情况下，发散性思维成为最不可取的冒险行为；经费紧张又促使研究者进入一场说服同行评审专家支持其项目的角斗中。为了获得同行评审专家的支持，项目书中更多的是初步的工作成果；如果同行评审专家对其过去在一个冷门研究领域所取得的成果并不了解，将很难被说服相信其能力。从评审委员会和投资者的角度来说，他们希望稀缺的资源可以得到最大可能的利用。因此，他们更愿意在认识的人身上和他们认可能够产生一定结果的想法上“押宝”。

当经费紧张的时候，机会就减少了。2012 年，《自然》期刊发表了一篇文章，记录了那些处于困境之中并且衰败的私人研究实验室。44 年来专注于研究新治疗方法，如利用疫苗治疗阿尔茨海默病的波士顿生物医学研究所（Boston Biomedical Research Institute）已经关门。福克斯·蔡斯实验室（Fox Chase）是一所地处费城市郊外的历史悠久的癌症研究所，为了不破产不得不成为坦普大学（Temple University）的下属单位。许多实验室即便没有破产，工作重心也已经从基础研究转向应用研究。例如，拉霍亚过敏和免疫学研究所与费城市的莫内尔化学感官中心已经急于寻求慈善资助或产业界合作者。

尽管社会科学、自然科学研究在缩水，但生物医学研究领域却在不断膨胀，研究变得越来越缺乏学科多样性，这已经是科学研究从盛世转向衰败的一种具体体现。最大的两个对大学研究资助的美国联邦基金机构——美国国家科学基金会和美国国立卫生研究院，变得明显的发展不平衡（美国国家科学基金会倾向于投资自然和社会科学，而美国国立卫生研究院倾向于投资生物医学）。这一点可以通过对比美国国家科学基金会和美国国立卫生研究院的财政预算得到验证，美国国家科学基金会的财政预算只有 70 亿美元，而美国国立卫生研究院的财政预算已经增长至 310 亿美元。貌似美国国会对治疗可怕疾病的兴趣比对生理卫生科学新发现的兴趣更加强烈。此外，目前研究型大学中进行研究的庞大机构是医学院，在那里科学研究通过传统的混合资助来源和临床医疗服务收费共同支持。大多数医学院，通过将照顾患者获得的额外盈利投资到开展医学研究的部门，为包括内科医生在内的科学家提供保障，使其能够继续进行研究。

对健康研究的优先资助会无意识地造成其他学科的停滞不前。尽管社会科学的方法能够为药物无法治疗的窘境提供解决办法，但大部分已经得不到资助。克里斯塔基斯（Christakis）和福勒（Fowler）发现，发胖像传染病一样在社交网络中传播，这为通过社会手段遏制肥胖泛滥打开了一道门。这种社交圈方法甚至能够适度地减少吸烟和暴饮暴食现象，根据一份评估得出这种方法可节省 2180 亿美元。同样，社会学和工程技术的相互结合也可以产生新颖性。

洛杉矶市曾经雇用施乐公司来解决城市停车的问题，结果施乐公司在洛杉矶市的不同地点安装了智能仪表，这种智能仪表可以根据每天的时间段及空的停车位的多寡来进行不同标准的收费。然而，人类学家有一个更有效的建议。他们注意到可以在一些不使用的公路前开设不计其数的新停车位，这些公路以前是汽车修理站的一部分，现在变成了出租屋之后不再有车行驶。从那之后，施乐公司的研发队伍中出现了人类学家。

科学界谨慎策略的后果往往会重重地压在最脆弱的年轻人身上。因为处于事业初期的科学家没有足够的时间和资源去开展研究得到最基础的数据，他们只能依附于年长的导师，以便能够从导师那里获得一些数据。年轻的研究者也没有能够与其他人竞争更大资金支持的基础。在美国国立卫生研究院预算加倍的情况下，资金支持的这种刺激仅通过临时通知的方式出现，而且最终往往会被更有经验的研究者获得。这样的结果是，自 1980 年以来，得到美国国立卫生研究院资助的 65 岁以上课题负责人的比例增加了 7 倍，而 36 岁以下课题负责人的比例从 18%下降至 3%。在这个令人气馁的比例面前，年轻人学会了要高度保守。

资金的不确定性甚至已经影响那些被培训将要进入科研行业的学生。美国国立卫生研究院财政预算加倍促进了博士学位和博士后数量的快速增长，但是，也造成了人才供大于求。新培养的科学家除了重复进入培训阶段——如做博士后再去工作，并没有其他地方可去，这使得他们在独当一面之前要跋涉更长的时间。第一次获得独立研究经费支持的年龄已经从 1985 年的 37 岁增长至 2008 年的 42 岁。同时，博士在学术界找到工作的比例也在下降。二十多年前，60%的博士可以在学术界找到工作，而现在生物博士只有 10%在毕业 5 年内可以在大学找到教职工作。学术界的雇主需要应聘者有大量已发表的文章并已经争取到科研项目经费支持，但是，这需要被培训者高度关注于短期的必胜项目。即使是在接受培训的阶段，科学界现存的经济状况也促进了年轻科学家谨慎思维的形成。

谁的利益得到了最好服务？

目前为止，我们讨论了经济的力量如何在普通科学领域，特别是在基础科学界，造成谨慎和创造之间的不平衡的问题。是否在通常情况下采取这种谨慎的方式为社会带来了最大的福利？

从宏观方面来思考这个社会，世界上 85%的人口居住在发展中国家，然而，超过 90%的研发组织将总部设在了发达国家。科学研究对解决几乎只在最贫穷的国家才产生的问题几乎不感兴趣。许多传染性疾病（如麦地那龙线虫病、血吸虫病、利什曼病和美洲锥虫病）仍然是发展中国家的常见疾病。但是，由于这些疾病在发达国家非常少见，只有少数研究中心在研究如何治愈这些疾病。事实上，这些传染病被称为“被忽略的热带疾病”。一位全球公共健康组织的领导彼得·霍特兹（Peter Hotez）说，商业市场的不存在是造成获得新药的渠道完全不存在的原因。幸运的是，通过盖茨基金会（Gates Foundation）大量资源的驱动，研制新药的研发活动重新开始了。但是，这并不是科学家的一片善心，而是财富的影响力把科学带到了为全球服务的桌面上。

忽视有影响力而没有利益的新发明的现象并不仅仅出现在发展中国家。反向革新就是新发明最先在发展中国家尝试，之后才在发达国家传播的研发行为。某些反向革新最早是为了全球新兴的中产阶级（估计到 2030 年有 30 亿人）创造的，将给有需求的美国人带来好处。例如，通用电气公司为印度乡村医疗服务发明了廉价的可移动心电图仪。这一精巧的产品被带回美国，被急救服务人员应用在事故现场的工作中。相反地，更多其他的颠覆性的发明都没有被重新带回美国，即便很有用，这样的例子包括一种使锂电池价格从 40 美元下降至不到 5 美元的生产方法；一种可以绘制数字图像的中国产 X 光机，这种 X 光机的价格只是西方机器的 1/10；一种通过电池和纽扣电池供电的小型电冰箱在印度仅售 69 美元；在印度城市标价 3000 美元、油耗效率是 55 英里/加仑[①]的塔塔纳努汽车。

2012 年，收入低于贫困线的 16%的美国穷人拥有比其他国家中产阶级稍高的购买力。但是，如果公司给他们在现有市场提供打折，低价的商品作为选择，更多高盈利的产品将会被取代。在新兴的市场中，低成本的发明比较能赚钱，因为很多一无所有的人们也有能力购买一些商品。在已经成熟的市场中，这种反向革新所生产的廉价的新产品会降低企业的利益并由此触犯到企业的底线，从而使得商家失去对这些产品进行推销的热情。

比科学是由做好事来驱动还是由获得资助和利润来驱动更为深刻的一个问题是，经济的增长是否促进了社会的幸福安宁。20 世纪曾参与撰写《世界人权宣言》（*Universal Declaration of Human Rights*）的著名哲学家雅克·马里顿（Jacques Maritain）在 1953 年发表的文章《经济的兴旺和幸福》（*Prosperity and Well-Being*）中声称，“使我们现代商业文明感到骇人的邪恶趋势之一就是，为了实用性服务而形成的一种禁欲主义，一种不以提高生活品质为目标的邪恶的禁欲主义”。他的暗示表明，我们现在对有形产品的崇拜，实际上是对经济繁荣的崇拜，可能并不等同于幸福和快乐。

---

① 1 加仑=3.7854 升。

对台湾地区人民心理健康的一份研究为这一观点提供了令人惊讶的证据。台湾地区曾被称为“经济上的奇迹”，1960～1970 年，台湾地区的 GDP 按照每年10%的比率增加，这一增长比率可以说快得惊人。之后每年，甚至在 2008 年全球经济衰退的时候，台湾地区的 GDP 仍然按照差不多每年 4%的比率增加。20 世纪 40 年代，台湾地区的经济发展水平如同撒哈拉以南非洲的许多国家和地区；之后，台湾地区的经济在许多方面可以与发达国家和地区竞争。虽然台湾地区的经济健康发展，但是台湾地区居民的心理健康却每况愈下。在 1990～2010 年进行的一系列跨国家跨区域的心理调查中，蒂芙妮·付（Tiffany Fu）发现，焦虑和萎靡不振之类等心理健康问题从之前影响 11.5%的台湾地区居民如今发展到影响 25%的台湾地区居民。将整个台湾地区居民看成一个整体，金钱并没有为其带来心理上的幸福。

对沐浴在节省人力的产品和服务之中的美国人民，我们又该如何评价呢？在过去的四五十年中，当美国的 GDP 从不到 1 万亿美元增长至 13 万亿美元时，科学家已经对美国人的幸福状态进行了一系列的调查。令人吃惊的是，1946～2006 年，美国人自己评价的平均幸福值并没有任何变化。相反地，在同一时期，不那么发达的国家的人民，幸福感和快乐感都有所提高。密歇根大学的英格尔哈特（Inglehart）和他的同事进行的一项研究显示，幸福感的走向与收入多少本质上并不相关，而与随着经济增长产生的社会变革有关，这些社会变革指国家民主、对种族多样性的包容及加强社会和政治的自由度，所有的这些都保障了选择的自主性。当国家已经具备了这些社会特点，满足感的提高就与国内生产总值的关系并不紧密了。罗伯特·肯尼迪（Robert Kennedy）已经从直觉上认识到了这一点。他说：“简言之，GDP 可以用来衡量除了使生命更有意义的其他所有的事物。”

早在 20 世纪 80 年代，联合国的经济学家就开始质疑物质财富是否越多越好。全球普遍用 GDP 作为衡量经济发展的标准，即通常指一个国家“由劳动力创造的产品和服务的市场价值和财富”。但是，经济学家问，有没有某些增长是“非经济的”？有没有一些产品和服务会损坏健康、文化或者环境，从而侵蚀幸福感的提高？联合国经济学家提议用真实发展指数（genuine progress indicator，GPI）来替代 GDP。GPI 扣除了 GDP 生产过程中所消耗或破坏的自然资源——

想想汽车和飞机的排放物及未耗尽的核燃料；GPI 同样扣除对财富的不同分配——想想在英国和刚果获得干净水源的差别；GPI 也扣除因失业、犯罪和家庭破裂所带来的损耗。另外，GPI 扩大了传统的产品和服务的概念，增加了无偿的劳动，如家务工作和志愿者服务。

在过去的 10 多年中，全球的 GDP 都在不断提高发展，然而，GPI 却并非这样。最近的一项研究，科学家对比了 1950～1997 年美国 GDP 和 GPI 的增长斜率，GDP 几乎从 1950 年的人均 10 582 美元增长至 1997 年的人均 27 163 美元（用定值美元衡量），增长了将近 1.6 倍。然而，GPI 的增长斜率却保持着顽强的平直状态，从 1950 年的人均 5319 美元只增长至 1997 年的人均 6521 美元。这是因为，GPI 在 1950～1976 年有所增长，而之后则持续缩减。1995 年，智利经济学家曼弗雷德·麦克斯-尼夫（Manfred Max-Neef）对这一现象提出了名为"门槛假说"的解释。他解释说，社会福利会随着经济增长而繁盛，但是，这只能持续到某一个门槛值，超过这个门槛值之后，经济的每一步增长事实上都会造成生活质量的降低。

对 GPI 进行批评的专家称，将有货币价值的产品和服务与没有货币价值的事物（如污染等）相结合如同将汽车速度表的读数与燃油表的读数相加一样没有意义。但是，GPI 的主要观点却不能被忽视——资本输出和物质获得并不是仅有的，而且或许并不是最好的用来测量幸福感提升的方法。

概要总结

社会中有各种激发新发明的因素——增强国防、提高国家地位、参与探险及刺激经济。通过长期曲折探索而获得的基础知识，可以带来很多下游利益。然而，盈利的公司是现在美国研发最主要的投资人，而且其让产业界投资仅仅关注基础知识的研究逐步变成一种奢望。同时，基础科学最大的投资者——政府，也在减少对基础研究的投资。政府投资的不稳定性无意间造成了促进研究者规避风险日趋保守的结果。现在的经济现状使研究机构和科学家难以全身心地投入基础研究工作中，从而更难取得突破性的发明。然而，具有讽刺意义的是，经济目标优先的驱动者并不能确保给社会提高幸福感。相反地，所有这些因素最终造成了远离创造性的科学发现，转向更加保守的科学研究和应用研究。

第四章　斯坦福的金蛋

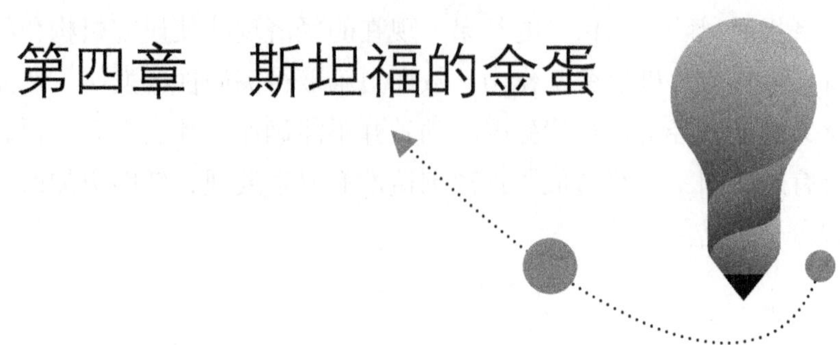

研究型大学是科学发现的熔炉。校园内到处洋溢着拯救世界的专业热情。然而，不要对此产生误解，美国的研究型大学是像商业公司一样运营的。研究型大学事实上是地区最主要的雇主、地区经济活动的中心及巨额现金资源的拥有者。2008 年，美国排在前 125 名的研究型大学接受捐赠的总和超过了 2500 亿美元，这使其成为美国现金流最充足的科学研究机构。

历史上，研究型大学享受着一种稳健而可持续的收益模式，这些收益包括由纳税人支持的联邦和州政府补贴（就公立研究所而言）、科研资助、慈善活动和学费。但是，那段时光已经过去了。美国的研究型大学逐渐开始面对越来越多收益降低而开支增加的压力。现在的科学界被一场“完美风暴”包围：学费已经到达上限，联邦和州政府的资金已经被榨干，而科研消耗品和仪器费用的膨胀率却过分激烈。使研究型大学自豪的最大原因——阐明自然世界的基本规律，可能无法再持续下去了。在大学平衡谨慎和创造关系及为服务社会利益而努力奋斗的情况下，大学的经济现状究竟意味着什么？

运营一门大生意（大学）关于创新和谨慎的现实

从制度的角度来说，有没有证据表明美国的研究型大学更倾向于谨慎而不是创造？为了回答这个问题，我们首先要知道支持研究型大学这个“生意”是什么意思。生意的定义是一个组织机构致力于为消费者创造、交易或传递产品及服务。科学研究为消费者所创造和传递的产品是纯粹的知识、应用知识，以及新的和改造的仪器及工艺。研究型大学提供其他更广泛的服务，包括教育学生、分析和评估数据等。所有的这些活动都为员工和消费者带来了价值。就研究型大学来说，这些消费者包括学生、慈善家、工业界和政府。

从科研账本的收入角度来说，最直接的支持来自科研经费、补贴及专利、许可证和启动创业公司的收入。从支出的角度来说，研究型大学需要支付全体员工的工资、维护整个校园、教育并支持学生和更新科研的基础建设等。对拥有万亿美元预算的庞大大学来说，实现收支平衡实际上是一件很困难的事情，要在提升顾客价值的同时维持一个健康的资产负债表，管理必不可少，但我们不仅需要关注那些威胁底线的行为，更需要开展更多能够开源节流的工作。

很多大学管理者已经反复证明了一个公式，即科学研究是“赔钱买卖”。事实上，这种亏空可能会高达每花费 1 美元就损失 17 美分。政府的补助金包括一些用来报销大学基础建设费用的管理费用，但是这些费用无法涵盖所有费用。招聘有创造力的科学家是十分昂贵的——那些在各自领域中领先的科学家需要得到几百万美元的启动资金。研究型实验室需要花大价钱去建设并且运行。保拉・斯蒂芬在其所著的《经济如何塑造科学》（*How Economics Shapes Science*）一书中表示，为一个实验室配备职员，假设有 4 名博士、3 名博士后、1 名行政管理人员，将花费 350 000 美元。支付研究组长的工资（占 50%）和动物、消耗品及仪器的花费，如此一来，直接的支出将增长至 550 000 美元。除此之外，供热、照明和建筑折旧及管理科研并遵守联邦和州政府相关规定都将产生诸多费用。被称为“间接费用”的联邦补偿的管理费用不仅没法补偿所有的花费，甚至政府现在大部分的资助还受到了经济衰退的打击，政府补助金的全面裁减造成了研究机构更大的财政赤字。慈善家、基金会的善款和州政府科研资助不包括或者只包括少量的间接经费，所以大学依靠的外来资源越多，财政赤字也越大。事实上，学术研究机构现在对其自身的科研花费担负着比过去更大的负担，从之前花费的10%增长至现在的20%左右。

研究机构涉及的领域越多，所需花销就越多。既然如此，大学为什么仍要发展科学研究呢？从商业角度来说，得到的答案是显而易见的。科学研究并不是为了获得直接的补贴，而是为了创造品牌价值。为了更好地理解这当中是如何运作的，我们来看一看斯坦福大学。

众所周知，斯坦福大学是一所私立的顶尖研究型大学，其是培养科技型企业家的摇篮。它也是唯一一所在最新的《泰晤士报高等教育增刊》（*Times Higher Education*）杂志世界大学排名中，各主要教育学科排名均在前五名的大学。斯坦福大学的财富除了加利福尼亚州帕罗奥多市外 8000 英亩[①]的美丽校园，还包括全体教职员工和从那里毕业的所有校友，这些人共获得了 50 多次诺贝尔奖和更多次图灵奖（计算机科学的最高奖项），这比其他任何一所大学都多。学生、职员和校友离校之后在先进科技的中心纷纷创业，包括硅谷中的众多翘楚——太阳微系统公司、惠普公司、思科系统公司、雅虎公司、领英网和谷歌公司。斯坦福大学培养了众多世界级企业家，很大程度来自其成功的运营模式。这就是将科研转化成大学排名和社会声望。它吸引了顶尖的教职员工和愿意支付高昂学费的优秀学生，以及社会捐款。当然，这些都是一种良性循环——慈善家吸引优秀的教职员工和学生，顶尖的教职员工和优秀学生创造斯坦福大学的辉煌成就。

2006 年，斯坦福大学的研究项目为这座大学带来了将近 10 亿美元的科研经费收入及 6200 万美元的产业化收入。在 2006 年卡耐基基金会（Carnegie Endowment）列出的 4387 所高等教育研究机构中，约有 200 个被归类为研究型大学，而在这些大学中，被资助的研究项目则集中在排名靠前的大学。排在前 125 名的研究机构拿走了研发经费总和中的 80%，占用了大学研究空间总和的 70%。如果将科学资助平均分给这 200 所研究型大学，排在前 10 名的大学只能

① 1 英亩=0.4049 公顷。

拿到全部研发经费的 5%。但是，事实上，排在前 10 名的大学得到的研发经费超过了这个比例的 3 倍，达到 17%。

斯坦福大学和其他研究机构所获得的经费与其排名和别人对其评价直接相关。得到最高资助经费的大学——哈佛大学、耶鲁大学、斯坦福大学、麻省理工学院和哥伦比亚大学在《美国新闻》（*U. S. News*）和《世界报道》（*World Report*）声誉排行榜中占据前几名。这些大学也作为美国大学协会等高等俱乐部的会员充分展示了其优势地位。这种荣誉在某种程度上使慷慨的捐助人相信母校的价值，愿意为这些一流大学慷慨解囊，从而使这些大学获得了美国国内最多的资助。

对哈佛大学、耶鲁大学、斯坦福大学、麻省理工学院和哥伦比亚大学而言，大量的科研经费使其在科学创造的许多指标上超过了其他同类大学。在这 5 所大学中，有 3 所大学申请到大量引以为豪的专利，有 4 所大学发表了数量最多、质量最高的学术文章。

良好的声望和充裕的研究经费也吸引了有较高素质的教研人员，这些教研人员又吸引了更多更好的学生。排在前 125 名的研究机构培养的博士占美国博士的 3/4。现在的学生被这种伟大光环吸引，也愿意缴纳更多的学费。这些学费不仅支付了本科教育的成本，而且对许多大学而言，也为科研提供了资金支持。加利福尼亚大学伯克利分校的名誉教授查尔斯·施瓦茨（Charles Schwartz）分析了其教职员工时间分配的研究数据，推测本科生交的学费超出了他们所受教育价值的 30%。尽管他们没有追踪多交的学费的去向，但却暗示这些钱被用在学校行政管理和科研上。艾伦伯格（Ehrenberg）和其同事进一步支持了这一观点。他指出，大学特别是私立大学，通过增加学生比例及征收更高额度的学费来促进他们的科研项目。

除了缴纳学费之外，优秀的学生本身就是一笔财富，他们早晚还会重回学校并对母校进行捐款，这本身就是一笔财富。2006～2011 年，斯坦福大学每年筹集的慈善捐款都比其他大学多。斯坦福大学的校长约翰·L. 赫尼西（John L. Hennessey）在 2006 年启动了一项为期 5 年的活动，称为“斯坦福挑战赛”。目标是超过耶鲁大学所创下的 39 亿美元善款的记录。2009 年，这一目标就被实现了，但是活动仍然持续了 5 年，并且最终筹集到了 63 亿美元，成为历史新高。

让我们来反思这一切对平衡财政保守和革新创造之间究竟有什么意义。这些慷慨校友之所以成为亿万富翁，不仅是受益于在斯坦福大学的学习经历，更是那种成为企业家的动力本身促使他们最初选择进入斯坦福大学学习。像思科系统公司、惠普公司和谷歌公司的创始人都具有将技术创新转化成财富的天赋。他们的产品并不是基础科学发现，而是具有立竿见影市场价值的创新性发展。成功的关键正在于他们的产品可以统治市场，而不是定位于对社会仅能创造有限的好处。成功校友是斯坦福大学最重要的收入来源和品牌价值的体现。他们通过投身于高报酬、快收益的科学事业成为产业界的领头人。毋庸置疑，他们强调对商业化的投入要超过对基础科学发现的投入，并且认为这是对大学和实现进步最好的方法。

向斯坦福大学学习

当然，并不是所有的大学都是斯坦福大学。许多大学只能梦想拥有斯坦福大学一样的财政成功，然而，事实上大部分学校只能为财政收入苦苦挣扎。2012 年秋季，美国一半以上的大学整体入学率下降，特别是传统意义上最赚钱的法学院和商学院的研究生项目，入学率锐减。2013 年 1 月，穆迪投资者服务（Moody’s Investors Service）公司降低了对高等教育的期望值——不只是对小型公立大学，而是对整个行业，包括那些名声很好、排名靠前的研究机构。穆迪投资者服务公司降低期望的原因来自对科研的明显怀疑态度：锐减的联邦和州立政府财政预算及不能继续提高的学费。2010 年，美国家庭平均净收入经历了之前 3 年 30%的急速下跌，达到了近 20 年的最低水平，中产阶级家庭因此没法直接支付 4 年的大学学费。创收压力再加上对大学缺乏信心，导致了穆迪投资者服务公司对大学评价不高。穆迪投资者服务公司的副总裁卡伦·科德姆（Karen Kedem）于 2013 年在穆迪投资者服务公司官方网站上发布的采访中解释说："大学现阶段所采取的行动在相当程度上是'应景性'的——削减开销以与财政预算的减少保持一致，但是，并非是认真反思大学究竟该如何改变运营的结构问题。"

下面，以州政府支持的大学为例来说明财政运营的问题。这些大学中也包括少数如斯坦福大学一样处于顶尖地位的大学。2009 年，公立大学授予的博士学位数超过了美国所有博士学位的一半，同时承担了美国联邦政府资助的全部学术研究项目的 60%以上，并且产生了差不多 11 000 项专利申请。然而，根据美国国家科学基金会发布的标题为《不断减少的资助和日益增长的期望》（*Diminishing Funding and Rising Expectations*）的报告可知，2002～2010 年，美国州政府对公立大学平均每位入学学生的拨款在以 20%的比例下降。当私立大学仍然能够提高学费时，公立大学却发现这样的提高学费是州立法机关所禁止的。即使在同一个州，公立大学的平均学费比私立大学少 30 000 美元。这使得公立大学成为来自不同社会背景的学生的避风港，但这也从经济上限制了大学自身发展。此外，很多捐助人认为，公立大学能够得到较多的州政府资助，他们反而缺乏对公立大学进行大量捐助的动力。少数一流公立大学在科研经费和慈善活动中表现良好。但总体来说，公立高等教育如履薄冰，很难再承受州政府资助降低、联邦政府研究资金减少、固定的学费和少得可怜的善款这四重不利因素所造成的剧烈打击。

创业精神

市场的压力造成了只有少量特定的大学能够支持长时间、高风险的研究。甚至获得大量捐赠的大学也很少能担负这样的职责，因为这些捐赠总是与建筑物或者有特定用途的项目捆绑在一起。在索普（Thorp）和戈德斯特（Goldstein）2010 年出版的极具影响力的《创新的发动机：21 世纪的创业型大学》（*Engines of Innovation*：*The Entrepreneurial University in the Twenty-First Century*）一书中描述了一个新的时代，在那个时代，研究型大学的特定使命是“需要有责任心……并且进一步强调结果的重要性”。21 世纪学术研究机构的时髦术语是“转化或应用”和“创业精神”。对数不清的学术研究机构来说，他们并没有如斯坦福大学那样进行基础研究的优势，他们能否获得一定程度的财政宽松更多的是取决于能否变得更加具有创业精神。

创业精神的经典定义，相对于发现和发明而言，更加关注过程。受到创造更多利润的目标的驱动，创业精神在满足市场上某些需求或预期的过程中，一般情况下会伴随着效率的提高而提高。麦当劳（McDonald）一直以来都是一个成功的创业故事。他们所卖的产品并不是稀有之物，仅仅是汉堡和炸薯条。它的成功之处在于，在管理、生产、培训和分析上建立了特别的流程。麦当劳将妈妈神奇的厨房行为转化成了有品质控制的流水线生产，在那个时代算是非常有创新性的。麦当劳将人员密集的餐桌服务用快餐线替换；他们用点餐时付费替代了效率低下的消费后付费的过程；他们标准化每一份配餐的内容、数量和质量；他们通过赠送玩具的方法牢牢吸引未来客户——儿童。这些创新举措的结果是“卖掉了数以百亿的产品”。

与创新发明中的最宝贵资产是那些革命性的创新想法不同，创业精神中的最宝贵资产经常是持续改进和执行力。通过不断优化的流程，企业家可以源源不断地将产品转化成利润。

大学中的技术转化办公室，负责创造商业化的收入，致力于促进将研究发现转化成财源的过程。他们最有价值的贡献是将科学家和产业界合作者及风险投资家联系起来。他们最重要的挑战是让科研发现跨越各种挑战的障碍，确认目标、临床试验、生产和分配，最终进入市场。

毋庸置疑，将基础发现进行转化应用是件好事，没人可以否认这一点。但是，对产业化的重视使大学稀有的内部资源从实验室和研究院重新分配到了技术转化办公室。大学的创业精神变得越来越有影响。由专利所产生的年总收入从 1990 年之前的将近 1000 万美元增长至 2011 年的超过 18 亿美元。但是，只有少数大学能够获得很多许可证并启动创业项目。也只有 12 所左右的顶尖研究型大学曾经实现过大型产业化转让合同。其他数以千计开展转化研究的大学，用于专利和行政管理方面的花费超过了大学在技术转让方面的财政收入。也就是说，对绝大多数大学而言，技术转化完全是赔钱的。

斯坦福大学医学院的 SPARK 项目是促成创业精神和科研工作共同发展的经典的范例。SPARK 项目的目的是帮助教职员工将创新从实验台带到临床边。同时，SPARK 项目保持着对基础研究持续的支持，因为他们理解对自然界有深刻认知是革命性发展的基础。SPARK 项目的研究员在致力于将他们一部分工作商业化的同时，仍将追求基础研究成果作为他们的核心任务。

SPARK 项目是达丽娅・摩西利-罗森（Daria Mochly-Rosen）的智慧的杰作。摩西利-罗森是一位和蔼的以色列科学家，她是斯坦福大学医学院主持研究工作的资深副院长。她将对蛋白激酶 C 家族中一系列酶的基本工作结果，应用在了生产一种可以预防心力衰竭所造成的伤害的新药中。通过这种方法，她投资了一个创业公司——KAI 制药公司，并且表现出了对发展斯坦福大学创业基础设施的极大激情。

SPARK 项目极大地点燃了斯坦福大学科学家和产业界合作者双方合作兴趣的火花。在院长办公室旁的大会议室中，每周都有数十名研究者、博士后和学生与产业界的专家集中在一起，参与由 SPARK 所资助项目的阶段性讨论。SPARK 项目资助的研究者以令人兴奋的节奏运营着他们的实验室，因此，当他们定期更新实验结果时，都会给别人留下深刻印象。商业界顾问的兴趣被很好地激发，因而他们经常参加讨论，并且提供商业建议、引荐合作者。很多新发现获得了专利；一些已经获得了盈利许可，另一些则将会变成创业公司的重点目标。根据摩西利-罗森的说法，在成立后的最初 5 年之中，SPARK 项目投资了学校内部的 26 个项目，其中，15 个项目所生产的产品已经进入临床试验阶段，同时还成立了 8 个新公司。基于有前景的化学产品转化成临床相关医疗用品的成功率往往很低（＜5%）这一客观事实，SPARK 项目创造了一个优异的记录。

只要 SPARK 项目能够持续刺激将实验成果转化成商业产品，同时获得投资的研究员仍然能投身于基础科学探索，这个项目也许能够平衡创造和谨慎之间的互动关系。现在的问题是，斯坦福大学的成功经验，以及引以为豪的同时培养诺贝尔奖得主和硅谷未来首席执行官的文化，是否也能在其他地方适用。

有股东将会怎样?

到目前为止，我们仅仅主要聚焦在研究密集型的机构如何被迫改变，不得不从创造转变为谨慎。现在让我们考虑大学运营的一个特殊的维度。研究型大学几乎都是确定的非营利组织。营利组织和非营利组织是不同的，营利组织的任务是为组织所有者或投资者创造剩余价值，而非营利组织的财务收入将再次投入组织运作中。营利组织可以通过提高收入和限制开销两种方法来增加盈利。根据企业管理和创业领域的权威彼得·德鲁克（Peter Drucker）所说，非营利组织的成功来自扩大财政收入。营利组织如果不能从优化管理中获得成功，其所得的盈利与非营利组织相差无几。

非营利组织评价自己成功与否往往主要考虑规模及涉及范围是否已经被最大化。如何评价大学校长并不取决于其所制造的小部件的数量或者其支付的红利多少，而是取决于其增加或升级项目、建造大楼的效率。大学内的学院也往往根据其预算和学生人数来决定其在大学中的地位。在学术界，增长是被称颂的；而缩减却是不被支持的，哪怕缩减有时意味着更简化、更高效。

研究型大学的非营利导向，即努力追求预算收入最大化而非最优化的导向能否使天平向创造倾斜呢？1999 年，企业家彼得·德鲁克在其经典著作《创新与创业精神》（*Innovation and Entrepreneurship*）中表示，“情况恰恰相反”。追求财政预算收入最大化而非最优化会使大学被传统束缚。在一个世纪中，大学的组织结构、文化、教学方法和实验室模型几乎没有发生什么改变。这与德鲁克所建议的情况正好相反，他建议：“企业必须每 3 年左右对每个产品、流程、技术、市场和分销渠道进行重新审视，更不用说每一位内部员工的行为了。”

为了打造一个健康的组织，德鲁克提倡多采取行之有效的策略而摒弃那些没有实际意义的策略。在克莱顿·克里斯坦森（Clay Christensen）的经典著作《创新者的窘境》（*The Innovator's Dilemma*）中，更深入地阐明了为什么灵活性如此重要。他说，在最前沿市场的产业公司无疑会遇到无法预知的颠覆性创新的出现，这种损害对经营最好的公司来说是无妄之灾也无从防御。这些颠覆性的商品和生产流程通常比较简洁，而且比现存的商品及生产流程更廉价。比竞争商品定价更低廉，颠覆性的商品和生产流程似乎有悖于以最大化财政收入为目标的传统模式。然而由于颠覆式创新会突然占领市场，那些管理规范的公司会忽视其危险。

一个令学术界惊喜的颠覆式创新是慕课（MOOCs，即大规模开放在线课堂）的出现，这为全球亿万学生开展免费或低廉的高质量教育提供了可能。帮助谷歌公司设计无人驾驶汽车的德国计算机学家塞巴斯蒂安·特龙（Sebastian Thrun）是慕课的创始人之一。他与其同事彼得·诺米格（Peter Norvig）在斯坦福大学教授人工智能课程时，发现教室太小，无法容纳所有想选这门课的学生。2011 年，他们如同其他教师一样将课件放在网上，但是特龙之后的举动打破了传统模式。这门课的选课邀请不仅免费发送给了斯坦福大学的学生，而且发送给了人工智能协会的所有成员。在选课开始的第一周结束时，有 14 000 名学生选择了这门课。在第一次开课的时候，这门课吸引了全球 160 000 名听众。学生通过听取一系列讲座来获取知识，之后通过考试来测试其技能培养的情况。斯坦福大学的学生在课程结束时并没有成为班级的前几名；更确切地说，特龙在没有得到学校批准的情况下让非斯坦福大学的学生参与了其课程。当斯坦福大学既吃惊又对这种免费的模式倍感忧虑时，特龙、大卫·史代文斯（David Stavens）和麦克·索科尔斯基（Mike Sokolsky）一道离开了那里，并成立了非营利的优达学城（Udacity）网络学校。

优达学城、Coursera 和 edX 等最早的慕课网络学校，为全球学生提供最高质量的指导课程，并且每节课每个学生收费不到 1 美元，这个收费标准比现今大学教育费用低了 1000 倍。特龙将其称为“教育民主化”，这和众多现代美国大学教育采取的选择性和专属性实在是大相径庭。

慕课在奋力寻找一种可持续发展的商业模式。另外，他们需要证明其教育质量，并且需要解决其现在学业完成率比较差的问题（完成率大约只有 10%）。尽管如此，所有的大学校长都在思考一个问题，即如果慕课成了主流高等教育的一部分，大学应该如何与其共处？大学中那些宏大的标志性建筑该怎么处理？大学还需要这么多教职员工吗？大学还能够继续支付奖学金并且支持研究吗？慕课是一个经典的颠覆式创新的例子，具有颠覆传统的能力。如果慕课能够可持续地发展下去，能够继续幸存的大学恐怕只能通过优化管理与运营来积极适应慕课，而非一味去追求预算最大化。

如同大学面对慕课所能采取的对策，任何产业或公司在面对颠覆式创新时的应对方法，唯有像克里斯坦森（Christensen）和德鲁克（Drucker）建议的一样：适应。根据克里斯坦森的观点，研究机构应该采取一种多式多样的研发项目集合状态，从而能够分散风险。在这样的研发项目集合中，高风险的研发应该是核心。他建议，尽管有转化潜力的研究往往耗时耗钱，但仍然应该避免对高风险研发的过度监督。一个研究机构的研发项目多样性集合应该包括低风险末端，这包括能够产生现金流和利润的产品和服务的投资，但是也应该有高风险末端。每个风险末端都应该有适合等级的投资，从而守住财务底线。但是，每个风险末端的投资应该足够高，以确保每个风险末端工作的活力。就像管理得当的股票投资一样，这个研究集合必须敏锐细心地把握机会，且摒弃坏的投资。

因此，研究型大学受财务可行性的强烈影响而变得很谨慎。然而，财务的谨慎是否也影响了大学所生产的社会产品?

谁从创新的崇拜者成为革命性创新者?

美国很多研究型大学是优秀的大学。2012 年，在《泰晤士报高等教育增刊》杂志的一项调查中，美国的 7 所大学排名世界前十名，76 所美国研究机构排名世界前 200 名。自从有了这个排名之后，美国大学年年载誉而归。因为《泰晤士报》(*Times*)严格的评判标准，其推出的排名备受关注，这些标准包括论文引用次数、研究数量和科学研究所产生的收入。美国的研究型大学也获得了某种程度上的权威声望。

但是，声望、著作和专利并不等同于那些能够促进社会繁荣和人类健康的变革性创新。在创造可以让社会更加美好的新颖发明上，顶尖的且拥有雄厚财力的研究型大学可能成为领导者，同样也可能不行。

如果财力十足的研究所是聪明的痴迷者的聚集中心，他们应该培训未来的科学架构师，事实上他们也在这样做。剑桥大学、芝加哥大学、哥伦比亚大学、麻省理工学院、牛津大学、加利福尼亚大学伯克利分校、巴黎大学和哈佛大学都在鼓吹他们培养了 24 位甚至更多的未来诺贝尔奖得主。这份名单与之前我们提到的名单关系紧密，在之前我们提到的名声在外并且财力雄厚的美国大学中，哈佛大学、麻省理工学院和哥伦比亚大学在这份号称培养 24 位甚至更多的未来诺贝尔奖得主的高校名单中，耶鲁大学预计有 19 位未来诺贝尔奖获得者，斯坦福大学有 9 位。但是，这两份名单并不完全一样。剑桥大学作为培养未来诺贝尔奖得主的世界级领导中心，却在财力上与美国名列前茅的大学相差甚远。2011 年，剑桥大学只有大约 11 亿美元，而斯坦福大学的活动经费预算有 41 亿美元。同年，剑桥大学获得 66 亿美元的捐赠基金，相比之下，斯坦福大学获得 165 亿美元的捐赠基金。公平地说，这种国际之间的比较并不合适。从建校以来，剑桥大学 1/3 的资金来源于国家投资，而斯坦福大学则完全是私人投资，尽管剑桥大学来自政府的资金从来无法补偿预算的差额。两所大学的文化环境和建校时间也各不相同。剑桥大学成立于 1209 年，而斯坦福大学直到 1885 年才成立。尽管第一批诺贝尔奖是 1901 年颁发的，但剑桥大学在建立时间上能够获得一些优势，因为成立地更早使其研究项目更早启动并成熟。剑桥大学似乎是一个典型的范例，未来的发明家将会集中在最繁荣的研究机构，但是财力并不是唯一的原因。剑桥大学最著名实验室之一的第一位主任麦克斯·佩鲁茨（Max Perutz）提醒我们，新发现会在不经意间“突然冒出”。这些新发现可能被守旧而等级森严的官僚主义压制，也可能被良好的培养环境和氛围促进，但新发现的出现是无法计划或预言的。

对财力和声望能否驱动革命性创新这一问题，本书没有找到直接数据来说明。我们已经看到研究基金能促进文章发表和专利申请，但是，要判断顶级的研究机构是否实现了最伟大的科学跨越，我们必须转向对间接数据资源进行分析。

2010 年年底，《科学》期刊出版了一期题为《十年成就》（*Insights of the*

Decade）的特刊，特别讲述了 2000 年以来的 10 年中的 10 个突破性发现。其中一个实例是长链 RNA 非编码序列曾被认为是“垃圾”，后来证明是临近基因区域的调节因子。另外一个实例是对细菌的认识，细菌曾长时间被认为是人类的最大敌人，后来却成为我们的哲基尔博士（Dr. Jekyll）和海德先生（Mr. Hyde）①。人类肠道中的大多数细菌不是我们的敌人，而是我们最好的朋友。细菌通过分解食物纤维和药物，生成甲烷和维生素，甚至会影响我们的心情。还有一个入选《十年成就》的突破性发现是，大规模发现新行星，数量已经超过 500 个，且仍在增加，提高了类地生命体发现的可能性。

宇宙学、天文学和物理学的重大发现是通过大型的团队（甚至达到几千名科学家）合作来实现的，且需要用到一些资源，如太空发射器、银河望远镜和多国的核推进器等，而这些都是靠单个大学自身资源难以企及的装备。在生命科学和材料科学的重大发现中，《科学》期刊将其归功于 30 名科学家。这 30 名有突出贡献的科学家中，只有 3 名来自斯坦福大学，还有 1 名是来自我们所说的最顶尖的 5 所研究机构中的一家。这些发现中被《科学》期刊突出报道的大部分来自并不知名的大学。1/4 的突破性成果归功于美国之外的研究机构，这与美国科学家发表的学术论文比例在过去 10 年中从 31%下降至 26%的趋势相吻合。而且与天文学和物理学相似，生命科学和材料科学在 10 年间许多具有轰动效应的发现得益于大规模的合作。我们将在后续的章节中来讨论这种合作的力量。但是，总体来说，《科学》期刊的《十年成就》特刊支持了麦克斯·佩鲁茨的观点，即重要发现经常诞生于无法预知的地方。

对这些伪数据进行过度解释有些唐突，所以让我们从另一个角度来看一看，研究机构的有利条件和重要成果之间的相互关系。早在 1968 年，尤金·加菲尔德（Eugene Garfield）和莫顿·马林（Morton Malin）就曾怀疑过，根据引用数量，最有影响力的作者是否也就职于排名最靠前的研究所呢？为了解决这一问题，他们通过引用数量确立文章重要性等级。他们通过分析被高度和持续引用的文章发现，诺贝尔奖得主就在那些个人文章被高度和经常引用的作者中。因此，文章引用的次数和持续性排名前 0.1%的作者成为其感兴趣的研究群体。

---

① 罗伯特·路易斯·史蒂文森名作《化身博士》中的人物哲基尔博士和海德先生后来被用来表示心理学上的“双重人格”。这里指细菌对人类既有坏处又有好处。

首先，加菲尔德和马林的第一个发现是，高且持续的引用率与《美国新闻与世界报道》（*US News & World Report*）的排名只有 50%的相关度，与《时代》的调查只有 43%的相关度。其次，他们发现，30%最有影响力的科学家主要工作在研究型大学之外（如独立的研究机构、医院和商业领域）的单位。最后，众多研究机构，准确地说是 429 所研究机构，构成了这个选择组。高引用的作者并没有均匀地分布在这 429 所研究机构，30%的“高被引”作者集中于 20 所研究机构，其中，就职于哈佛大学、斯坦福大学、加利福尼亚大学圣地亚哥分校、麻省理工学院和美国国立卫生研究院的国家癌症研究所的作者最多，其中 3 所在我们之前提到过的有名且资金最雄厚的大学名单上。综合上述，加菲尔德和马林发现，对科学有巨大影响的作者确实集中于有威望的研究所，但是并不仅仅局限于这些机构，他们就职的机构相当分散。

“美国大学联盟”的前主席罗伯特·伯达尔（Robert Berdahl）认为，在预算紧缺但国际竞争激烈的时候，美国需要“少而精”的研究型大学。不论是加菲尔德和马林的调研结果，还是本书应用《十年成就》粗略地分析的结果都不支持这一论点。虽然发表文章和申请专利这些中间产物占主导地位，但排名靠前的研究机构并没有绝对控制对科学的影响。更令人感到吃惊的是在预测转化（研究）的出处问题上，惊喜比意外更普遍。

概要总结

在全球竞争性的市场中，作为非营利企业的现代研究型大学，被迫变得越来越资本化。财务上的谨慎是当今的现实情况。科研成就了研究机构的名望，名望转而又带来丰厚的财力。然而，当谈论到创造最具有影响力的科学突破时，金钱财富不再是宿命。过分强调财政底线，却对根本性创造力强调不足，这已经忘记了科学的根本目的。

第五章　谁想成为百万富翁?

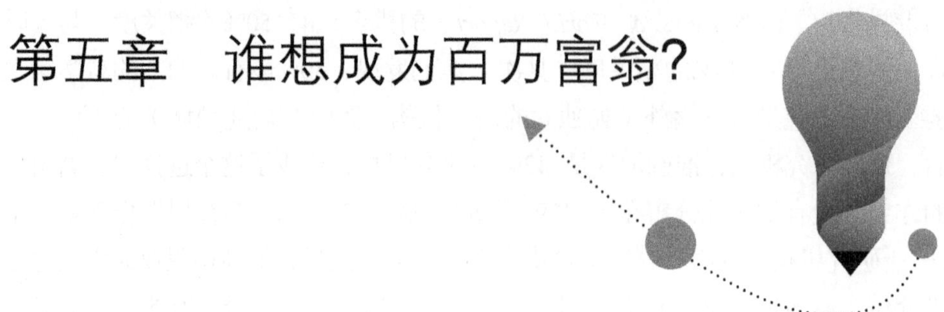

约吉·贝拉（Yogi Berra）曾说过这样的格言："如果你不知道你将去往何方，最终你可能将到达其他地方。"商业领域可能适当地将其解读为一种谨慎的谏言，即为了保持强大，要始终坚守自己的使命。而科学家却可能理解为另外一种完全不同的意思，追求对事物深入探索的道路往往是曲折的，这条路充满了难以预测的严峻考验，经常将其带到始料未及的地方。大学里的科学家是怎样被激励去选择在这条漫长而曲折的道路上跋涉，而非去追求一些有明显回报的结果来达到要求的底线就好呢？在经济创造和谨慎的拉锯战中，什么才是我们试图展示的聪明才智的价值？

当科学家不是为钱

追求安逸的年轻人不会成为科学家：这一职业意味着一生的奋斗、不确定性及被拒绝。为了经济回报，他们也不可能选择做科学家：华尔街的入门级从业者带回家的支票比经验丰富的教授还多。科学家之所以成为科学家，是因为他们有解决迷惑的内在渴望。

从事科学事业犹如攀爬一座艰巨的山峰，不能确定是否能成功。不同科学研究领域的情况有所不同，在攻读博士学位时，一般在 30～36 岁才能完成其学业。对那些能在大学中寻得一席之地的幸运儿来说，现在大多数的聘任并不比“狩猎许可证”强多少。例如，在 35%的医学院中，即使是拥有终身教职身份的基础生物学研究者也没有绝对的经济保障，职业早期的时间都花在争夺科研资助上（一项永无止境的任务）。平均而言，年轻人直到 42 岁才能得到其第一份科研资助，伴随而来的是令人渴望的“独立研究者”身份。由于如今科学家得到资助的成功率是如此之低，通过成年累月阅读文献、收集初始数据，以及建立自己的表现记录，科学家在竞争中已经花掉了 80%～90%的时间。

因此，科学并非一种偶然的职业生涯，而是要经过慎重选择，特别是这一行工作的报酬不高。研究生入学管理委员会 2006 年的一份调查显示，卫生保健领域的工商管理硕士（两年制学位）平均起始年薪为 111 477 美元。2008 年，博士毕业 10 年的生物医学科学家的年薪仅为 88 000 美元，博士毕业同样年限的工程师年薪为 113 000 美元。偶尔有一名博士能很幸运地在经济上得到很好的回报，只有成为著名科学家才能得到高额年薪，有时也可以通过专利或建立公司有幸成为企业家。但是这样的事例太少，如果发生了就像童话一样充满魅力和传奇。

探索就是为了满足好奇心

现在让我们回到职业激励这个话题。通常科学领域比其他领域能够获得更多的荣誉，这一点可能吸引人们从事科学研究。但是，这种荣誉并非一定能够获得，只有经历 10 多年的艰苦工作才有可能得到。因此，一个人对发现的内在兴趣必定是他从事科研事业的一个强有力且长久的刺激因素。还没有世界地图时，探险家在未知的长途旅程中跋涉。如今，一些最伟大的航行却在实验室中进行。

人类会被神秘和未知吸引。进化生物学家认为，这种认知上的特点是我们不同于几乎所有的其他动物的要点之一——它定义了什么使我们成为人类。乔治·R. R. 马丁（George R. R. Martin）撰写了《权力的游戏》（*A Game of Thrones*）一书。他书中的一句话很精彩：当一个人砌了一堵墙，下一个人立马想知道墙的另一面有什么，为什么是这样呢？

即便我们是孩子，我们也是天生的科学家。孩子在自由玩耍时，同样会自然而然地用到研究员所用的归纳过程。游玩的过程包括形成假设、进行实验及推理因果关系。艾莉森·高普尼克（Alison Gopnik）2012 年在《科学》期刊上发表的一篇综述中提到，研究显示在接触到新信息时，婴儿和儿童会自然地应用概率模型，导致其接受或拒绝信息。在一个研究婴儿的实验中，一个实验者展示了一个装有红白双色球的盒子，然后她闭上眼睛将一些球转移到另外一个盒子。当新盒子和第一个盒子一样是红白双色球混合时，婴儿匆匆一看后会很快失去兴趣。但是，当新盒子里差不多都是红色球时，婴儿会关注更长的时间。研究者将这一现象解读为一种困惑和感兴趣的迹象。婴儿似乎能够意识到有一些不正常的事情发生了，而且他们看起来想弄明白原因。

儿童不仅会应用科学逻辑，也会应用科学流程。在一项研究中，一位研究员只想示范如何将玩具弄出声响，然后将玩具交给孩子。所有孩子都重复了演示动作，将玩具弄出了声响。但是，这个研究员通过撞击将玩具弄出声响（似乎很偶然），然后离开了屋子。孩子会对玩具进行研究，然后他们发现，玩具不仅会发声还有其他性质。因此，孩子下意识的反应是模仿，但是当把玩具留给他（她）自己时，孩子会进行更多的探索。

20 世纪 90 年代早期，乔治·列文斯坦（George Loewenstein）研究了一个关于人类为什么好奇的假说，他将其称为“信息鸿沟”。该假说认为，我们往往想填补我们知道什么和不知道什么之间的空白，当我们对主题知道一点点而不知道太多时，好奇心最大。基于乔治·列文斯坦的思想，研究显示，好奇心部分来自解决不确定性的需要，部分来自探索冒险的冲动。

好奇的神经通路涉及尾状核，这是大脑中统筹感情、反馈和学习的组成部分。尾状核与多巴胺通路有关系，而多巴胺通路是形成毒品成瘾的生理途径，该通路与毒品成瘾的路径相同。结果发现，解决谜题与药物渴求令人吃惊地相似。毒品成瘾像侦探一样，即使经历 10 多年令人沮丧的失败也拒绝放弃任何一个陈年旧案。大科学家爱因斯坦也一样，他一生都在研究广义相对论。像“瘾君子”和侦探一样，研究员也特别容易受一种内在驱动力的影响——求知的驱动力。想要学习、发现和创造的欲望更多地与激情有关，而与其薪水关系甚微。

人工合成黄体酮（progesterone）的发明人罗素·马克（Russell Marker）是一个对发现有无穷无尽欲望的人，在第二次世界大战时期，他的突破性成果改变了女性健康。黄体酮可用来治疗月经不调并且预防流产，工业化生产的黄体酮也改变了女性的历史。随后，黄体酮成为口服避孕药的首个主要成分。当马克刚进入这一领域时，实验后可靠的黄体酮生产方法来自胆固醇。胆固醇转变为黄体酮的生产方法是大自然的自然流程，因此，也是科学家很容易会想到的生产途径，但问题是模仿这一途径效率低且费用高，只有拥有优秀赛马且想要繁育后代的马主人才能支付得起这个药价。因此，马克认为，在植物界可能会找到更好的黄体酮合成方法。

马克究竟从哪里得到这么新颖的想法已经不清楚了，但事实上他关注的是一种植物固醇，其被称为皂角苷配基（sapogenins）。皂角苷配基与胆固醇和黄体酮具有相似的结构。除了马克之外，似乎所有人都认为通过皂角苷配基生产黄体酮的过程是鲁莽的。马克第一个工作单位是洛克菲勒医学研究所，该研究所的一位同事已经表示化学转化皂角苷配基是“毋庸置疑的”，因为不能用简单的方法切除皂角苷配基和黄体酮不同的化学侧链，但是马克并不妥协。在赫赫有名的洛克菲勒医学研究所里，由于他的同行并不鼓励他的研究，他离开那里去了落后的宾夕法尼亚州立大学继续探索。当然，经历过很多研究搜索和失败，马克最终找到了他的圣杯——他偶然发现这个流程，通过制造酸性条件可以切除那条让其他科学家倍感头痛的化学侧链，从而最终研究出了马克降解流（至今仍在使用）。如果马克将其生产流程申请专利，他可以成为百万富翁立马退休。但是，他的目标是降低黄体酮的价格，因此，他将杰作捐献给了市场。

马克仍然好奇，他将目光投放到了自知的植物以外的植物界，寻找更完美的皂角苷配基原料来生产黄体酮。他耗尽所有个人存款，并多次跨越美国和墨西哥边境线，后来他终于找到了这种植物。这种植物叫作卡韦萨黑（*cabeza de negro*），墨西哥当地人用其来毒杀鱼类。大型制药公司对其墨西哥冒险探索不感兴趣，并拒绝资助其研究。因此，马克用 1/3 的黄体酮产品以物换物，获得他朋友实验室的使用权，并且立刻生产了价值 240 000 美元的黄体酮。在 10 年之内，黄体酮价格从每克 1000 美元直接跌落至每克几美分。

马克解决了一个难以解决的问题。这个解决问题的过程包含了在困境中多年跋涉和最反叛的假想。最后马克身无分文地从科学界退休了。但是，他解决的问题使大量生产廉价黄体酮成为可能，并且最终实现了第一批口服避孕药的工业化生产。

曲折和顺利；渺茫探索与迅速获利

很少有科学家像马克一样，拥有那样的顽强和坚韧，但是，他们并不缺乏探索的欲望。之所以大学的体系能够吸引科学家，是因为他们意识到那是自由的堡垒。科学家认为，学术界可以给他们自主选择问题和解决方法的自由。但年轻的科学家很早就了解到这些，如同马克一样，当曲折遭遇顺利时，创造和谨慎就会发生冲突。很多科学体系认为，好奇心就像吃东西一样：适度则会是享受，但过度放纵则会是危险。

2003 年，在《牛津指南：现代科学史》（*The Oxford Companion to the History of Modern Science*）一书中，对科学的定义认为，科学有持续性并井然有序：科学是对自然界的运行方式通过测试假说而获得的系统累积的、有组织的知识。然而，如果我们相信预言家托马斯·库恩（Thomas Kuhn，一个科学社会学空想主义者），他认为，科学突破并不是系统的和有组织的，因为科学突破是偶然的和不连续的。

库恩用蚂蚁的生活比喻科学的流程。工蚁都围绕着蚁后四处忙碌，即代表了一种盛行的理论。工蚁的重复行为代表了库恩所说的“常规科学”。常规科学意味着对已经研究透彻的领域进行疯狂的确认和扩充。一步步前进建立在已有知识的脚手架上，如同工蚁扩大蚁穴。在一个蚁穴中，孕育出新蚁后是罕见的，而且这要在最优化的条件下才能实现。当一个新生蚁后确实出现后，它会飞离原来的蚁穴去受精，产下自己的卵，成立一个新蚁群。根据库恩的理论，新科学产生的模式也类似于这种突然中断。事实上，新科学模式的出现比新蚁穴的产生更不确定，因为新科学模式不仅脱离旧科学模式独立存在，而且往往要推翻旧科学模式。

革命性科学模式的转变看起来似乎很突然，但是，它们通常通过数十年的艰苦研究而产生。为了改进电灯泡，爱迪生开展了 12 年失败的实验。怀特兄弟（Wright Brothers）在成功制造第一架飞机之前，耗费了 7 年时间，经历了多次滑翔机坠毁事件。肝脏移植之父托马斯·斯塔兹尔（Thomas Starzl）在得到可接受的结果之前，经历了 20 年失败历史的折磨，包括数位患者的死亡。

甚至在经历数年工作之后，当科学家相信他们已经得到一个令人愉快的结果时，事情仍然会一波三折。维生素 E 及相关的 α-生育酚发现于绿叶蔬菜和全谷物，基于一系列的动物实验和流行病学研究，其被长时间地吹捧，能预防心脏病、痴呆和结肠癌。但是，当开展大规模的临床试验时，维生素 E 令人吃惊地缩短了生命周期。1989 年，弗莱施曼（Fleischmann）和庞斯（Pons）曾报道，持续聚变是太阳在极其高的温度下产生能量的反应，在室温下使氢气生产大量热量。这两位电化学领袖花费了很多年去优化这一流程。但当其他团队尝试去重复这个无限的、洁净的和有希望的能源实验时，他们失败了，后来这个工作的真相被揭穿。“美丽新世界”克隆技术，在经历了数十年尝试和错误洗礼后，最终产生了克隆羊多莉。但是，从那之后的研究显示，克隆会造成令人难以接受的高比例畸形的出现。

科学的成功是不确定的。追求探索发现越大胆，失败的概率越高。对研究结果过早地下结论是徒劳无益的。

直通成功和确保收益

对任何像科学一样具有偶然性的流程而言，预防破坏或者毁灭性影响的谨慎态度是必要的。预防科学走弯路的手段之一是预先想到这个问题。根据库恩的观点，我们在叙述科学史时会做这件事，通过这种方式教科书被重写了。结果，科学撑起的幌子就是——科学研究是有秩序的和预先策划好的。就这样，在真正科学革命之前发生的所有真相都被抹掉了。这是谨慎的一个体现。

谨慎的另一个体现是把科学家和其工作限制在一定范围内。科学家可能浪费大量资源，而且其工作成果有可能会伤害人类。相反地，艺术家似乎有无限的空间忙碌于古怪的事情。尽管艺术看起来与科学关系错综复杂。1990 年，著名的艺术历史学家库尔特·瓦恩多（Kurt Varnedoe）在《完全漠视：什么使现代艺术现代化》（*A Fine Disregard*：*What Makes Modern Art Modern*）一书中，认为创造力就是创造力。他声称无论艺术家的探索是多么的激进，都会受限于规则。“像所有文化领域一样，现代艺术也具有一些游戏特点，如它不可避免地会和规则联系起来。但是，这里游戏的规则有时需要我们遵守，有时却需要我们颠覆。”

为了发明，科学家必须颠覆规则。例如，爱因斯坦提出了令人难以置信的狭义相对论，其是基于时间和距离概念上的理论，时间和距离都被认为是固定不变的，而事实上不是这样的。为了提出狭义相对论，爱因斯坦改变或颠覆了先前存在的规则。类似的例子还有现代原子概念之父欧内斯特·卢瑟福（Ernest Rutherford），他颠覆了质量必须存在“某些物质”的规则。他的原子模型包含了一个原子核，电子围绕着该原子核保持着一定的距离。在他的原子模型中，原子中最多的物质是空的空间。

打破常规是如此重要，然而，这却并没有被教给年轻科学家。博士和博士后在实践中被驯化得像工人一样的严格和精确。沿着导师的足迹，保持聚焦，致力于能产生预期结果的下一步工作，这些是在现实中尝试后发现的行之有效的方法。走上这条平直且狭窄的道路也有经济原因。能否获得科研资助受制于导师。作为回报，博士和博士后这些受训者是完成导师工作的主要劳动力资源，同样，他们要想毕业也需要导师的认可。根据研究生院委员会 2008 年所发布的博士项目完成情况报告可知，很少有跟随自己想法前行的“逆反型”学生，因为在科学研究项目中，少于 60%的研究生在十年内能够毕业。剩下的学生“十年后仍然在辛苦研究……或放弃学业”。另外，导师在就业指导中也起到了重要作用。要在学术界获得一个职位，没有什么能比一封来自导师的强力推荐信具有更大影响力。当学生在生物医药科学“完成训练”后，在其接受培训的轨迹中，已经学会犹如婴儿蹒跚学步那般小心谨慎地前进每一步。

最终在学术界获得工作的那些科学家可能认为，开展科研工作已经尽在自己掌握之中。但是，一个科学家获得薪水、支撑实验室并且最终获得终身教授职位的能力如何，取决于能否获得资金资助。为了能够得到科研资助，研究者需要说服一个同行专家组，这项冒险活动是刺激的、有用的和能够成功的。申请过程包括前期数据的艰苦收集，研究者知道如何展示连续的、有短期目标的步骤和最终确保产生成功的结果。只有实验结果被严格控制的才被认为是好科学。2009 年，美国国立卫生研究院修改了同行专家评审的评分标准，该标准首次正式包含了一条利于发明的准则。然而，美国艺术与科学院最近发布的一份报告强调，该标准是十分脆弱的，这份报告指明，在同行专家评审中获得最高优先权的资助项目仍然是那些能够短期产生结果的项目，而不是那些有弹性的能解决问题的项目。年轻的科学家直接进行“明智和可行”的实验，即有把握的和能快速成功的实验。为了生存，实用性取代了不受限制的好奇心。

科学路线和重点的强调导致科学家很少准备接受意外的新发现。意外的新发现指在寻找一个事物时却突然注意到另一个新事物。巴斯德（Pasteur）的名言是“机遇只青睐于那些有准备的头脑”。在美国神经精神药理学会 50 周年庆的会议上，著名神经科学家唐纳德·克莱因（Donald Klein）表示，通过对过去 50 年的历史回顾，意外的新发现差不多促成了所有现代神经刺激类药物的产生，这些药物用来治疗精神分裂症和抑郁症。然而，在过去几十年中，没有新药品被发现，意外的新发现似乎从心爱的领域中撤退了。他认为，现代科学家也许太过于被限定在了特定有限的研究目标上，同时为了努力持续得到科研资助而被分散了注意力，这种游离不定的目光导致难有突破的机会。

探险家的两难境地

强调经济谨慎对科学家特别是那些最具有创新能力的年轻人造成了什么不同影响吗？2012 年，《自然》期刊对 100 多个国家的 11 500 多名科学家进行了采访，受访者被问到工作的满意程度如何及什么因素决定其幸福指数。2/3 的受访者表示，他们对工作非常或相对满意，而剩下的 1/3 则表示一般或并不满意。与从业多年的研究者相比，年轻研究者对工作的满意度偏低。在 20 个最大的被调查的研究型国家中，美国对工作的满意度排在第 12 名；根据特定问题调查得知，仅有 36%的美国科学家对工作非常满意或有点满意，很多受访者表示，经济萧条是造成他们担心的原因之一，其中包括一半年龄更长的教职员工。根据《自然》期刊的报道，有些人甚至“表示绝望”。当科学家被问及独立性时，他们表示对此有高比例的满意度，还强调了自己内在的动力。但是，整体上高的不满意度是很多经济因素压力造成的后果，这是否预示着科学界会有美好的未来？

2012 年，由非营利组织——欧洲科学协会开展的对欧洲科学家的另一项调查中，40%的受访者表示，在五年中他们并不期望在大学或研究所工作。很明显，某些事情出了问题，其中一部分原因似乎是缺少经济上的保障。

概要总结

从好的一方面来说，科学家选择其职业是被好奇心和创造力驱动的，但是，现代科学家要花费多年时间为思想独立而拼搏，而经济的谨慎却塑造了其发展历程。

2013 年，在《柳叶刀》中的一篇题为《基础医学的灾难性忽略》（*Catastrophic Neglect of Basic Sciences in Medicine*）的社论，对科学的崇高目的进行了高度总结：科学的崇高目的是“为社会福利增加知识，提高世界人民的健康水平，或寻找到治疗和防御疾病的更好办法”。科学家必须停下来反省的是，强调短期成功及专注经济利益对这些伟大的目标造成的侵害。《柳叶刀》编辑总结说，无私解决问题和鼓励解决那些带来最大影响的难题应该激发我们的职业发展热情。尽管如此，努力创造能够让大家获得稳定科研资助的现代科学生态系统，让新培养的科学家能够追逐其无私解决科学问题的梦想弥足珍贵。

第六章　重塑曲折的探索

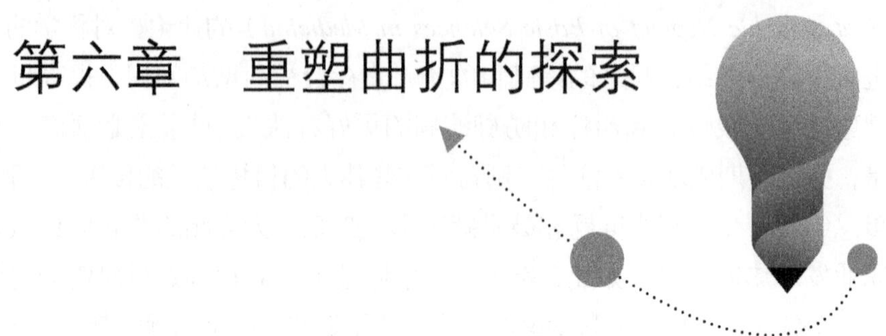

在创造和谨慎之间为科学寻找一个经济上“甜蜜点”的任务是艰巨的。幸运的是，我们可以寻求指导——即使是来自一个不太可能的途径。基于“组织都是错综复杂的动态网络”这一原理，该网络可以通过适应和自我组织来应对干扰，复杂性理论正是在此基础上最新发展出来的一个管理工具。产生复杂性理论的基础模型是量子物理。量子物理告诉我们能量包裹在小而分散的单位中；运动本质上是随机的；同时告诉我们粒子位置和动量是不可能的。当被应用到组织中时，这些原理被诠释为如下结论：①小变化能导致大影响；②互动的参与者会互相影响；③个人行为遵守通用规则才产生价值；④不能确定一个复杂系统最终产生什么样的事物；⑤参与者和投入的多样性越大，产出形式越丰富。换而言之，颠覆性的改变会在最想象不到的时候发生，因此，在研究机构内建立有弹性的适应机制对生存来说是必要的。

发明性的跳跃会产生颠覆性的结果，异常的变革会给科学系统带来必然的混乱。推动变革性创新的过程像构建一个安全的核反应器一样，它必须既可以起动一个巨大的核裂变能量链，也可以立即遏制其产生的热和射线。科学系统既不能避免革新所带来的破坏，但又必须将自己隔离在灾祸之外。

要想缓冲为追求创新而带来的风险，我们可以通过在不同系统层面进行改变来提高创新突然出现的概率，具体包括：可以通过在不同投资者中分摊风险；可以通过对有才华的参与者给予创新优先权，强调分享价值的重要性；可以通过原型来创造灵活性。让我们更深入地思考复杂性理论的框架并分析上述每一种行为。

从社会层面来说，要想开展并实现变革性的科学研究工作，挖掘正面外部效应的潜力，唯有保证足额并且稳定的科研资助，这种科研资助主要来自联邦政府。这意味着以下内容：

- 美国政府必须加大并稳定对大学科学研究工作的资助和支持，特别是对基础研究更要如此。

美国总统科学技术咨询委员会以及由美国各个顶级的国家科学机构共同发布的一个名为《研究型大学和美国的未来》(*Research Universities and the Future of America*)的报告，都要求美国国会和美国政府提高国家的研发资助力度，将历史上不稳定因而也不可预测的水平——平均占国内生产总值的 2.9%，提高至 3%。特别是这些有威望的专家机构要求美国政府逆转科研资助逐渐减衰的趋势，因为 2013 年美国联邦政府全面削减预算而减少了承诺的科研资助，仅为国内生产总值的 0.8%，这是 40 年以来的最低水平。

呼吁更多资源支持是公立部门机构由来已久的共同诉求，无论这些机构是公园、公共服务部门还是艺术机构。尽管对大多数公立部门机构提供资助所收获的利益难以说清，但是，研发花费到科学和技术上能够促进经济增长。在过去 10 多年中，10 多项研究都表明，对作为经济倍增器的科研项目进行资助所获得的年度回报率达到 21%～67%。宾夕法尼亚州立大学的经济学家埃德温·曼斯菲尔德(Edwin Mansfield)开展的研究被广泛引用，他通过研究估算出资助学术研究项目所带来的年度回报率是令人满意的 28%。然而，可争论的是很多由科学产生的影响是间接的，即科学自身所产生的后期效应难以量化。然而，从表面价值判断，研究发现，获得的增长利益似乎是巨大的。2012 年，著名的马克斯-普朗克科学促进学会的主席彼得·格鲁斯(Peter Gruss)在《科学》期刊上发表了题为《基础研究提供驱动》(*Driven by Basic Research*)的文章。彼得将这一问题简单化，“真正的问题不是‘我们是否能够承担得起对基础科学的投资？’而是‘我们为何不对基础科学投资？’”

如果社会不仅对科学也对基础科学提供有力支持，这将显而易见地会对社会产生非常有益的影响。由于科学强大的雪球效应，格斯巴赫（Gersbach）认为，基础探索是促进经济发展的最强驱动力。此外，查默斯（Chalmers）和格拉席欧（Glasziou）2009 年发表严肃声明称，85%的研究是低效的或无效的，他们指责集中于快速盈利的科学和精简方法（而不是更深入、更精细地去理解）是造成这种浪费的原因之一。他们的观点中都强调了对基础知识的产生和创造提供持续和足够数额资助的期望。

但是，仅靠美国联邦政府的投资不可能修复创造和谨慎之间的失衡。美国国立卫生研究院加倍的预算投入到生物医学研究的资金流造成了不良结果，这一点像我们在第三章讨论过的一样。对科学的资助和支持最后也许变成像关注金钱本身一样，落到了关注科研资助来源是什么及怎么被花出去的这些问题上。

复杂性理论的两条原则：①不能确定复杂系统会出现什么结果；②投入的种类越多样，产出的形式越丰富——这是一种平衡创造和谨慎的方法。把对科学研究的财务支持想象成个人财产一样，专家告诉我们应该将这些投资分配到不同的项目中，其范围分别是从更保险的到相对有风险的。存起来的财产能够使我们安心，但是并不能使我们富裕；投机性投资可以使我们成为亿万富翁，也可以使我们一无所有。随着我们变老或环境的变化，我们对冒险的欲望也在变化。当我们年轻时，想要实现更高的投资增长率，会选择一些更快速的项目；退休之后，我们可能想要保持我们的财产完好无缺，从而采用更可靠的投资方式。当经济萧条时，投资者更倾向于接受安全的项目；而当经济繁荣时，他们更倾向于接受高风险的项目。

类似地，美国国立卫生研究院、美国国家科学基金会和美国政府的其他投资者也想将其在科学领域的投资分配到更高风险和更低风险的项目中。在一个被设定和可预测的范围内，美国国会（及纳税人）对风险的态度与相应科学领域所处的发展阶段，都会适时地调整创造和谨慎之间的平衡。具体表现为：

- 为确保对探索基础知识的研究的支持，美国联邦政府的投资应该按照一种相对稳定并可预知的方式在探索与应用两个类别之间分配，也可以在天马行空和现实可行项目两个类别之间来分配。

20 世纪初期，改变科学技术的天才都有大胆的创新目标。进化论之父达尔文（Darwin）曾问道：“所有物种都是怎么来的？”原子模型之父欧内斯特·卢瑟福想要了解“物质的自然属性”。爱迪生拥有 1093 项专利，在其着手进行最主要的发明即电灯时，不仅使单个物体也使整个照明系统统一起来，这促使了通用电气公司的成立。这些革新创造思维的梦想是宏大的。自然万物都可被当作研究对象。

如今，为了快速地获得成功或取得盈利性专利，大多数科学家将其好奇心局限在一些对已知理论框架下的进一步阐述或研究领域中。对处于职业早期的有天马行空的想法的科学家来说，“过分有野心”这一词汇现在是对他们的鄙视。这些天马行空的想法包括制造昆虫机器人及在水星上建立太阳能电站等，或诸如克雷格·文特尔（Craig Venter）用改造细菌来净化环境的想法。并非所有人都拒绝这些疯狂的想法。美国国防部的研究和发展基金机构因投资这类具有挑战性的想法而著名（也许是臭名昭著）。但是相对于美国在科学研究上超过 4000 亿美元的投资来说，美国国防部对这些疯狂想法的 28 亿美元的投资预算仅仅是九牛一毛。

如果用四个象限来看待投资机构的投资行为，资源分配明显一方面是按照探索与应用分类的，另一方面是按照实用性的阴与阳即天马行空和可行性分类的。这样自然会产生四个象限：①天马行空/探索；②天马行空/应用；③可行性/探索；④可行性/应用。探索意味着基础知识的创造。对基础研究的某些工作尝试，可能意味着一些见解的巨大跳跃（天马行空）或者一些逐步的演化（可行性）。应用可能是解决具体单个问题或者研发有形的产品和流程。另外，这些可能是有风险的（天马行空）或实用的（可行性）。

公开这四个象限的资源分配情况可以告诉大众一个明确的结论，即我们的公共利益是促进长久的研究，而不是快速转化成应用。例如，天马行空这类科研资助（包括探索和应用两部分）投资可以用来奖励那些惊天动地的想法，那么这些想法在理论上就可以变成“现实”。而可行性这类科研资助可以分配成两部分，一部分用来奖励天马行空的想法被执行，另一部分用来奖励将这些新颖的想法转化成现实的产品或生产工艺。很有可能的是，想法的创造者、检验者和发展者是不同的人。一项由美国总统科学技术咨询委员会（PCAST）支持的研究阐述清楚了创造和谨慎之间的平衡，可以促使纳税人与科学团体对两者的优先权设置来开展明确对话。开展纯粹的探索性研究不再由于缺乏实用性而怀有歉意，开展天马行空的研究也无须寻找实用性借口来掩饰。

工业界是美国对科学的最慷慨投资者，我们必须说服他们更多地参与培育革命性创新。复杂性理论可能会认为，私营部门代表系统的一部分与系统其他部分进行了互动。不仅是私营部门的资源，其经验专长和敏锐的特点也能丰富整个科学生态系统。PCAST 及美国国家科学院的报告呼吁进一步发挥工业界的作用。美国国家科学院的报告建议，通过技术转化，大学和私营企业的合作关系可以应用于转化、宣传及商业化。因此，工业界被简单地要求加强与大学的合作及利益的分享，他们在传统模式的绑定下，需要尽最大可能地应用革新性发明来生产有专利的、可销售的产品。

但是，工业界能够而且本该做的更多，特别是：

- 企业团体占据了美国经济中最大的份额，应该成为在促进解决科学突破方面更加热诚的合作者。

耗时长、高风险的研究不仅可以短期内提高企业公民地位，还可以提高企业长期的盈利水平。研究型大学创造的重要科学进展不仅可以使单个纳税人受益，而且企业界得到的利益会更大。例如，美国国家科学基金会认为一系列的“轰动”产品都是源于基础研究带来的正面外部效应：①条形码扫描仪；②通过抗冻蛋白的发现，从冰激凌到移植器官，对这些商品的长期保存；③绿色革命使全球农业产出增加了 2 倍多；④谷歌基本的检索方法；⑤核磁共振成像技术；⑥通过感应网络和卫星获得天气预报；⑦互联网。成千上万的企业从这些发明和发现产生的新产品、流程和客户人脉中受益，更不用说获得的可观利润。

基础性创新不仅能孕育深远的思想，也能产生全新的商机。斯坦福大学是创新孵化器的典范，他们的学校员工、在校学生和毕业校友已经成立了 2400 多家公司和子公司，其中包括思科系统公司、惠普公司和谷歌公司，这些公司仅 2008 年创造的营业收入就达到 2550 亿美元。同样，麻省理工学院共孵化了 4000 家公司，雇用了 110 万名员工，每年在全球实现的销售收入为 2320 亿美元。

最终，通过“超创新”赢得国际性竞争，美国的科研密集型企业和大学像磁铁一样吸引了最优秀最聪明的人才。在研究型大学和产业界之间开展人才的双向协同，能够使受过高等教育的劳动力从研究型大学流向产业界，同时把导师指导制和实操性训练从产业界应用于研究型大学。现在一半以上的博士在学术界之外的营利机构找到了工作。毕业生进入私营产业界最多的专业有工程学、计算机科学和物理学，分别占相应专业毕业生的 60%、48%和 46%。甚至在心理学领域，在产业界工作的毕业生和在学术界工作的毕业生也几乎一样多。

研究型大学培养的创新人才和产生的产品可以给产业界带来巨额利润。正常的商业逻辑要求投入更多投资，不管这种投入的目的是利他的还是为了攫取利益。但是，我们很难说服私营企业的董事会在其企业开展研发时把创造放到和谨慎同等重要的位置上。首先，如何保障 A 公司在其资助的基础研究领域获得的利益比其竞争对手要多？毕竟，基础研究发现的成果通常很难在商业上受到保护。对人性这一永恒话题的评论的答案隐藏在一篇题为《公地的悲剧》（*Tragedy of the Commons*）（1968 年）的文章中。作者加勒特·哈丁（Garrett Hardin）在文中说到，在分享的公共土地上，农民如何成功地放牧？通过尽可能多地养牛，每个牧民从公共财产可以获得最大利益。然而，越来越多的养殖牛群进入公用空间只会造成过度放牧。因此，如果每位牧民都能够理性决策来实现自己的利益最大化，结果会是所有人在公共土地上退让。只有通过分享与合作并存的抉择，才能长期维持好公共财产。

A 公司长期投资于研发的最合理策略是，投资于一个充满生机的公共研究领域。针对基础研究领域的共同投资能够促进产生可转化的产品和市场；在学术界和企业界的共同培育下，能够培养最具生产力的科学劳动力。

然而，任何一个经济学家都会注意到，知识产生的光环效应经常会给每个人带来新的益处。当其他企业进行投资时，自己的企业却并不进行相应投资，利用其他企业的成果来横扫市场获得利益，这种引诱使任何一个企业去“搭便车”来坐享其成。免疫接种的决定是一个恰当的例子。接种疫苗不仅是一种个人防护，更是通过产生群体免疫形成一种公共防护。约翰·赫尔希（John Hershey）和其同事开展的一项研究表明，利他的理由并不是驱动人们去接种疫苗的强大动力。对人们具有吸引力的是，因为群体免疫使自己有了获益机会，而不是自己被接种疫苗。

除了上述原因外，对长期投资的科学探索，公司董事会疑虑的另一个原因是，长期的科研投资并不符合现行标准的一个基于季度盈利表现的商业评估。从这样的企业得到回报不仅很遥远，而且还不确定。正在缩小规模的贝尔实验室和施乐帕克研究中心已经清楚地表明，企业界无法负担高风险科研探索所需承担的投资。

坐享其成的想法和对未来的目光短浅这两种妨碍都是问题，但并非无法克服。为了鼓励企业界广泛参与基础研究，政府的功能是扮作会议召集人，或者如果需要也可以扮作警察。任何无视法律法规的事都未引得美国人拍桌子，这也是为何即便生气，我们也依然能接受汽车罚单与税务罚单。政府可以用含蓄的或明确的手段促使企业界愿意合作投资于变革性创新。建立了高风险、高回报的研发资源库之后，美国联邦政府可以监控主动投资研发的企业的投资贡献情况。考虑到特殊行业的利益，美国政府采取的手段在特定领域应与企业长期的盈利策略保持一致。税收减免或其他激励方法可以吸引公司对高风险研发进行投资，对那些没有履行分内义务职责的公司可以进行强制性惩罚，或者将税收直接用于投资高风险研发。整个公司的营收或者在研发上的投资花费都可以作为研发贡献水平的衡量基准。

产业界可以自愿地资助一些共同知识创造的科学研究，这甚至比政府干预还要好。地方的商会或者国家的贸易团体可以提高会员会费，从而能够获得足够的资金投资于一个共同研究中，或者以互惠为基础，鼓励大小企业在互惠的基础上合作，互惠才能有动力把事情做好以建立良好的声誉。商业团体一方面可以拿着“胡萝卜”感谢贡献者的慷慨，另一方面也可以拿着“大棒”批判性地公布没有贡献者的名单。

在公共利益中获得好名声的动力是有用的。拿一个被称为“药物索引”的倡议来说，该索引实际上是大制药公司为了防止掠夺性的专利和价格所产生的丑闻在某些方面的名誉战。从 2008 年开始，这个索引每两年发表一次最大的 20 家制药公司的排名。这个排名主要依据这些大制药公司在全球推动所生产的药品进入低收入国家及让患者用得起等方面工作所做的努力。这个评分对 101 项指标进行加权平均，而该指标分布于技术的不同领域，包括研发、技术、商品分配和产品捐赠。截至 2012 年，这个排名发生了很大的变化，在 5 分制的评判标准中，葛兰素史克公司（Glaxo Smith Kline）和强生公司（Johnson & Johnson）分数分别是 3.8 分和 3.6 分，而第一三共株式会社（Daiichi Sankyo）和安斯泰来制药集团（Astellas Pharma）成为最后两名，仅得到 0.9 分。尽管这个索引存在的时间短，但激励的作用却非常大。例如，为了使自身排名从第九名上升至第二名，强生公司进行了大量投资。

然而，把产业界相关资源集中起来，尽管不算太大，却可能带来超出预期的影响。复杂性理论明确提出，小的改变能够带来巨大影响，同时也阐述了从一个复杂系统中会得到何种结果是不确定的。这个理论提示我们要进行制度创新，著名的商业作家克莱·克里斯汀森（Clay Christensen）建议，企业界应该开放大量对资金不足与非完美实验的投资。这样可以建立一个“安全”的环境进行投资，从而可以预防用短期评价来评估其他行为的可行性。很多或者大部分这样的试探性方案永远不可能被开展，但是，这些看起来不成熟的想法中总有一些是切实可行的。将克里斯汀森的想法解读成科学的建议便是，要对一些有瑕疵的想法进行尝试，可能会有一些重要的颠覆性创新出现。因此，

- 科学应该通过原型实现更快、更小、更智能的新一代技术。

原型技术意味着快速而粗糙的测试。世界顶级创意公司——IDEO 公司以富有想象力的设计而闻名，其可以通过头脑风暴产生成百上千种想法，然后在白板和样机中否决了大多数想法。现在飞机不再真实地被制造出来，而是通过复杂的计算机模拟，使有瑕疵的想法早早地被淘汰。风险投资家意识到，低于10%的风险投资的项目会看到一些回报，但是，他们知道即使 100 个项目中只有 1 个获得巨大成功，他们的公司就能表现良好。

规则改变者（Game Changer）项目反映了壳牌润滑油公司将近 20 年的努力，这个项目致力于发现和培育可能给能源领域带来巨大影响的想法。根据规则改变者项目的员工汉克·穆维尔（Henk Mooiweer）所说，这个项目到处寻找合作者，投资于原型技术和新颖的想法，合作者最多能够获得 50 万美元的投资。到目前为止，已经支持了 3000 个项目，投资金额超过 2.5 亿美元。规则改变者项目所投资的想法都特别另类，并且有长的周期，因此，保证壳牌润滑油

公司领导仍然能对投资科研充满热情的唯一方法是，不断地告诉他们（往往是持续不断的）成功的案例，而不是依靠实际产出结果的指标。

由规则改变者项目资助的发明家艾瑞克·科内利森（Erik Cornelissen）注意到当橡胶玩具恐龙置于水中时会膨胀，他意识到这或许能够解决原油生产中的一个长期存在的问题。随着油井的老化，地下水会渗入井内，这会造成原油污染和增加提纯费用。科内利森制造的橡胶封条在与水接触时，能够防止渗漏，即使在地下高热和高压的极端条件下也有效。科内利森的发明现在已经广泛应用于采油工业，并且使原油年生产量提高了几百万桶。除了科内利森的项目以外，另一个项目是马提亚·阿佩尔（Matthias Appel）与生物医学癌症研究者的合作。对用来检查身体器官的核磁共振成像技术，阿佩尔评估其是否能用于发现新原油，是否能够识别出岩石中原油这样的液体。

科学追求去伪存真，但苛求完美同样扼杀优秀。有时候在更精确设计的道路上，小而不完美的模型能够提供关键信息。刚开始时，艰辛的发现过程不应该局限于现有确定的标准。许多早期的想法本应该得到资助，而且这些结果本应该被现实评价——要敢于怀疑。复制是建立真理的基础，应该被认为是根本性的要求，而不应该像目前这样被认为是无足轻重的。也就是说，复制性研究本应该被自由地资助。当很多想法被尝试和淘汰后，人们对那些获得一致认同的想法转而进行精确而昂贵的实验和测试。但是，到了重大革新，科学界必须向飞机制造业的工作模式学习——小而聪明的失败。

在最初步骤中，研究不仅需要采用新的中间结果、筛选方法和电脑基础的系统模型，也需要在原型技术中注重开发聪明的方法。注重提高原型构建、加速数据收集及知识的获得等技术应该成为科学研究中需要优先考虑的工作。

复杂性理论认为，系统的弹性来自联系各方参与者，并使其聚焦于各自的工作任务。吸引有天赋的生产者参与创新活动意味着另一种再创造：

- 投资者和大学应该吸引能干的研究者进入为“大挑战”寻找解决方案的工作中，这些“大挑战”包含着对人类健康和繁荣造成的重大威胁。

X 奖基金会对成功实现一项预先设定的社会利益的个人或团体提供大量的现金奖励。一项已经获得奖励的重大挑战是研制淋病疫苗。2004 年，伯特·鲁坦（Burt Rutan）得以赢得奖励的成果是能够抵达太空边缘的私人载人飞行器，奖金为1000万美元。2010年，美国联邦政府也参与“大挑战”的活动，管理和预算办公室承诺了一系列特定机构的挑战奖励项目，这些奖项都公布在挑战网站（challenge.gov）上。与X奖基金会的项目相比，美国联邦政府的项目毋庸置疑地缺乏雄心壮志，但是，这些项目使美国联邦政府受益，找到了重大问题的解决思路。

“大挑战”的奖项可以由研究所、多个研究所集合或投资者着手安排，可以研究诸如全球变暖、新发传染病及抗生素耐药性、癌症生物学及防治阿尔茨海默病的问题。“大挑战”的美妙之处在于有希望获取跳跃性的巨大成就。美国联邦机构反复地资助重大的科学尝试——如曼哈顿计划、人类基因组计划和投资30亿美元进行的人脑活动图计划。在每个项目中，美国政府都挑选特定学科的专家或团队来攻克每一座难以克服的“山峰”。一个更有包容性的方法是邀请自我组织的、高度多样化的团队来竞争实现目标。在接下来的章节中，将会讨论团体、“众包”和大众科学，所有这些方式都可以用来征服“大挑战”。

奖励能潜在地提升人类幸福感，但奖励是有限的，从而无法满足所有形式的探索研究。普遍来说，奖励目标都非常明确并符合实际，往往要求解决技术问题。因此，奖励候选者的范围是根据出资方的需要来限定的。现金奖励只是在最后才能拿到，并且是实现目标的团队才能得到。因此，X奖基金会没有做到的是，给予创新发明中那些蜿蜒曲折的探索所期待的经济支持。

根据复杂性理论可知，颠覆性变化产生的来源是不可预言的。因此，创新的孕育需要一个不过于确定的运转机制。当美国联邦机构将创新标准放入基金审查流程中时，虽然他们只前进了一小步，但这是革命性的重要一步。更具有革命性意义的跳跃是重新设计空间。

霍华德·休斯（Howard Hughes）是一位飞行家，是银幕上古怪的富豪，是他那个时代最富裕的人。为了藏匿休斯飞机公司股票的巨大财富，他成立了一个基金会，并将之命名为霍华德·休斯医学研究所（Howard Hughes Medical Institute，HHMI）。霍华德·休斯医学研究所在培养享有特权等级的超级发明家方面所取得的成就是非凡的。事实上，霍华德·休斯医学研究所在如何促进激进的科学创新方面提供了重要示范。

1953 年，当霍华德·休斯成立霍华德·休斯医学研究所时，他从未想过他的基金会能够取得什么样的成绩，现在也不清楚他当时是否在意这个基金会。由于休斯作为唯一的初始受托人，霍华德·休斯医学研究所只资助了数量很少的大学研究者。在休斯时期，这种慈善投资后来也曾有过提高，但只是为了维持免税状态而被迫如此。最终不是霍华德·休斯而是美国最高法院改变了霍华德·休斯医学研究所的命运。1978 年，在这位富豪去世两年后，法院裁定休斯飞机公司归霍华德·休斯医学研究所所有。后来霍华德·休斯医学研究所将该航空公司以 52 亿美元卖给了通用汽车公司，这样就使得霍华德·休斯医学研究所成为美国最富有的医学研究基金会之一。2012 年，霍华德·休斯医学研究所拥有资金高达 161 亿美元，并且支持了很多有影响的项目，包括他们庞大而重要的旗舰活动：投资 330 位霍华德·休斯医学研究所的研究者。

霍华德·休斯医学研究所投资的是“人”并非“项目”。始于社会需求，通过正面外部效应来促成革命性发现产生，霍华德·休斯医学研究所最重要的研究者项目的特定要素如下：对研究者及其实验室长期投资，并且只有有限的约束且容许走弯路和失败，判定成功的标准是专注于突破性想法而非知名度。霍华德·休斯医学研究所“激励其研究者去冒险，去探索未知的途径，并且去拥抱未知世界——尽管这意味着不确定性或失败的机会”。这份赌注已经得到了回报，让人惊讶的数字是 14 名霍华德·休斯医学研究所的研究者成为诺贝尔奖获得者，161 名研究者是精英云集的美国国家科学院的院士。霍华德·休斯医学研究所的模式揭示了有必要在研究者的水平上对体系进行重新构造。

- 联邦机构应该将对大学资助的相当部分，投资到“人”并非“项目”，特别是从事潜在变革性研究的人员。

霍华德·休斯医学研究所研究者模式的成功之处是让聪明的科学家自由追逐自己的热情，同时在自己的大学中又是一个充满活力的参与者。这是通过一种奇怪的混合投资策略来完成的，研究者及其随从人员都变成霍华德·休斯医学研究所基金会的雇员，同时他们仍旧就职于自己的大学，保留学术上的从属关系。这是一种三者共赢的结果：霍华德·休斯医学研究所的每位研究者得到了一笔可观的财政预算，用来支付实验室人员包括学生在内的工资、仪器和耗材费，这使其有更大优势走向成功；而大学可以免费雇用一位顶级研究者，并且所有费用都由霍华德·休斯医学研究所支付，大学也可以获得自己的名誉；霍华德·休斯医学研究所也得到了一位仍然与充满活力的学术家园——大学有着密切联系的天才科学家。

霍华德·休斯医学研究所聚焦于人力资本而不是单个想法，其不同于传统的联邦投资模式。霍华德·休斯医学研究所施行包容风险的机制，而美国联邦政府采用重复对基金审查的机制是回避风险的。特别的是，霍华德·休斯医学研究所的理念是允许研究者一直追随自己的想法开展研究工作，即使这么做会消耗很长时间。霍华德·休斯医学研究所对研究者进行长期资助，并且也意识到突破性研究会碰壁或在中途需要进行修正。但是，这并不表示霍华德·休斯医学研究所漠视产出。获得资助的研究者是根据其过去杰出的表现而选出来的，因为科学领域像其他各行各业一样，历史表现会起到决定性作用。霍华德·休斯医学研究所也会进行中期评估，但这只是为了了解研究过程中出现的障碍和退步；这些中期评估不是经常性的，也不会在早期进行。相反地，联邦机构的投资是一种典型的以五年为周期的投资模式并且对单个项目进行评估。研究者需要仔细查看年度报告，在报告中必须在预定的研究目标前面都打上勾。霍华德·休斯医学研究所传递给研究者的信息是，我们相信你们是杰出的并有内在的动力；而联邦机构传递给研究者的信息却是，我们为你们提供足够的外部支持与资助，因此，你们必须持续地证明我们能够信任你们可以完成相关科研任务。

哪一种方式更有助于促进变革性的进步呢？在将霍华德·休斯医学研究所研究者与美国国立卫生研究院所资助的处于职业发展初期的研究者的一项对比研究中，相比而言，霍华德·休斯医学研究所的研究者更为频繁地改变研究方向，然而，他们也发表了更多的、也有更高影响力的文章。当然，这种比较是不公平的。霍华德·休斯医学研究所仅选择那些才华处于金字塔顶端的天才。但是，美国联邦政府也可以以相似的模式选择要资助的“人”而非“项目”，可以对这些人进行长期资助。但是，以研究者为根本的资助并不适用于每个人：

并非所有的科学家都相似，所有的投资也并不该如此。

英国长期采用了一种混合投资的模式，丹麦、澳大利亚和新西兰也在采用，可以称为“研究评估实践”。基于过去的业绩表现，英国政府把包含薪水和基础建设费的数年稳定的资助发放给研究单元（院系或中心）。在这种投资模式下，对研究项目的资助包括与之相关的消耗品、仪器和人员开支。因此，以给科学家提供稳定有保障的资助作为基础，而以项目为基础的科研产出效率应该通过让科学家申请竞争性的科研资助来实现。

奇怪的是，美国国立卫生研究院资助自己的研究者，称为美国国立卫生研究院内部研究项目，也采用着相同的评估模式。与给大学研究者分配钱财的过程不同，内部专业人员很难得到资助。甚至更有讽刺意味的是，内部研究项目所宣称的目标是高风险高回报的科学研究——这等同于美国国立卫生研究院含蓄地认可，为了促进长期的创新，对这些项目应该进行持久的支持。

美国国立卫生研究院并没有完全忽视特别有创造力的大学研究。通过公共基金，该机构设置了先锋奖为科学家个人提供资助基金。但是，如同 PCAST 2011 年发布的题为《美国科研事业的未来》（*The Future of the US Research Enterprise*）报告中所说的那样，在这一方面投资的经费还是很少，“与每个机构的主要科研资助形式相比，这部分投资微小，几乎看不见”。PCAST 认为，联邦机构不应该再以如此大的力度把资助经费聚焦在渐进式创新上，而应该把资助重点定位在“变革性的……跨学科的……基于科学家个人的奖励”。美国国立卫生研究院对科学家个人而非项目的资助究竟少到什么程度呢？2012 年，在总共 35 944 笔研究资助中，只有 51 项奖励颁给这些创新类项目——甚至远少于美国国立卫生研究院总财政预算的 1%。更令申请先锋奖的研究者沮丧的是，只有 1%的申请人成功获奖。如此之少的星星之火不能燎原。与此同时，欧洲却如火如荼地支持变革性创新。2012 年，欧洲研究委员会启动了一场强调立意新颖的、跨学科的、高风险高回报研究项目的竞赛。在整个欧洲共收到 4700 项参赛项目申请，有 536 项获得了资助，其中，最高资助金额可以达到每年 150 万欧元——这比先锋奖的成功率高 10 倍。

概要总结

科学不应该用固定的单一模式去做事。面对复杂性和不稳定性，为了提高弹性，在谨慎和创造之间需要一种适度的平衡。社会、研究所及科学家个人在促进变革性创新中都要发挥作用，这些作用包括广泛地挖掘资源、根据创造和谨慎的平衡原则来建立透明的优先资助规则、在人才库中“押宝”有天赋的科学家来培养其创造力、聚焦社会最为关切的研究问题，通过允许科学家更加快速和坦然面对科研失败从而创造灵活的空间。

第三部分
谨慎是因为“科学的社会性”吗？

第七章　天才的痛苦与坚持

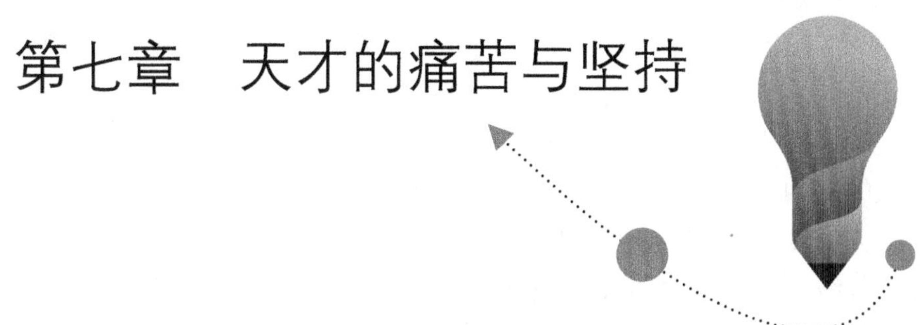

目前，世界人口总量已经达 70 亿人，这给人类自身带来严峻的挑战，需要极富创造力的解决方案。根据人口统计学家的估计，到 2025 年地球人口将达到 80 亿人，到 21 世纪 40 年代早期将突破 90 亿人。届时，东京市、雅加达市、首尔市和新德里市等大都市人口将超过 2100 万，人口规模令人惊讶。

要将上千万的人口妥善安置在若干平方英里[①]范围之内，需要复杂程度超乎想象的社会基础设施。人口激增虽然导致了用水短缺、气候变化和流行病蔓延等负面影响，但客观上也将极大地促进科学技术发展，从而解决这些问题。近期研究表明，高人口密度会产生一个纵横交错的创新网络。地区人口过剩既可能引发危机，也可能是创造力的熔炉——实际上更是一次发展进化的巅峰。

发展而来的团队倾向

人类是唯一一种拥有“社会”（即由组成单元所构成）的稳定的、复杂的、

---

① 1 平方英里=2.5900 平方千米。

等级化的集合特征的脊椎动物。社会学家认为，这种等级分化从最早期的捕猎者-采集者族群或者小型的农耕村落，经过了农业部落，随后到农业酋邦社会，最后进入了中央集权的大工业时期。在此过程中，个人组成家庭，家庭组成社区，社区组成城市或行政区，城市或行政区最终再组成国家。在这样一个不断扩大的过程中，社会的复杂性也在不断增加。

大学其实也具有与此类似的等级模式，包括实验室、研究室、系和学院等不同等级，分别由科学家、研究室主任、系主任、学院院长等负责管理。而校长和教务长则负责整个学校的总体行政管理。教职工则遵守严格的社会等级规范，按照从讲师、助理教授、副教授到正教授的等级排列。通常，要成为正教授需要更多年的努力，但也会获得更高的工资、更多的空间及更大的影响力。

“孤立化”和“等级化”可以准确地形容科学界的社会结构。虽然这并不是褒义词，但这也不是坏事。爱德华·威尔逊（E. O. Wilson）在其著作《地球的社会征服》（*The Social Conquest of Earth*）中指出，“孤立化”和“等级化”是国家状态不变的属性。他认为，这两点是人类社会发展到后期的稳定特征。

威尔逊所说的真社会性——一种经过高度发展和具有良好适应性的等级化和部落化的组织结构——是通过遵守规则来实现的。一个稳定的社会，需要公民缴税、遵守限速规定和给宠物拴皮带等规章制度。群体成员必须将群体需求置于个人需求之上。当然，人人都希望能挣更多的钱、更快地回家、让宠物尽情玩闹。然而，绝大多数人还是会选择遵守规则，哪怕不遵守规则给我们带来麻烦的可能性很小。依威尔逊所言，促进遵守规则的关键是利他主义。

社会发展的讽刺：利他主义也是利己主义的一种手段

威尔逊认为，社会是建立在利他主义基础上的。而其他进化生物学家却一直认为，人是自私的。查尔斯·达尔文的自然选择理论认为，进化是由个体的生存竞争所推动的，并且会在那些适应下来的个体之间不断地重复这种优胜劣汰的过程。对此更深入的剖析来自进化理论学家理查德·道金斯。他在 1976 年出版的《自私的基因》(*The Selfish Gene*) 一书中指出，每一种性状及每个基因都是通过竞争获胜，才能遗传给下一代。那么，如果我们作为一种个体，且我们体内的每个基因都是自私的，那么利他主义是如何产生的呢？

威尔逊认为，利他主义和利己主义并不是相互排斥的，而是相互适应的。区别在于利己主义体现在个人层面，而利他主义则体现在群体层面。如果群体扩大个体优势，这种优势就会保留下来，推动群体进化。简而言之，即群体会帮助个体更好地生存，而利他主义者已经发展出一些特征，使他们更多地考虑群体。

起初，W. D. 汉密尔顿（W. D. Hamilton）和乔治·普莱斯（George Price）等进化理论学家认为，群体进化受生物亲缘关系驱动，称为包容适应性理论。该理论的逻辑是，个体亲缘关系近且具有等级分化的群体（如蜜蜂、白蚁和蚂蚁）会为了增加亲缘之间共有基因的传播速度，而牺牲掉自己完整基因的传播。

然而，研究发现，人们具有善待陌生人的倾向，这一发现似乎否定了包容适应性理论的正确性。初学走路的孩子一旦认识到情感就会表现出助人行为。一项针对大脑活动的研究显示，互助合作能激活大脑的奖赏通路，该通路也可以被使人产生愉悦感的药物启动。另一项研究显示，当实验对象以他人利益高于自身利益的方式分发钱财时，某些神经通路会被激活，从而令人产生温暖的归属感。然而，产生这种感觉并不依赖于亲缘关系，而是取决于他们之间是否具有相似的外观和背景。分析这一点很有意义，因为利他主义最初是在同族之间或群体内部发展而来。在人类的史前时代，利他主义虽然损失了个人利益，但却促进了部落和平共存。如今，威尔逊相信，正是这种与生俱来的利他主义支撑着社会发展。

社会规范进一步加强了利他主义，同时削弱了利己主义。人们惩罚那些反社会行为，赞美和拥戴杰出人物，强调众生平等。史迪芬·平克（Steven Pinker）在 2002 年出版的书《空白石板》(*The Blank Slate*) 中描述了不同行为背后的情感动机：蔑视、愤怒和厌恶等惩罚型的情感会促使人们去惩罚骗子，而诸如感激、敬仰、敬畏道德或感动之类的赞美型情感则会促使人们去奖励利他主义者。这并不是说利己主义已经从人类中消失，我们每个人都有自私的一面。然而，就像魔鬼在一只耳朵中而天使在另一只耳朵中一样，群体的利他主义不断发展，从而平衡了个体的利己主义。

科学界的生态系统与人类社会结构的发展非常相似。与真社会性一样，科学同样需要群体的接受。要获得群体的支持，既可通过较高的聪明才智，也可通过较强的社交技能。一旦某些特性获得群体的认可，其真社会性便会得到加强。对科学家来说，那些能够留存给下一代的想法也经过了同行的评议。获得群体的认可后，才能使这些理论和见解得以传播。

如平克所说，社会规范鼓励了有价值的行为，减少了反社会行为。同样，科学界的认可建立在动机的“纯洁”上。在社会的发展中利他主义得以加强。而好奇心和遵守契约等特质则在科学的发展中不断得到增强。这样，才能激励科学家不畏艰难地去探索新的东西，这也是标准的利他主义。

社会发展为什么能孕育创造力?

以上都是理论分析，那么是否有证据表明，创造力是由利他主义在群体选择中发展出来的呢？创造力似乎是人类所特有的。与我们亲缘关系最近的黑猩猩，尽管能够将知识传给下一代，却不能通过见识来修正所学知识。现代人的大脑非常大，比我们的祖先南猿大了将近 3 倍。现代人的大脑中前额皮质区域较大，而这一区域正是负责“执行功能”的地方，信息在这里被合成和整合，并产生自由联想。从解剖学来看，前额皮质区域极有可能是决定创造力的部位。然而，这一发现并没有解释清楚创造力是如何进化出来的。

刘易斯 · 迪恩（Lewis Dean）发表在 2012 年《科学》期刊上的经典实验表明，创造力是在群体内部进化出来的。让黑猩猩、卷尾猴、学龄前儿童分别挑战一组难题，每组难题的难度都包括易、中、难三个类别。结果 55 个非人灵长类动物中只有一个解决了最困难的难题，而 35 个儿童中有 15 人完成了所有的困难挑战。在此过程中，孩子们依靠分享意见、彼此鼓励和互相纠正等方式解决了困难。因此，灵光闪现并不是我们想象中的来源于个人，而是来源于群体。

除了上述例子之外，另一个证明群体激发创造力的例子来自伦敦大学的马克・托马斯（Mark Thomas）。他通过一个计算机模型发现，只有当人类的人口达到一定密度，即在大约 100 000 年前，创造力才开始勃发生机。托马斯 2013 年在《科学美国人》（*Scientific American*）的一篇文章中指出，创造力并不取决于你有多聪明，而是取决于你与其他人的联系有多么密切。

直到今天，城市中人口密度的增长与专利数量的增长也是相关的。随着群体规模的增长，繁荣和创造力指标的增长不是线性的，而是呈指数型的爆炸性增长。魏巍发表在《自然通讯》（*Nature Communications*）的一篇文章中提到，创新总是聚集在人口稠密地区，这并不是亚当・斯密（Adam Smith）认为的特殊化，而是纯粹由社会连接的紧密程度所导致。简而言之，人口越多，想法和协同合作就会越多。

为了更深入地研究什么类型的基因会使富有创造力的个人最适合群体，汉斯・艾森克（Hans Eysenck）提出了一个令人咂舌的观念。艾森克是研究人类个性的专家，他发现，创造力和精神疾病竟是由相同的基因控制。据估计，艺术和科学领域的天才中患精神分裂症、抑郁症和焦虑症的比率高达 30%～80%。艾森克认为，轻微的精神疾病会使那些富有创造力的人产生大量不寻常的甚至怪异的想法。那些在艾森克的精神疾病测试中得分较高的人更容易产生随机或不协调的联想，凸显出其才华横溢。精神疾病或许是想象力的温床。

杰弗里・米勒（Geoffrey Miller）深入研究了群体的发展如何选择出那些与天才、疯子相关的基因的问题。他认为，在充满合作和竞争的复杂社会网络中，那些不按常规出牌来行事的人在寻求配偶时更容易智胜竞争对手获得成功。于是，社会资源向那些人倾斜，他们进入更高的权势等级，进一步拥有更多机会繁殖下一代。2006 年，内特尔（Nettle）和克雷格（Clegg）在一项针对普通志愿者和艺术志愿者的研究中验证了米勒的假设。他们在研究中发现，思维模式古怪的人更容易获得伴侣。尤其是“不寻常经历”和“不墨守成规”的人拥有更多的伴侣。不寻常似乎能展现出特别的社会吸引力。

因此，创造力可能是一种与合作和群体大小相关的社会现象，可以通过至少一种社会发展进化机制来解释。但是，利他主义能促进创造力吗？让我们来看看一个以狩猎乳齿象为生的尼安德特人部落。优胜者往往具有新的狩猎策略，能带更多的肉回家，提升整个族群的生存能力。为了证明这些新的狩猎策略真的有效，他们不得不冲锋在队伍的最前面。而这种勇气所需要付出的个人代价就是受伤甚至死亡。这也是不折不扣的利他主义。

站在发展的角度，每个将生死置之度外的狩猎者，必然是以整个族群的生存和繁衍生息为己任，目的是让整个群体活得更好。让我们再回到之前的例子，如果新的狩猎策略非常有效，能够帮助族群成功地猎到乳齿象，新的狩猎策略的发明者就会获得大量的食物和伴侣作为奖励。这样他就会发现，其创造力不但有利于他人，也会使自己获得丰厚的回报。

所以说，科学是社会性的，创造力是社会性的，也是利他的。在我们能够更全面地理解群体对科学创新的重要性之前，首先必须要考虑自私有何种好处和如何预防其带来的风险。或者就像罗伯特·阿克塞尔罗德（Robert Axelrod）在 1997 年出版的《合作的复杂性》（*The Complexity of Cooperation*）一书中所问的那样：在一个没有中央集权且充满了自我主义的世界，什么条件导致了合作的出现？

利他主义缘何获胜？

博弈论是一门科学，它是通过数学工具来预测个人如何在群体中追求个人利益。这一理论来源于经济学，它假定人都是理性的，进行人际交往的目的是为了使自身利益最大化。然而，有赢家，必然也有输家。对乔尔有利的却可能对萨拉不利，反之亦然。1968 年发表的《公地的悲剧》曾指出，正是个人和群体之间的这种紧张关系促使了合作的产生。

博弈论中，数学计算的结果同样表明，合作是最优解。假设在一个“囚徒困境”游戏中，乔尔和萨拉是犯罪同伙，被警方拘留后分别审问，此时他们都不知道同伴的表现。如果两人选择合作不揭发对方，则每人获得 3 美元的奖金；如果萨拉不叛变而乔尔叛变，那么萨拉将一无所获，乔尔则获得 5 美元的奖金（在真实世界中，这将是乔尔能否让萨拉坐牢而自己获释的关键点）；如果乔尔不叛变而萨拉叛变，那么乔尔将一无所获，萨拉则获得 5 美元的奖金；如果两个人均叛变，互相揭发对方，则每个人只能获得 1 美元的奖金。总之，站在乔尔的角度，如果他叛变而萨拉不叛变，他会获得最多的奖金；即使两人都叛变，他还是会获得 1 美元的奖金，这样优于其坚持合作而萨拉叛变时的情况，因为那样他将一无所获。所以乔尔的最佳选择似乎是彻头彻尾的自私。但是，问题是如果在随后的游戏中乔尔和萨拉一直叛变，他们每人每次都只能获得 1 美元的奖金。然而，如果两人选择一直合作，则每次都会获得 3 美元的奖金，这是之前一直叛变情况下的三倍。

计算机模拟结果表明，如果乔尔和萨拉一直不停地玩这个游戏，那么两人的最优策略是“以牙还牙”，即跟着对方做。如果乔尔选择叛变，下一轮时萨拉也会选择叛变。如果乔尔选择合作，下一轮时萨拉也会选择合作。不多久乔尔就会明白，坚持合作会更好，因为合作会使其收入变成原来的三倍。当萨拉也加入这个愉快的合作关系时，就会实现稳定的互助局面。大家都会意识到，合作对每个人都是最好的选择。

就像“囚徒困境”游戏中描述的那样，尽管在游戏初期利他主义表现得并不明显，也确实不符合直觉，但最终的结果却表明，合作和利己并非矛盾，而是相辅相成的。当然，找到最优解需要创造力。当那些由于患有额叶疾病而无法自由改变想法的患者在玩“囚徒困境”游戏时，都没能发现最好的办法是合作。

对科学而言，合作不仅仅会为社会，也会为个人带来最大化的利益。这一真理表面上看似乎没有多大意义，但真理就是真理。

变革性创新为何会赢?

“囚徒困境”游戏为大学、企业及政府这些以长远发展为目标的群体提供了为何要进行合作的理论基础。我们每个人都应该拥抱分享，而不是试图独占每个想法。相对于独自作战，各方面通力合作将会产生更多的知识，取得更多革命性的进步。这也是我们常说的“水涨船高”。在贝尔实验室发明晶体管之前，早期的计算机需要占据整个房间，而且只能由少数的几个大公司建造。后来计算机慢慢进入了办公室和家庭，无论大小企业都从这个全新的产业中获利。贝尔实验室拥有晶体管的专利，但并没有将其隔离起来。相反地，他将这一专利广泛地授权，允许他人对此进行改进和完善。尽管任何一个人和研究所都希望从专利或者小型创业公司中获得一大笔收入，但是，如果每个人都将知识产权贡献给群体，他们将会获得更多利益。当整个科学平台不断提升时，所有人都会因此受益。

概要总结

创造力是一种崇高的社会特征。个体发展倾向于利己和谨慎，而群体发展则倾向于利他和创造。因而是社会发展而非个体发展倾向于利他主义，并由此产生了具有原创想法的思考者。换言之，人类目前所取得的科学和工程奇迹都得益于我们的真社会性。

随着社会的发展，合作意识几乎根植到了科学家的基因中。众所周知，个体之间合作越多，每个人获得的利益就越多。然而，在社会发展过程中，利己主义和利他主义长期并存，在自私与无私、等级制度和民主制度及精英主义和自治主义等诸多方面带来了一场旷日持久的拉锯战。我们接下来要面对的问题是，在体制及个体层面上，创造和谨慎的社会学是如何影响科学发展的呢？

第八章　广场的激烈争论

汽车的消费者和科学的“买主”之间存在某种非常有趣的相似性。司机显然是汽车最主要的购买者。但作为第二大买主的废弃金属经销商却不太容易被人发现。废弃金属的买主对汽车经济非常重要。事实上，废弃金属是美国出口到中国的第二大货品。对科学而言，社会是知识创造的最大投资者，因而我们可以把社会当做科学的第一大买主。然而，从社会角度来看，科学的第一大买主是其他科学家，而社会只是第二位的。研究者首先要把其想法或理念“推销”给其他研究者。一旦“推销”成功并被接收认可为新的科学规范，研究者所获得的收益可以是金钱上的，也可以是声誉上的，或者像通常那样两者兼得。科学发现有时是通过转让专利、版权或者成立小型创业公司来获得财富，但更多的则是收获名望。

如何更好地保证发明者的利益并以此激励他们，是一个可以一石激起千层浪的话题。有人认为，激励创新的最佳方式是个人利益的最大化，通过排他性的专利和版权可以很好地保护发明者的原创成果。也有人认为，最佳方式是合作最大化，这条路通向开放，大家的想法会被充分共享、仔细讨论，甚至可能被模仿。排他性意味着谨慎，而合作意味着创造。无论是在社会学还是经济学的范畴，谨慎和创造总是一对矛盾体。

开放讨论的优越性

开放讨论是学术自由的“魂”。正如一句俗语所言，学术界的生存是“要么出版，要么出局”。研究者通过公开出版把其成果带到科学集市“兜售”。愿意“购买”这一成果（发表成果）的期刊的知名度越高，这一工作被人研读、引用的机会就越大，对研究者学术声誉的提升作用也越明显。因此，公开发表大大提高了科学家的显示度，这对科学家来说无疑是一种很重要的激励。然而，许多人也担心这种透明化的发表程序会减少个人或研究机构的经济收入，不利于发挥激励作用。在解决这个问题之前，让我们首先考虑一下：开放想法能否促进整体的科学进步？如果能，它是如何做到的？

科学要靠大家协作来不断完善。封闭知识会阻碍整个科学领域的进步。公开出版的信息要么被人反驳，要么被人进一步佐证，无论哪一种反馈，人们都将收获真正的知识。

托马斯·库恩（Thomas Kuhn）描绘了“科学交流”的场景。与绅士之间优雅的交换意见相比，科学交流更像充满了刀光剑影；与彬彬有礼的争论相比，科学交流更像一场意图明显的战争。他描述了一个旧理论的捍卫者如何忠于其在之前的研究中获得的看法。当旧模式失去意义时（如一个理论无法解释新数据，或这一项技术已经非常难以应用），就会出现不满。此时，像一个公司会被收购一样，该科学领域会变得非常容易被颠覆。滚滚大潮中，有人用更符合自然规律的方式建立了新模式，从而彻底颠覆了旧模式。新旧势力的争论在初期还是优雅的、有原则的。随后，双方的敌意会落到人身攻击上，争论双方拒绝参加同一会议，某一派的支持者绝不会为另一派的研究提供资金资助。当争论最终尘埃落定时，胜方会得到越来越多的认同，甚至变得富有，而败方则只能带着受质疑的数据和受损的名望在家里生闷气。

虽然过程很残酷，但事实证明，这确实能够有效地促进科学发展。同时，商业界也已经看到了这种方式的力量。头脑风暴已经被广泛认为是一种产生新想法的方法，它最早出现在亚历克斯·奥斯本（Alex Osborn）1948 年出版的《创意的力量》(*Your Creative Power*)一书中。奥斯本在该书中将头脑风暴描述为一种最大限度地挖掘群体潜力的技术。头脑风暴也被认为是一场局面可控的混战，要求每个参与者在“不设评判”的情况下说出自己的想法。许多公司都喜欢采用这种方式，IDEO 公司表示，一个团队在头脑风暴中一个小时会产生 100 种想法。鲍勃·萨顿(Bob Sutton)在其名为“工作之事”的博客中写道:“如果你在 IDEO 这样的公司观察一下，你会发现头脑风暴的益处已经扩展到在整个公司范围内传播新想法、培训新手、展现个人创新能力和给客户留下深刻印象等。”

然而，头脑风暴并非完美无缺。如果真的将与大家一起头脑风暴和独自闭关思考进行仔细对比，会发现其实往往是后者会产生更多的想法。造成这种现象的原因是，“不设评判”这一规则虽然使发言更为自由，但同样也是一种约束。例如，参与者不能指出某些想法其实很垃圾，进而不利于提出新的想法。约拿·莱勒(Jonah Lehrer)这个富有争议的作者在《想象一下：创造力是如何起作用的》(*Imagine*：*How Creativity Works*)一书中提出，“建设性的争执”是比头脑风暴更好的方法。为了支持此观点，他引用了一个对比实验来比较头脑风暴和辩论的效果。实验中加利福尼亚大学伯克利分校的 265 名女大学生被分成 5 组。她们可以自行选择是进行头脑风暴还是辩论。辩论的规则是参与者可以畅所欲言，甚至否定他人的观点。在 20 分钟的时间里，进行辩论的小组就如何缓解交通堵塞问题给出了更多更好的解决方案。

公开表达不同意见、相互争论和不墨守成规等都有利于新想法的产生。而毫无保留地分享数据和观点对科学发展同等重要。然而，现代科学事业的发展已经受到了阻碍。作为科学交流的主要渠道，公开发表如今却因谨慎带来的各种限制而颇有争议。

绷紧开放讨论的弦

版权是一种害怕利益受损的保守的象征。在美国版权局的定义中，是否将作品公之于世，是作者与生俱来的权利。然而，作者所有权也有例外，即当他按照版权法的规定将其对作品的所有权转移给另一方（如出版商）时，此时会有争议。大多数学术出版商在接受作者稿件时，都会要求作者放弃对该作品的所有权，或者至少是放弃具有排他性的发表该作品的权利。一旦出版商成为该作品的版权所有者，他们会对想要获取全文的人收取费用。所以，现实就是，几乎所有的科研工作者为了在声誉良好的期刊上成功地发表论文，都会一致地将版权转让给出版商。一些较好的大学图书馆能够购买这些期刊，于是老师和学生可以浏览其想看的任何论文。然而，那些购买图书预算经费不足的科研机构的研究者则无法获取最新的科研成果。

对需要收回成本、维持商业运转的出版商来说，这种控制全文获取的方式也是有道理的。确实，任何一个出版物都需要在编辑、编录、校正和撰写新闻等方面花费大量的经费。这些都需要一个合适的现金流。对绝大部分出版物而言，这些工作也是为整个科学界服务的。现在也已经有很多非营利性杂志开始在网络上免费提供全文。为此，许多出版商，特别是那些采用志愿者进行同行专家评议和编辑工作，却又不提供免费全文的盈利性杂志屡屡受人诟病。他们的辩解是在网上免费提供全文会导致刊物质量下降。

科学家对版权的排他性也颇为诟病。当今绝大多数的开放获取并不是免费的午餐。它相当于将读者的成本转嫁给了作者。在这种制度下，作者需要支付几百到几千美元来发表其工作成果。当然，如果好好做，开放获取也有很多好处。它使得每个人，特别是那些暂时还不是特别好的研究机构都能参与科学的发展，分享科学的进展。那些缺乏资源的科学家原本只能奢望通过付费出版物来跟进文献。而开放获取不但解除了对文献的锁定，也开启了科学文献的新用途——内容挖掘。内容挖掘是利用计算机搜索数百万篇文章，并从中获取关联信息。目前只有成为出版商的合约方，才能进行内容挖掘。因此，大量的数据等待人们去挖掘。然而，内容挖掘的潜在用途远胜于此。例如，有一个研究需要由几千份毫无关联的大脑图像生成一张大脑图谱，内容挖掘在这里发挥了巨大的作用。

伴随着年仅 26 岁的亚伦·斯沃茨（Aaron Swartz）在 2013 年的自杀，围绕版权问题的创造和谨慎之争也从理论争论走向现实悲剧。斯沃茨因在青少年时被誉为“编程神童”而成名，后来成为开源出版的开拓者。他于 2011 年“闯入”麻省理工学院的计算机系统，并从期刊存储机构 JSTOR[①]（一个只接受订阅、非营利性的、对学术内容进行有偿发布和许可的服务商）下载了 480 万份文档。斯沃茨的目的是公开发布这些文章，因此，被认为蓄意侵犯了这些文章的版权，遭到了美国联邦政府起诉。斯沃茨有抑郁症倾向，当他面对可能高达 35 年的监禁判罚时，选择了结束自己的生命。虽然失去这样一个年轻的、充满活力的人是无法形容的悲剧，但它也带来了一个有建设性的结果。斯沃茨的离世为开放获取带来了大量的声援团，更多的出版商和私有数据存储库开始考虑解除对出版物和数据的封锁。

想法所有权的危害

谨慎性排他和创造性合作之间的争论和斗争绝不只体现在版权这一个例子中。专属、独享这个概念已经深深地扎根于我们的社会意识中。所以我们可以看到以发现者的名字来命名的疾病，如阿狄森氏病、阿尔茨海默病、贝耳氏麻痹、布鲁氏菌病、伯基特氏淋巴瘤、美洲锥虫病、克罗恩病和库兴氏综合征等。这些标签代表一种优先权，即给予第一个公开详细报道该疾病的人至高无上的荣誉和地位。不仅仅是医学领域，物理学和天文学领域也是如此，如我们熟知的阿基米德定律、托勒密天文学、牛顿物理学、普朗克常数、哈勃望远镜和希格斯玻色子。优先权给研究者带来了名誉，使其声望永存。

诸如诺贝尔奖、菲尔兹奖和图灵奖等著名奖项都只颁发给一个或少数几个在相关领域做出最杰出贡献的人。这些终身成就可以帮助科学家个人进入如美国国家科学院或者法兰西科学院之类的精英阶层。

支撑优先权（有时被称为“赢者通吃”），是科学界和社会大众一直奉行的

① JSTOR 的全称为 Journal Storage。

理念，即我们对我们的想法具有所有权。我们脑中产生的想法，并不是来源于大众，而是来源于自己的创造性思考。与其奖励所有为新想法的诞生和传播做出贡献的人，不如归功于第一个跨过终点的人。我们给予其最高的荣誉，包括名望、职业晋升和专利等。想法所有权是科学文化的核心，也是科学在交换想法方面具有等级化、孤立性及局限性的表现。

基于想法所有权的“赢者通吃”理念，使得不断晋升最终获得终身教职成为一个青年研究者需要跨越的最大障碍。一个青年研究者经过 7～10 年的努力后可以申请终身教职。再由同行专家组成的评审小组对其工作是否有价值进行评判。评判的结果不是升职就是离职。如果通过评审就可以进入一个新的阶层，这对大多数机构来说也只是一个终身教职职位（尽管还不是固定工资）。如果没有通过评审就会被辞退。获得终身教职职位通常需要发表几十篇研究论文并获得经费资助，但并非任何水平的文章和研究经费都行。晋升和终身教职职位的评定委员会只会关注那些以第一作者或者通讯作者身份发表的文章，以及那些以研究负责人身份申请到的研究经费。这两个指标都代表研究的核心想法是由申请人提出的。是否获得同行专家认可是该委员会做出判断的关键，而在最知名的期刊上发表论文及获得美国联邦政府的经费资助，则是获得同行专家认可的关键。但是，不论标准是什么，如果在申请终身教职时没有自己的创新想法，就不可能成功。

由上可见，科研奖励体系非常鼓励个人提出新想法。但事实上，科学上的新发现都是建立在很多其他研究的基础上的。即便是爱因斯坦这样出类拔萃的天才，也是站在伽利略（Galileo）、牛顿（Newton）、普朗克（Planck）、麦克斯韦（Maxwell）的肩膀上才建立起自己的学说。发明之父爱迪生（Edison）的留声机和电灯泡的发明也是在詹姆斯·林赛（James Lindsay）、沃伦·德拉鲁（Warren De La Rue）和海因里希·戈贝尔（Heinrich Göbel）等人的前期实验的基础上开始的。被奉为传奇的斯蒂夫·乔布斯（Steve Jobs），从施乐帕克研究中心借鉴了个人电脑的雏形，而施乐帕克研究中心又是受道格拉斯·恩格尔巴特（Douglas Engelbart）早期工作的启发而构建的原型。于是大多数情况下创新并不是“孤雌生殖”。然而，科学遵循“马太效应”：越是有的越能得到更多，越是强的越能更强。“赢者通吃”理念鼓励独自作战和混战。在一个团队中无私奉献并不被鼓励，因为大家并不认可这种努力。

将优先权作为衡量贡献的标准也是值得商榷的。很多问题已经被广泛提及并激烈讨论。很多时候最终获得优先权的人只是比其他竞争者快了一点点。亚历山大·格拉汉姆·贝尔（Alexander Graham Bell）只比他的竞争者伊莱莎·格雷（Elisha Gray）早几个小时提交电话的专利。构建互联网理论框架的美国科学家保罗·巴兰（Paul Baran）几乎是和英国科学家唐纳德·戴维斯（Donald Davies）同时提出这个想法。查尔斯·达尔文（Charles Darwin）也是在阿尔佛雷德·拉塞尔·华莱士（Alfred Russell Wallace）的竞争下，才发表了其关于物竞天择的传世之作。其实达尔文很久之前就写好了《物种起源》（*On Origin of Species*），但他认为内容有些离谱，就把书稿扔到了抽屉里。20 年后华莱士在给达尔文的一封信中描述了类似的观念。达尔文才将其书稿交给出版商。

对优先权的追逐使得人们不愿意进行开放讨论，而且它也在某种程度上为那些平凡的、冗长的甚至是错误的文章的发表提供了便利。根据卡萨德瓦尔（Casadevall）和法瑞奇·方（Fang）两人发表的社论统计，自 1665 年以来已经有大约 5000 万篇科学论文发表，科学文献库已经不堪重负，因为其中一半以上的文献只有非常少的人，甚至是无人引用。更有甚者，竞相发表论文也导致同行专家评议和编辑的水准有所下降。

为了更突出地显示这个问题，约翰·博安农（John Bohannon）撰写了一篇关于某一新合成化合物的抗癌效果的文章，并化名为 Ocorrafoo Cobange 称工作在阿斯马拉市瓦茜医药研究所，向 304 个可以开放获取的期刊投稿。结果有一半的期刊接收了其文章。但是，所有关于文章的信息都是假的。根本没有 Ocorrafoo Cobange 这个名字，也没有瓦茜医药研究所，文章中的化学和生物结果都是捏造的，对结果的解释更是荒谬，因为作者宣称的结论与其文中一个关键图的数据是矛盾的。

博安农将这种缺乏严格审稿的普遍现象归咎于大量开放式期刊无序增长。开放式期刊的鼻祖《科学公共图书馆·综合》（*PLoS One*）及一些开放式期刊都具有很好的声誉，而其他一些不太出名的在线期刊则已经沦为公司牟利的工具。在线出版是一个盈利的行业。总部在印度孟买市的出版商 Medknow 现在已经成为医学出版界的巨头——威科集团的子公司。威科集团旗下拥有超过 270

个期刊，拥有数十亿美元的产值。由志愿者编辑组成的期刊编委会已经没有什么动力来保证质量，而出版商只盯着底线，很少会去详细地审查。

当然，并不只是开放期刊才有这些问题。博安农坦承，如果他把文章投向传统期刊，也会得到类似的结果。正如“髋骨连着股骨”所言。为了保证个人对想法的所有权和优先权，大量的研究结果被发表，而这超出了同行评议的能力，于是便出现了充斥着错误甚至是编造内容的文献。

针对占有权的支持和反对之争

“赢者通吃”理念的体现之一是获得专利权。专利权是创造和谨慎的着陆点。现在的问题是，到底是占有并转让专利会促进人们对创新的追求，还是排他性会限制信息交换并阻碍科学发展。

按照美国法律，专利是授予那些“真正有新颖性、实用性和非显而易见性”的想法。专利权人对该专利有 20 年的垄断权利。很少有公司会质疑专利这种限制他人获取想法并帮助想法提出者获利的方式会增加投资成本。长期以来工业界都认为，专利是促进创新的有力工具。

研究型大学直到最近才开始追逐专利。即便如此，他们也只拥有美国所有专利的 2%。大学所拥有的专利数量从 1969 年的 200 项增加至 2008 年的 3000 项，增加了 14 倍。造成这一趋势的是 1980 年美国国会通过的《拜杜法案》，也被称为“专利和商标法补充法案”。之前规定，凡是用美国政府提供的研究经费做出的科研成果，其知识产权归美国政府所有。而著名的《拜杜法案》改变了这一规定，在 1980 年后，即便是由美国政府提供研究经费，大学、小公司、非营利性机构都可以对自己的发明拥有自主的知识产权，《拜杜法案》点燃了大学进行技术转化的热情。大部分人都认为，这也促使现代大学研究越来越注重实用性和市场性。

从专利中获利的不只是大学，还有搞学术研究的科学家。通常来说，专利归大学所有，但是，大学也会把转让专利获得的利益分给发明人，几乎一半的大学按五五比例来分成。这是科研工作者从研究工作中获取大额利润的一种方式。保拉·史蒂芬在《经济如何塑造科学》中提到，越来越多的大学教员开始获得专利，其比例从 1995 年的 9.6%上升至 2003 年的 13.7%。大量创新想法的井喷也是这一趋势形成的原因。例如，埃默里大学将恩曲他滨这种艾滋病用药的制造和分销授权给了吉利德科学公司和皇家制药公司，而埃默里大学参与该药物研制的三名科学家获得了超过 2 亿美元的收入。纽约大学及其部分研究者为关节炎治疗药物瑞米凯德的开发提供了基础知识，并凭此获得 6.5 亿美元的回报。斯坦福大学将其股份卖给谷歌公司并获利 3.36 亿美元。虽然这些成功例子并不多，但技术转化办公室已经在各个大学落地生花，而且对许多大学研究方向的影响正与日俱增。

除了上述方式外，创业是科研工作者从研究工作中获取大额利润的另一种方式。针对 20 世纪 90 年代早期上市的 52 个生物科技公司的一份研究表明，仅仅通过几年的创业期，就有超过 1/3 的原始股东套现，他们套现的中位数是 25 万美元。由大学科学家变成坐拥百万公司资产的创始人的例子包括赛特里斯制药公司的创始人大卫·辛克莱尔（David Sinclair），他将公司以 340 万美元的价格卖给了葛兰素史克公司。斯蒂芬·许（Stephen Hsu）将其两个软件公司中的一个卖给了赛门铁克公司，获利 2600 万美元。计算机科学家约翰·亨尼斯（John Hennesy）将美普思科技有限公司卖给硅谷图形公司，获利 3.33 亿美元。

毫无疑问，专利、授权、创业固然可以带来利润。但其是促进还是减慢了创新，尤其是那些重大创新呢？是站在创造还是谨慎的一端呢？

认为专利促进创新的主要论点是，专利通过保护投资刺激了大量私募基金进入研究和开发中。几乎没有人会质疑在制药行业中引入保护机制。因为开发新药并获得食品药品监督管理局的许可需要极其高昂的成本，许多评论者都认为，专利的存在是必需的。

2010 年，制药行业销售额为 3070 亿美元。但真正获得批准的新药只有 21 个新分子实体和生物制剂，而且过去 10 年中每年的记录都差不多如此。在将实验室研究转化为临床药物的过程中必须要克服的障碍就是失败。有 5000～

10 000 个化合物被认为是潜在的化学药成分，然而，有资格在啮齿类及其他动物中测试的只有约 250 个，最后能在人类中测试的只有 10 个。经过耗资巨大的临床Ⅰ期、Ⅱ期和Ⅲ期试验，其中又有 3/4 的药物被鉴定为不适合销售。这意味着，5000～10 000 个潜在药物化合物中最终只能得到两三种新药。而仅仅是要证明一种药物的安全和功效符合食品药品监督管理局的要求，就需要约 12 年的时间及 1 亿美元以上——最高甚至达到 12 亿美元的税前投资。

开发药物的高额成本使得美国本土制药企业大幅缩减了研发投入。根据 Challenger, Gray & Christmas 就业咨询公司的分析，2000 年以来美国大约缩减了 30 万个制药相关的研发岗位。最明显的例子是位于新泽西州的纳特利研发中心，它是跨国公司巨头——罗氏制药的研发总部。纳特利研发中心 1929 年以来就是罗氏制药在美国的研发旗舰，开发出了包括安定在内的知名药物。然而，近几年他们几乎没有新药投放市场。2012 年 6 月 27 日，罗氏制药首席执行官召开全体员工大会，宣布关闭整个纳特利研发中心，解雇或转移了旗下 1000 多名雇员。

制药公司越来越倾向让研究型大学和生物技术公司去承担药物开发初期阶段的高风险。反过来，大型制药公司则为那些在临床前期（实验室和动物实验结果）或临床初期（临床试验）中表现出一定效果的研究提供经费资助或者购买其专利许可。学术界非常乐于这么做，因为他们也可以从巨大的药物市场中获利。但是，在获得公司资助之前，他们必须先获得一定的经费来开展研究工作，这通常来自联邦政府的基金资助。实际上，目前药物早期开发中 80%的费用由纳税人承担。尽管获得食品药品监督管理局许可需要在成百上千的患者中做临床试验，但制药公司仍将重金置于其购买的每种潜在药物化合物上。在药物开发的竞技场上，很难想象如果没有知识产权保护，研究将如何进行。

专利倡导者认为，即使在投资门槛很低的行业，保护知识产权依然会刺激生产力。申请专利与发表学术论文息息相关。根据韦斯利·科恩（Wesley Cohen）及其同事的一项被大量引用的研究，专利丝毫不会限制创新研究。在一个针对不同学科科学家的调研中发现，大部分科学家的工作要么围绕专利进行，要么避开专利，很少有侵犯专利的案例。同时，受访者也坦承，专利也会隐瞒核心试剂或技术来隐藏研究成果。

另外，支持者还认为，专利刺激了发明的转化。在《拜杜法案》通过之前，政府是学术专利的拥有者。然而，在政府所拥有的 28 000 个专利中，只有不到 5%的专利进行了转让和商业化。需要说明的是，政府拥有的这些专利中大部分由国防部开发，只供军方使用。在政府资助的 325 个与健康有关的专利中，大约有 23%进行了转让。

《拜杜法案》颁布之前，专利对大部分科学家来说并没有什么用处，因此，大部分研究发现并没有申请专利，而是完全公之于世。1960 年，罗伯特·格思里（Robert Guthrie）及其助手艾达·苏西（Ada Susi）发明了目前用来诊断苯丙酮尿症的检测方法。在美国儿童局的资助下，格思里通过大量试验证实了这个临床诊断的有效性，随后格思里希望将这一检测方法商业化，用于临床诊断。他起草了一份专利，并与迈尔斯实验室下属的埃姆斯公司签署了具有排他性的许可协议。这个协议没有给格思里分配任何利益。只是将 5%的净利润分配给国家智障儿童教育协会和格思里工作所在的布法罗儿童医院。当格思里知道埃姆斯公司计划每次测验收费 262 美元，而他自己测试的成本只有 6 美元时，他非常愤怒。美国众议院垄断小组委员会为这场争论举行了听证会。经过控辩双方长时间的陈述，委员会主席谴责埃姆斯公司利用饱受病痛折磨的儿童获利，称其是一个“彻头彻底的魔鬼”。可以说，在当时，保护知识产权实际上加速了新发明的社会利用。

然而，专利反对者则认为，专利并没有促进研究及加速成果转化。相反地，他们认为，专利反而降低了创新的产出。有些专利确实很难评判，特别是那些防御型专利。有的公司将某一新想法申请专利并不是为了使用，而是为了阻止将来别人研究后侵犯其利益，这就是防御型专利。这一结果最终导致了专利流氓公司的产生。专利流氓公司并没有实体的专利产品，而是通过收集大量专利，并以此来控告其他公司侵权获利。专利流氓公司的存在阻碍了科学的发展，这已经成为人们的共识，为此奥巴马已经计划通过法律手段来打击专利流氓公司。

专利有时确实也会阻碍科学的发展。2001 年 2 月，美国国立卫生研究院和克雷格·文特尔（Craig Venter）创办的赛莱拉公司共同发表了最新的人类基因组测序结果。公众访问美国国立卫生研究院的人类基因组数据时并没有受到太多限制，而赛莱拉公司则开始寻求对其认为的重要结构进行知识产权保护。赛莱拉公司最初起草的专利中涉及 6500 个基因或者基因片段。虽然公司同意每年公布一次数据（美国国立卫生研究院每天公布一次数据），但不同意别人免费使用或者不受限制地用于药物开发。2000 年 3 月，克林顿总统宣布基因组序列不能申请专利，导致赛莱拉公司的股票暴跌。尽管如此，一直到美国国立卫生研究院重新对基因组进行排序，并将数据存放到公开源时，才真正打破私人拥有的基因组数据的知识产权限制。在专利如何影响基因研究方面，海蒂·威廉姆斯（Heidi Williams）通过一系列研究论文表明，延迟公众对赛莱拉公司专利基因数据的获取，使得随后的专利、论文和诊断试验减少了 30%。

在一项分析专利对临床基因诊断的影响的研究中，罗伯特·库克-迪艮（Robert Cook-Deegan）及其助手也得出了相似的结果。他们评估了拥有限制性专利、有专利但广泛许可或者没有专利三种不同性质的基因诊断。对那些没有专利及有专利但广泛许可的基因诊断，不同实验室之间的竞争大大提升了检测的质量、价格和效率。而拥有限制性专利只能在某一实验室应用的那些基因诊断在临床应用上会有严重问题。医生不能确认测试结果，因为他们没有别的选择，有时数月甚至数年都不能进行检测。最终，没有保险的患者常常得不到检测。

一个典型的案例是麦利亚德基因公司。它持有可以检测卵巢癌和乳腺癌相关基因 *BRCA1* 和 *BRCA2* 的专利。麦利亚德基因公司的检测需要花费 2500～3000 美元，而且通常不能用医疗保险报销。该专利阻碍了其他相关检测的开发并阻碍了对该检测方法的改进。2012 年 8 月，在处理知识产权案件方面仅次于最高法院的美国联邦巡回上诉法院，基于专利鼓励创新，判决麦利亚德基因公司对两个基因（*BRCA1* 和 *BRCA2*）的专利有效。随着许多医学和癌症支持团体反对其裁决，2013 年，最高法院的一项决定部分推翻了这一裁决。最高法院认为，一段天然存在的 DNA 片段是大自然的产物，已经存在，因此，不满足专利的申请资格。但是，它的 cDNA[①]（人工改造的 DNA）不是天然存在的，因而可以申请专利。尽管这一决议会限制将来人们对天然 DNA 的专利申请，但它同时也为基于 DNA 序列检测实现一些改进的实验打开了保护之门。

最近，还有一个非常振奋人心的技术领域——纳米技术成为了专利争夺最激烈的竞技场。纳米尺度的工具正在改变制造业和化学品的生产面貌。同时，

① cDNA（complementary DNA），是一种互补脱氧糖核酸。

纳米技术也给临床诊断和靶向药物输送带来了革命性变化。然而，来自密歇根市的开放可持续性技术实验室的约书亚·皮尔斯（Joshua Pearce）指出，为了开发和销售纳米管的相关产品，发明者必须从已经提交的 1600 多份纳米管的专利中找到出路。他认为，对诸如这样刚萌芽的领域来说，如此多的专利带来的结果非常不好。因为早期的专利保护非常宽泛，所以法律纠纷正迫使许多纳米技术的初创企业濒临破产。皮尔斯发现，纳米技术领域的专利壁垒与软件行业免费分享文化形成天壤之别。在软件行业，红帽公司（Linux 的开发者）和谷歌公司开发的开源软件，同样使其通过服务和广告获利数十亿美元。

如果谨慎的专利真的限制创造，那么限制专利应该可以促进创新。如果阿尔茨海默病神经影像学研究计划可以推广，那么结果将是这样。根据阿尔茨海默病协会的调查，每年有 500 万美国人患有这种疾病，尽管每年的研究经费高达 2030 亿美元，但几十年来人们并没有开发出任何针对该疾病的有效诊断检测和治疗方法。面对这一失败，美国国立卫生研究院和礼来制药公司的负责人力图促使科学家协作起来而非竞争。于是，20 个公司和两个非营利性组织拿出 2400 万美元，负责募捐民间资本用于联邦研究项目的美国国立卫生研究院基金会又募集了 4100 万美元的私人投资，这些资金合到一起共同发起了上述的阿尔茨海默病神经影像学研究计划。

随后他们进行了一些改革。获得阿尔茨海默病神经影像学研究计划基金的人必须要放弃知识产权。无论学术界、工业界，还是联邦政府都不能申请专利。而且所有结果必须立即公布在一个开源的网站上。阿尔茨海默病神经影像学研究计划目前有超过 100 个项目正在积极地推进。2010 年，研究者发明了用 β-淀粉样蛋白标记来做脊髓液测试的检测方法。在他们看来，该测试的准确性近乎完美。仅仅几个月前，一个基于 β-淀粉蛋白的大脑成像技术，被食品药品监督管理局批准可以用于早期诊断，这给那些阿尔茨海默病患者和其家庭带来了希望。至少在这个案例中，专利对促进创新发明似乎并没有什么必要。

工业界认为，专利对保护投资是必要的。但是，上述这些基因检测和阿尔茨海默病神经影像学研究计划的案例使人们对这个观点产生了质疑。很明显，这个争论涉及大量资金，而且争论将是无止境的。对创造和谨慎两大阵营围绕想法所有权的争论，拥有决策权的居然是国会和法院，而不是科学本身。

概要总结

只有付诸科学的论证，创新才能从幻想走向现实。科学的社会性应该包含开放讨论、辩论甚至是质疑。通往新颖创造之路的潜在障碍是科学界关于想法所有权和优先权的信条。这样的信条伴生出了版权和专利。尽管“赢者通吃”理念清楚地表明了名誉和奖励的归属，但也同时制约了自愿和合作的出现。而且版权和专利也会阻碍科学的进步。这种谨慎的科学文化还将带来其他一些不利后果，特别是导致等级制度和孤立性的产生，这也是我们现在亟须考虑的问题。

第九章　在人群中寻找灵感

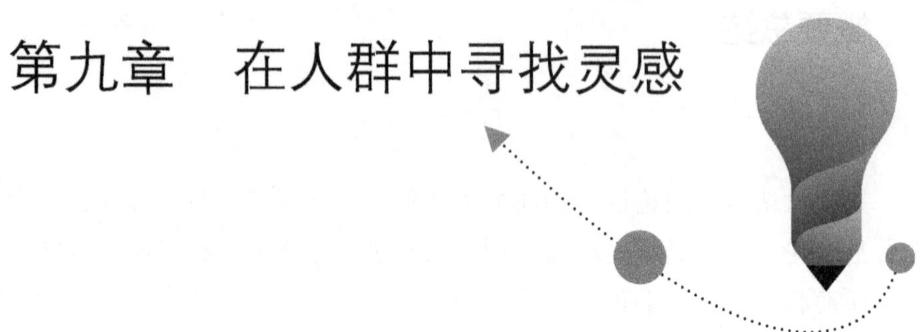

一个普通的路人可以利用社交媒体的激愤迅速成为某一政治起义的领导人。研究者也不再以唯一作者发表遗传学的文章，取而代之的是与成百上千的人合作研究基因组的奥秘。找寻新的化石已经成为成百上千个八年级科学教师的工作，这使得学生成为化石能源发现者中的新生力量。自主主义和民主主义是 21 世纪的社会座右铭。

互联网使社交联系在进入 21 世纪之后飞速发展，并且表现出各部分之和远大于总体的态势。对科学来说，这种相互之间的合作使得网络成为更加强大的传播媒介，并且能够推进科学的创造。

连通性和创造性

去年冬天，笔者在斯坦福大学工程大楼隔壁的露天咖啡屋与德鲁·恩迪（Drew Endy）边吃午饭边聊天。恩迪是一位合成生物学家，同时也是一位非常信奉科学的人。他认为，知识产权也应该像互联网一样实现“开源”，即公开分享知识产权。在一星期之前，40 岁的恩迪首次成为一个父亲，但他想要告诉笔者的竟然是他的另一个孩子——生物积木基金会。生物积木即 DNA 元件，合成生物学家可以利用这些元件来构建有生命的机器。作为一个医生，笔者认为，生命是非常复杂和具有多样性的。然而，恩迪作为一个工程师却认为，生命可以被拆分成可再造的模块。

生物积木的美在于其符合制定的技术标准。直到现在，合成生物学的一个核心问题是人造基因并不完全符合预期。这是因为每个基因所编码蛋白的功能会受到其上下游 DNA 序列的影响。在“我一直都在阅读”这句话中，无论把“阅读”这个词语放在哪里，其含义都不会变。例如，我们把“阅读”这个词语位置改变的时候，“阅读”也没有变身为“播种”的含义。然而，在 DNA 功能中，这种变化经常发生。为了解决这一问题，恩迪提出了一个解决方案，即在 DNA 序列的两端增加一段相同的且沉默的基因序列。这样两端的序列不会影响蛋白的表达，从而使其得到一致的结果。就好像无论是在句子“我一直都在阅读”还是在句子“一直我都在阅读”中，“阅读”始终是“阅读”的意思，其含义并没有变化。这好像乐高玩具的通用性，环环相扣的小块可以组合出不同的东西，生物积木，或者更准确地说，是其所携带的 DNA 信息，能够准确地组合出蛋白质，甚至是更复杂的生物系统。

恩迪的生物积木基金会是一个网上奥特莱斯商店。传统商店主要进行物品或服务的买入和卖出。恩迪的生物积木基金会更像一个图书馆，科学家在其中寄存的 DNA 编码序列，可以被他人公开借阅。恩迪希望这种被允许的知识产权“窃取”可以促进人工生命系统的产生。生物积木的应用前景几乎是无限的。以一个大学生国际遗传工程机器设计大赛（由恩迪组织，每年举办一次）的参赛项目为例，该项目的研究内容是在大肠杆菌的 DNA 中嵌入一个砷的检测器。当大肠杆菌检测到砷，其培养基的酸度会发生变化。利用这一基因工程改造过的大肠杆菌可以检测不同市区的水样品中是否含有砷，以避免砷中毒的危险，而该项检测的成本不过几毛钱。

恩迪的“开源”想法远不止于生物积木。他和同事希望从根本上改变现有的知识产权保护制度。恩迪在合成生物学领域的初创公司 DNA 2.0 的合作者，便将自己发明的一些基因序列寄存到了生物积木基金会。他们主动放弃了这些发明的专利权，是希望其他人也能这样做，并且最终使大家受益。事实上，DNA 2.0 也希望让专利保护在该领域完全消失。去年，DNA 2.0 也申请用版权而不是专利权来保护他们的一条 DNA 序列。这一新基因可以使宿主发绿色荧光，因而可以用来计数循环细胞，如此出人意料到让人雀跃。尽管美国版权局最初没有应允，但该公司呼吁希望以此建立一个先例，从而对未来用版权替代专利权有深远的影响。

早在 20 世纪 60 年代，计算机行业就选择了版权而非专利权来保护软件代码。版权有吸引力的地方在于，只要你对拥有版权的物品进行实质性的改进，就可以对其使用并且是重复使用。也就是说，版权的保护是有限的、柔性的。相比之下，专利可以对知识产权进行大范围的保护，这种保护几乎是不受限制的，即便是新想法已经和原来保护的内容不完全一样，但同样会受到之前专利的制约。此外，申请版权非常便宜。目前注册版权的成本是 35 美元，而专利申请通常需要高达 10 万美元的行政费用和法律费用。

在互联网的早期时代，计算机科学家都骄傲地以黑客自居。随后黑客变成了一种恶名，但其实从那时起他们就成为追求透明和民主的先驱者。麻省理工学院的理查德・斯托曼（Richard Stallman）是这群人的一个缩影，持有同样的态度和想法。一天，他从一个主要软件厂商那里收到了一个软件的产品序列号，对方要求其签署协议保证不与其他人分享该序列号。斯托曼拒绝了，他转而加入并成为全球新闻网络系统团队的志愿者。全球新闻网络系统团队成员都愿意无偿地投入数千个小时来创建一个类似或更好的产品，来替代那些被保护的产品。他们这一黑客团队一起开发了被称为“革奴计划”的部分系列免费软件，可与广泛使用的 Unix 操作系统相兼容，这是振奋人心的展示团队力量的事例。但是，该软件还因为缺少一个被称为“内核”的部分，无法实现硬件和软件的连接。这部分是由芬兰籍研究生林纳斯・托瓦兹（Linus Torvalds）完成的。正是基于托瓦兹最初设计的操作系统，才诞生了 Linux 这个已经发展成几千万行代码的操作系统，而且这些代码全部都是由黑客志愿者贡献的。经过成千上万开发者的调试纠错和与各种机器的匹配调试，Linux 系统已经超越 Windows 系统，成为网站开发和桌面动画设计的首选操作系统。Linux 系统也是恩迪用来构建开源的合成生命的模型。

集体主义为合成生物学的诞生打开了一个崭新世界，一个超乎任何人想象的更宽广的世界。即使是低等的单细胞大肠杆菌也是由 4288 个蛋白质编码基因协同作用的。很容易理解，生命是由许多蛋白构成的，而非单个蛋白。同样也可以设想，科学家相互合作，会比大家相互竞争更容易制造出合成生命。

志愿者和自我组织的网络团队正在改进一切事物，从完善谷歌地图到破解基因密码，都有他们的身影。除了规模和参加人员的参与积极性不同以外，他们的共同特征是不设领导和阶级组织。在互联网上以民主、多元的方式工作的团队被称为“网络 2.0”或“众包”。在一项名为开放街道的项目中，个人和社会团体用全球定位系统设备在谷歌地图的基础上标记出了自行车车架、公园长凳、自行车车道或者跑道的位置，创建出了更人性化的社区。国际人类基因组单倍型图谱计划汇集了来自日本、英国、加拿大、中国、尼日利亚和美国的科学家，为许多不同民族和种族的人的遗传信息进行了登记和传播。

乔伊定律简明扼要地阐述了为何“众包”能运行良好。太阳微系统公司的创始人之一比尔·乔伊（Bill Joy）说：“无论你是谁，绝大多数聪明人都是为他人而工作。”知识和人才是零星分布的，就像被风吹散的种子一样，常常存在于那些最不可能存在的地方。弗里德里希·哈耶克（Friedrich Hayek），一位有影响力的经济学家于 1945 年在其经典论文《知识在社会中的运用》中阐明了乔伊定律的内在原理。他声称：“每个人都会因其与生俱来的特性而拥有一些能超过其他所有人的优点。”哈耶克所说的其实就是我们现在所说的自发组织，即大家坚信在一个民主的团体里个体智力并不是相加关系，而是以指数关系协同作用的。

再看一下乔伊定律在现实生活中是如何工作的，以 2001 年由礼来制药公司创建并供其他大科技公司使用的科研众包平台——InnoCentive 网站为例。该网站为那些解决技术难题的人提供 10 000～100 000 美元的奖励。麻省理工学院斯隆管理学院的卡里姆·拉克哈尼（Karim Lakhani）在其博士论文里描述了 InnoCentive 网站上的答疑者。166 人中有 3/4 的人在看到问题后都会发出“有办法了！”的惊呼，而这并不是因为他们受过培训。大多数的难题都是被那些没怎么受过培训的人解决的。引用 2005 年出版的《众包：群体力量驱动商业未来》（*Crowdsourcing: How the Power of the Crowd Is Driving the Future of Business*）的作者杰夫·豪（Jeff Howe）的一句话："虽然 InnoCentive 网站上大多数的答疑者都是专业的科学家，但也有很多在某一方面特别精通的普通人在他们的车库中答疑。例如，达拉斯大学的一个本科生想出了用一种化学品来修复艺术品的办法；再如，北卡罗来纳大学的专利律师发明了一种大批量混合化学品的新方法。"

科研众包的参与者都坚信，许多人比一个人更聪明。虽然"众包"这种形式已经具备了巨大的吸引力并获得了广泛的认可度，然而，直到最近人们才开始对其进行系统评估。1995 年，一个加利福尼亚理工学院的教授设计了一个以虚拟的团队之间相互竞争的方式来解决问题的计算机模型。其中一个虚拟团队由一些训练过的最好的和最聪明的专家组成，豪在其书中将其称为"门萨组"。与之同台竞技的是智商较低但多样性较高的"棕袜子组"。出人意料的是，每次竞争都是"棕袜子组"击败"门萨组"。对这个现象的解读是，"门萨组"的知识不断重叠在一起，而"棕袜子组"则具有很好的协同合作能力。

对真实人群的研究也揭示了相同的结果。基于互联网形成的团队在头脑风暴中的表现也总是强于单个人。对来自美国高科技公司的 45 个团队的一项研究表明，最高效的工作方式是将具有不同特质的人们集结在一起。另一项对福特汽车公司 28 个团队的研究也表明，团队越多样化，思考越宽广，创意也越多。最后，伍利及其同事在 2010 年发表了一项相当严谨的研究成果，分析怎样才能使团队更聪明并且更富有创造性。在该项研究中，大约 700 人被分成多个 2～5 人制的小团队，然后进行类似智商测试的工作。可能我们会认为，那些在测试中表现优异的团队应该由非常聪明的人组成，但事实却出乎意料，与整个团体的智力表现最紧密相关的属性是整个团队的包容性。那些表现优异的团队都会花很多时间让团队成员参与交流和倾听。团队越重视并发掘其成员所具备的特质和掌握的信息，这样的团队就表现得越聪明。

最近，社会学家布瑞恩·乌西（Brian Uzzi）用百老汇音乐会这一有趣的数据源来研究最优秀团队的创造力是由什么因素决定的。他查阅了 1945～1989 年的演出情况发现，由合作经验较少的艺术家组成的团队很难成为赢家。奇怪的是，那些具有长期合作经验的团队也有可能表现得不好。而要获得商业成功，最重要的是，在那些具有长期合作关系的团队中加入一些不同专业、不同特质的人。《西区故事》这一广为流传的音乐剧就是由一个符合这样特征的工作团队创造出来的。

科学进入大科学时代

自然科学研究同样也越来越需要合作开展。多名研究者、多个地点、多个国家科研合作的方式正在蔓延。当一个团队的工作涉及大量资金投入，并需要许多研究者共同完成时，这样的科学工作被称为“大科学”。科学研究进入“大科学”时代的一个指标是，一篇文章有 100 多名作者署名已经变得很常见，而且这些论文常常发表在世界最负盛名的期刊上。2011 年，物理学领域共有 120 篇论文的作者数量超过 1000 人，而其中 44 篇论文的作者数量超过了 3000 人。与之形成鲜明对比的是，以往一些国际知名的杂志不会接受作者超过 7～10 名的论文，排在后面的作者不得不被省去。这一做法让很多人觉得非常痛苦。于是，“大科学”在我们周围兴盛起来，但是，“大科学”等效于“众包”吗?

无论是“众包”还是“大科学”，都是将各种专业人士聚集起来产生的巨大的成果。合作能产生非常有影响力的科学结果。本·琼斯（Ben Jones）、斯蒂芬·切提（Stephan Wuchty）和布瑞恩·乌西（Brian Uzzi）对 50 年来的学术产出进行了一次宏大的分析，包括 1990 万份同行评议的论文和 210 万项专利。得出的结论是，由多位作者一起发表的论文的引用率要比单一作者发表的论文的引用率高 2 倍。引用数量超过 100 次的论文中，由团队完成的论文数量大概是由个人完成的论文数量的 6.3 倍。

科学研究不仅越来越宏大，而且也更具有包容性。2005 年，美国国家科学基金会资助的论文中，有 1/3 的作者来源于多个研究机构。跨国的科研合作越来越多。而移民是种族多样性的主要来源。大约 40%的印度籍研究者离开了其家园，其中，3/4 来到了美国。同样瑞士也有 1/3 的外籍研究者，而荷兰、英国、加拿大、德国也有 1/4 的外籍研究者。他们都是为了更好的工作环境而来。上述这些国家和美国一起接纳了大量外籍研究者，结果导致在这些国家的一些研究机构中，外籍科研人员的数量最多可以占到一半。

全球合作还包括那些虽然在本国居住，但却为海外工作的科学家。以前这主要指美国的国际合作，而现在地区之间的科技合作变得日渐活跃。中国与韩国等周边国家及地区都有密切的合作，巴西、阿根廷和智利也都是常见的科学合作伙伴。澳大利亚与亚洲的各个研究密集型国家都有合作。这些合作关系在过去十年中攀升了 2～10 倍。全球性的合作关系也带来了更多有影响力的产出。由两个国家共同署名的科研成果的引用数量，比纯粹的国内研究成果的引用数量高 36%～52%。诸多知名的研究机构都已经学会欢迎外国科研工作者。在英国，由 5～6 所顶级的大学发表的论文中，有超过半数是包含国际作者的，而由 65 所排名较低的大学所发表的论文几乎没有国际合作。

最后，交叉学科中的协同合作似乎最为有效。随着知识复杂性的增加，科学的分支越来越细，研究内容也越来越专一。因而那些包括多个分支学科的团队会蓬勃发展。学科的发展还产生了许多全新的学科领域，如生物工程、分子流行病学和物理化学等。

科学家之所以对组建团队感兴趣，主要有以下三个原因：首先，团队可以增加个人的工作产出，拓宽自己的研究内容。更多的团队成员可以轻松地完成更多的工作。随着团队成员的增加，团队获得资助的机会也会增加，而且聪明的研究者都知道某些基金只会资助那些多学科交叉的研究。

其次，在某些领域，仪器设备的成本和复杂性也使得互相合作不可或缺。例如，建造大型强子对撞机花费了 47.5 亿美元，而每年的运行费用也需要 10 亿美元，项目吸引了多达 6000 名科学家和工程师来参与研究工作。另外，美国国家科学基金会于 1980 年创建的甚大阵射电望远镜耗资 7900 万美元，吸引了超过 2500 名多国科学家前来开展研究工作，涉及的科研项目数量超过 13 000 个。最近，世界上最强大的陆地望远镜——阿塔卡玛大型毫米/亚毫米波阵列望远镜

（ALMA）即将建造完成。它的成本高达令人瞠目的 15 亿美元，其建造也获得了来自美国、欧洲、东亚和智利几个国家/地区的资金资助和专家参与。物理学和天文学的研究都需要特别昂贵的仪器投入。这两个领域中发表文章的作者数量平均为 7.26 个，而数学领域中发表文章的作者数量平均只有 1.91 个。

最后，研究者也受益于数据整合。合作会产生强大的信息库。每个参与者都有资格作为作者发表论文，从而增加了论文的产出。另外，因为在一个领域中统一的数据来源往往是最具有权威性的，因而每个作者都很愿意看到自己的研究成果具有更大的影响力。

“大科学”的意义

科学研究确实是变得越来越“大”了，但“大科学”并不是平均主义或民主主义。实验室仍然由一个主要负责人来负责。多名研究者参与，或者多个机构乃至全球性的合作研究，也由一个或少数几个高级负责人来指导。专业的领导者认为，越是复杂和昂贵的项目，越需要经验丰富的领导人进行自上而下的管理。资深专家可以运行大项目，拥有决策权和主要成果所有权。而年轻人通常拥有尖端技能，他们发现自己正凝视着一个由数据构成的盛宴，只为抓住宴席中偶尔抛出的那块骨头。往往是政治敏锐性，而非科学技能，决定着其能否有文章发表或者获得进一步的资助。“大科学”中雄心勃勃的年轻教授通过合作获得的收益可能是巨大的，但同样也常常会一无所获。

如果我们用一个标尺来评价科研人群的文化氛围，标尺的一端代表创新的民主性和包容性，而另一端则代表保守的等级制和排他性。科研人员几乎都会落在保守的那一端。正如在第七章讨论的那样，等级制和孤立性不全是坏事，但是，排他性、金字塔形的组织结构，都会导致产生“猪湾”及“伊拉克入侵”这类事件的思维模式。实际上，这已经使小集团思维毁誉参半。

如果大众不再开放

心理学家欧文·L. 贾尼斯（Irving Janus）在其 1972 年出版的《小集团思维：决策及其失败的心理学研究》（*Victims of Groupthink*：*A Psychological Study of Foreign-Policy Decisions and Fiascoes*）一书中给出了小集团思维的定义。贾尼斯指出，小集团思维是当人们处于某一个小团体时，成员都想着统一意见而非试图寻找其他解决办法时的一种思维模式。换言之，小集团思维更看重被他人的接纳性，而非良好的判断力和认知的多样性。贾尼斯认为，小集团思维的特点是拒绝所有挑战标准观点的人和事。革命性的创新及创新者经常发现自己总是站在与惯性思维相反的一边。他们的睿智告诉我们小集团思维并不一定科学。

约瑟夫·古德伯格（Joseph Goldberger）因推翻“所有流行性疾病都具有传染性”这一当时被广泛认可的学说而被视为一名革新者。古德伯格认为，疾病可能是由营养不良造成的，这在当时完全不被认可。古德伯格最初只是一名害羞的宾夕法尼亚州医师，后来升为公共卫生服务官员。1914 年，古德伯格正在底特律市参加抗击白喉暴发的战斗，却被美国卫生局局长派遣去调查另一种不明疾病的暴发。这种叫做糙皮病的疾病当时席卷了美国南部。就像《圣经》中提到的瘟疫那样，糙皮病患者有皮炎、腹泻、易怒和畏光等症状，严重者甚至会死亡。

刚开始，古德伯格和其他科学家一样认为糙皮病是由一些细菌引起的。但最终他发现，有某些东西并不符合传染病的原则。例如，孤儿院和精神病医院是疫情最集中发生的地方，患者生病了但工作人员却没有生病。传染病根本不会有这样的选择性。详细分析每个病例后，古德伯格发现了一个不寻常的现象。孤儿院和精神病院的患者的活动是受限制的，因此，卫生、居住和营养都是别人统一安排的。工作人员可以吃到家里准备的健康食品，而患者却只能吃廉价食物。

古德伯格认为，问题的根源不是某种致病菌，而可能是因为没有足够的营养。1926 年，他用 11 名囚犯做试验，将其饮食严格限制为玉米。结果 3 周后有 7 个人得了糙皮病。然后古德伯格开始给他们各种均衡的饮食，包括各种水果和蔬菜，结果所有囚犯都被治愈了。作为补偿，古德伯格为其申请了无罪释放。古德伯格的饮食均衡疗法在孤儿院的儿童及佐治亚州避难所里的居民身上都取得了巨大成功。

治愈糙皮病后，古德伯格所获得的“奖励”却是医学领导人的猛烈抨击。他的研究结果被贴上了“幼稚”的标签。他被指责造假欺骗他人。古德伯格觉得没有其他办法来证明自己的理论，于是选择了将糙皮病患者的血液注射到自己及其助手的身体，并且吞下了含有糙皮病皮疹结痂的胶囊。如果糙皮病是传染病，那么他们两人都将出现糙皮病的症状，但结果却没有。这位先驱者在 55 岁时因癌症过早去世。他没有找到引发糙皮病的特定营养成分，因而在其去世时也认为自己的想法可能是错的。他因坚持呼吁给穷人提供更好的食物而备受诋毁。十年后，烟酸能治疗糙皮病先后在狗和人身上得到了验证。色氨酸，即烟酸的前体，现在已经被强制加入我们的早餐麦片中。因为古德伯格，糙皮病在当今的美国已经绝迹。

贾尼斯认为，小集团思维的一个特点是科学在接受一项革新前总是先排斥它。如果这是由小集团思维造成的，那么科学团体应该具有贾尼斯描述的其他特性。结果是这样的吗？让我们先看看贾尼斯所认为的统一的意识形态具有哪些特性：科学界的共识可以避免混乱；如果没有一个既定的范式，那么学科内部也没有共同语言和基本方法；科学训练中最重要的是细致深入地学习规范的职业标准和共识。然而，训练的文化及对规范的死记硬背式的接受也会使得思想同质化。

对年龄相同、种族和健康状况相似的颈动脉患者，得克萨斯州博蒙特市的外科医生进行颈动脉手术的次数是夏威夷州檀香山的外科医生的 9 倍。同一个地区如此相似的诊疗手法被归因为“医生的热心”。同一地方的医生，虽然来自不同地区，但会一起训练，相互协商，并一起打高尔夫球。因此，他们的诊疗手法和同事的越相近，技能就越容易被大家认可，同时也能更快地脱颖而出。这发展成为贾尼斯所描述的“小团体”，其中成员都想着统一意见而非试图寻找其他解决办法。

研究型大学和科学家一样在很多方面都有惊人的相似之处。这些大学都是由学院和系组成的。不同学校之间具有相似学科设置的院系，他们的教条几乎一致。而标准化并不是因为社会需要，而是因为评价机构需要。不同学校的化学系的研究重点和特点可能不同，但是其发展方向和组织结构却极为相似，如果一个教师从一个化学系调至另一个化学系工作，几乎不会感到文化冲击。

大学的结构不但不随地理位置改变，也不随时间改变。1088 年成立的博洛尼亚大学是第一个拥有类似于现代大学所拥有的教职人员和院系设置等组织形式的大学。现代研究型大学的始祖——康奈尔大学成立于 1865 年，由学术带头人安德鲁·D. 怀特（Andrew D. White）和西联公司的首席执行官以斯拉·康奈尔（Ezra Cornell）联合创建，康奈尔大学强调“研究引领进步并带来社会福祉”。同样，随后于 1876 年成立的约翰霍普金斯大学则以“支持全世界的伟大学者来促进知识进步，为人类造福”为己任。这些使命即便是在今天也并不显得过时。

贾尼斯认为，小集团思维的另一个特点是孤立主义。学术界又被人们通俗地称为“象牙塔”。“优越主义”晦涩却又明显地存在于各个领域。长期接受培训加强了人们优越感的意识。专业化进一步加剧了孤立性。日渐增加的技术性和复杂性，使得学科不断产生分学科，分学科甚至进一步产生其分学科，从而组成一个让人非常困惑的通天塔。

贾尼斯定义的小集团思维还有一个特点是具有指导性或者存在独裁的领导阶层。占据科学阶梯顶端的都是卓越的思想领袖或者管理者。这些有影响力的少数人手里掌握着基金申请及论文发表方面极大的权力。这些精英可以指挥同行评议小组，决定哪些项目可以获得资助。他们也占据了杂志的编委会，可以决定哪些论文可以发表。他们组织顶级会议，使那些有上进心的研究者可以相互接触并了解各自的研究成果。

在高排名的科学家和“新手”科学家之间存在着相当大的不公平性。排名前 15%的研究者拿走了美国国立卫生研究院的外部基金的 50%，其中 2%的最为声名显赫的研究者拿走了 20%的基金。前 25%的资深科学家发表的论文数量占所有论文数量的一半，而且这种不平衡还在加剧。获得美国国立卫生研究院资助的研究组长中，65 岁以上的研究组长的比例在过去的一代人中增加了 7 倍。1980 年，获得美国国立卫生研究院资助的研究组长中，36 岁以下的比例接近 18%。而目前该比例已经下降至约 3%。与此同时，科学家独立获得第一笔基金资助的平均年龄从 1985 年的 37.2 岁提高至 2008 年的 42 岁。

这种不平等性还存在于金字塔底部的各个研究实验室内。处于实验室顶端的是研究组长，他们成功获得基金资助并使实验室能够运转。保拉·斯蒂芬在其2012年出版的《经济如何塑造科学》一书中指出，在麻省理工学院的生物化学和生物物理学专业，有26个以教授命名的实验室。她援引一名研究者的话，称研究组长如他的"上帝"。研究组长下面是博士后，再下面都是研究生。很多人在获得正式工作之前不得不拿着微薄的工资，连续做几期博士后。生命科学领域博士后的平均收入为每年40 000美元，而该领域内同样具有博士学位但没有从事博士后研究工作的人在博士毕业后参加工作1～3年的年收入为55 000美元。博士后常常被当作一个轮子的齿轮，来填补实验室的某一特殊技术需求。一经录用，博士后很少会在合同期内（一般为3年）换工作，因为博士后的一种重要回报就是研究组长在其博士后出站时的良好推荐信，这听起来像农奴制一样。

这种逆向年龄歧视现象颇具讽刺的是，成为关键的决策者要求该人成熟，但科学家的确是在年轻时最富有创造力。21世纪诺贝尔物理奖获得者的平均年龄是48岁，是其经过博士和博士后训练之后的11～15年。根据《美国国家科学院院刊》(*Proceedings of the National Academy of Science*)的一项研究，20世纪初期以来，11～15年这样一段从训练到成熟所需的时间跨度都很稳定。因为通常需要10年或更长时间来验证原创想法，这意味着那些获得诺贝尔奖的想法一般都在30岁末到40岁初这一年龄段产生。但是，科学家首次获得基金资助的平均年龄是43岁左右，获得顶级基金资助的平均年龄是50岁中期。换言之，最具开创性的工作往往是在科学家经费尚未独立之前，当然也是在其能够建立自己的"学术领地"之前。

小集团思维的含义

既然科学具有小集团思维的所有属性，那么它是否会把集体的想法放在首位呢？

首先让我们看看美国的同行评议。这被认为是一个由专家主导的相对公平的评审制度，许多国家都竞相效仿。同行评议委员会是由一些曾获得经费资助的研究组长组成，他们大多是所在领域的权威，在这种评审方式转变中既不会失去什么，也不会得到什么。正如库恩在《科学革命的结构》（*The Structure of Scientific Revolutions*）一书中所说，这种方式转变打破了传统的束缚，破除了旧势力。

同行评议的一个问题是，很少邀请那些最具变革性的思想家作为评审委员。一篇名为《够格并被资助》（*Conform and Be Funded*）的论文研究了那些具有较高文章引用率的作者在评审中的参与度。2001～2012 年全世界有超过 2000 万篇文章出版，生命科学领域中大约有 700 名作者有超过 1000 次的文章引用率。而其中只有 72 人属于当前美国国立卫生研究院的评审委员，这 72 人只占所有评审成员的 0.8%及有高引用率的作者群体的 6%。

而且评审委员还经常推荐熟人。美国国家科学基金会开展的一项实验表明，一个基金申请者的身份和背景会影响评审委员的评价。国家科学基金会开展了原创性想法实验来测试在基金匿名申请的情况下将会发生什么。该测试要求研究者提交两个版本的基金申请。一种是标准的 15 页格式，包括对研究者和所在机构的描述；而另一种则是没有签名的 2 页文件，仅仅简单描述一个令人兴奋的想法。然后由一个小组评审短的申请书，另一个小组评审标准格式的申请书。结果他们对谁应该优先获得资助却得出几乎完全不同的判断。一个获得资助的申请人解释说她成功是因为方案新颖，而不是因为她获得的荣誉。

评审委员不仅倾向熟人，他们还排挤那些不熟悉的人。哈佛商学院的布德罗及其同事收集了针对顶级研究大学中的专家提交的 150 份基金申请的 2130 份评审意见。更原创的想法（反映了知识关键词的新组合）总是获得较低分数。创新的代价相当于把本来是 150 份基金申请中最好的第一档直接拉至第七档，按照今天的标准这足以使该申请从可资助变为不予资助。这些申请未获资助并不是因为其撰写质量不好，其中，只有 1/4 被认为可行性较差。因此，在申请基金时，那些有独到见解的竞争者虽然有新颖的想法但因为不被大家熟悉而处于不利位置。

追逐尖端理念能使一个处于职业生涯早期的研究者感到恐惧。屡获殊荣的传染病专家赫伯特·杜邦博士（Dr. Herbert DuPont）现在已经是古稀之年。他在 2012 年写给我的一封邮件中描述了他在做研究员期间是如何照料一个快要死于艰难梭菌性肠炎的患者的情形。艰难梭菌具有多种抗生素抗药性，并且治愈后经常复发，因而是一种非常难以对付的细菌。杜邦为了拯救这名患者的生命铤而走险。他收集了另一名准备做胆囊切除手术的患者的粪便，然后注入这名晚期艰难梭菌性肠炎患者的直肠中。奇迹居然出现了，这名患者的腹泻治好了。尽管如此，杜邦博士从没有发表这个结果。他说，提供粪便的患者是一名伤寒携带者。虽然伤寒并不能通过排泄粪便传播，他还是害怕在同行评议中遭遇尴尬。半个世纪后，其他人终于也发现了和杜邦博士一样的现象，即移植粪便可以治愈反复发作的艰难梭菌性肠炎。现在这个方法的治愈率超过了 90%。

杜邦有很好的理由害怕被拒绝。许多科学天才都曾被同行拒绝过。斯坦利·米尔格拉姆（Stanley Milgram）通过一个颇具争议但却具有开拓性的实验证明了权威对制定决策的影响。米尔格拉姆在耶鲁大学晋升终身教职的答辩中落败。格雷戈里·平卡斯（Gregory Pincus）被哈佛大学辞退后开始研发口服避孕药。罗素·马克尔（Russell Marker）因发明了黄体酮的合成工艺从而使之获得大量生产。但是，他没有获得宾夕法尼亚州立大学的博士学位，原因是他不愿意去上一门他已经掌握内容的课程。创造出第一个合成生命的生物学家克雷格·文特尔（Craig Venter）因为专业意见的分歧离开了美国国立卫生研究院，随后创立了自己的赛莱拉公司。这样的例子简直不胜枚举。

总而言之，科学界的小集团思维不易接受反常事物，使得科学越来越保守。这还带来另一个不好的影响，正如贾尼斯之前提到的那样，它造成了一种共同信念是无懈可击的假象。了解绝经后的激素治疗这个故事的人对这一特点非常熟悉。

半个世纪以来，临床医生已经接受了“给绝经妇女使用雌激素和黄体酮能够防止与衰老有关的大部分失调症状”这一说法。激素治疗的使用非常普及，是美国的头号畅销药物。3/4 的绝经女性、妇科医生都吃激素，大家如此统一，以至于反对使用这种药物的人会被看做异端分子。该领域的领军人物做了大量的非随机研究，结果激素疗法能降低心脏病、骨质疏松性骨折发生率和总死亡率。但却从未进行过被称为黄金标准的临床试验。多年后，绝经后的激素水平与血栓、子宫癌和乳腺癌等疾病风险之间存在的联系渐渐凸显。机理研究表明，雌激素加孕酮能够加剧炎症和血栓的产生并引发心脏病。科学家和医生团体得到了完全矛盾的结果，并且都认为自己的工作是令人信服的。当美国国立卫生研究院最后提出进行一个随机临床试验时，部分科学家悄悄签署了请愿书来反对这项试验。他们声称，激素治疗的作用已经确定了。

“妇女健康行动”这一数十亿美元的临床试验最终证明了开具激素治疗的常规处方是愚蠢的。在对随机抽取的 16 000 名绝经妇女使用激素治疗或安慰剂后，使用激素治疗组出现了更多的乳腺癌、心脏病、中风病例。在激素治疗风靡时期出现的乳腺癌的流行现象，也被认为是部分源于激素治疗。当然也有很多的妇科医生认为，这个临床试验设计得不对，因此，它的结果要大打折扣。难道这就是小集团思维吗？也许不全是——但是，必须承认谨慎的社会学有时也会使科学犯下严重的错误。

概要总结

尽管“众包”对未来的科技创新有无可比拟的潜在影响，但科学并不是“众包”的。虽然科学研究越来越多地依靠团队，甚至是那些多样化的、国际化的团队来共同完成，但科学始终保留了其自上而下的组织形式，并没有吸取“众包”带来创新这一优点。事实上，科学的等级制和孤立性使其极易受小集团思维的影响，因而很少会出现较大程度的偏轨。标准化和统一化对产生一个引导科学前进的公共平台是很必要的。尽管如此，早期研究创新的尤金·劳德塞普（Eugene Raudsepp）非常高瞻远瞩地指出，阻止群体内部冲突及不让群体成员自由阐述其思想，极大地扼杀了创造力的产生。不可否认，社会的谨慎和科学的创造之间已经失衡。

第十章　重塑团体的力量

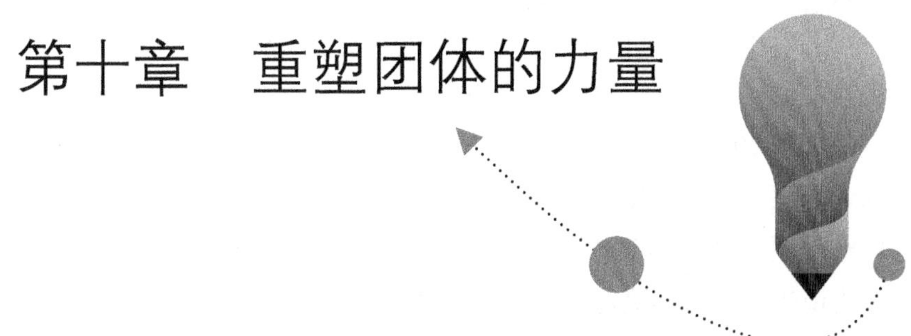

经过多年诉讼后，通信巨头——美国电话电报公司 1984 年 1 月 1 日很不情愿地放弃了地区分支机构，这些地区分支机构成为 7 个独立的当地服务商，称作地区性贝尔运营公司。这次美国电信业解体源于 1974 年政府提出的申诉请求，政府认为，美国电话电报公司的规模和霸权违反了《反垄断法》。当时对美国政府提出这种诉求的支持呼声很高。早在 20 世纪 30 年代晚期，美国联邦调查机构就已经敏锐地评估了美国电话电报公司是否通过其子公司——西电公司为电话设备建设向客户提高价格。一个有影响力的记者在当时写到，美国最大的雇主——贝尔系统的收入超过世界上大多数国家的政府收入。随着美国电话电报公司解体，市场首先变得非常分散，出现了众多电信运营商，然后又进行了整合。长途通话的费用有所下降，但本地通话的费用却攀升。因此，对消费者所产生的总体影响并不清楚。甚至更不清楚的是，美国电话电报公司的业务分离和由此产生的 70%的业务减少市值缩水及被其中一个子公司逆向收购等事件如何对随后的电信业的创新发明造成了影响。但有一件事是非常清楚的，即母公司的拆散搞垮了有史以来最伟大的创新孵化器之一——贝尔实验室。

贝尔实验室是美国历史上公认的在工业发现发明领域里的最强实验室之一。专家称，自从它没落以后，通信发明（如移动设备）只是被简单地改进了。1925 年，西电研究实验室和美国电话电报公司的工程部门被并入贝尔电话实验室公司，几乎没有人认为它可能成功。但贝尔实验室持续了 60 年的创新，这令人非常惊讶。许多的“第一”在这里被发现或发明，包括传真机、激光器、二进制数字计算机、Unix 操作系统、通信卫星、射电天文学、触摸音、单芯片数字信号处理器、移动电话和调制解调器的基本原理、促使半导体商业化生产成为现实的材料科学进展，以及能在数码相机中将光能转换为电信号的电荷耦合元件与高清晰度电视。除了这些，贝尔实验室产生了在过去半个世纪里电信电子领域里最具变革意义的成果：一是晶体管，它取代了体积较大的真空管，为现代微电子学奠定了基础，二是信息理论，它给我们带来了“二进制”，对互联网的发展起到了至关重要的作用。

研究型大学可以向作为促进创新的生态系统典范的贝尔实验室学习一些经验：

- 大学（如果是高校和产业的联合体则更好）应该推出创新孵化器。这将成为容纳那些根据知识和能力的多样性和互补性而挑选出来的团体的实体空间，使其产生协同作用。应该对创新孵化器提供足够的资金来允许参与者追求革命性创新。

创新孵化器的多种元素使贝尔实验室变得强大：①集中各类学科中有创造力的天才科学家；②托管和团队协作；③聚焦变革性创新；④无拘无束，在无意犯错时不受责备；⑤长期的资金资助来支持追求卓越。

默文·凯利（Mervin Kelly）是贝尔实验室的第三任领导人，他在 1945 年上任。他将新的美利山遗址的居民划分为相对小而灵活的多学科小组，每个学科小组都负责解决重大且极有挑战性的科学问题。对大多数团队的领导人，凯利没有选择当地高级管理人员，而是选择能高度胜任的、年轻的冒险家。凯利推举了威廉·肖克利（William Shockley）掌管固态电子小组，威廉·肖克利是一位理论物理学家，后来因为发现晶体管而与其在贝尔实验室的同事沃尔特·布拉顿（Walter Brattain）和约翰·巴丁（John Bardeen）共享了诺贝尔奖。

固体物理研究小组展示了贝尔实验室模式的优点。第一，它把一系列潜在的协同学科中最优秀的科学家汇聚到了一起。固体物理研究小组的队伍里有固体物理、化学、工程和冶金学科中的理论和实验两方面的科学家。他们采用可以融合理论和实践的过程，通过假设在他们这个质量基础的材料上可能发生什么，然后在贝尔实验室的工作室所生产的原型上进行快速的实验去观察能否得到这些结果。后来，为了更直接和切实地测试其发明，贝尔实验室的一些科学家直接把他们的实验放入美国电话电报公司的生产设施中去检验。

第二次世界大战之前和第二次世界大战期间的冶金学家都认识到了导体这种材料的重要性。半导体有一些介于导体和绝缘体之间的特性。当被放置在光下时，它们产生的电流只在一个方向流动（称为整流）。该属性使半导体能将来自电网的交流电转换为电子设备使用的直流电。让贝尔实验室的研究者特别感兴趣的一种半导体是硅。他们发现，并不是所有的硅晶体都是一样的。有一些是在一个方向上导电，而其他的在相反的方向导电，这是磷杂质作用的结果。由于有刺鼻的气味，微量的磷也能被发现。而另一个方向上导电的半导体中有铝和硼。

由于看到这个重要发现及其他发现所能带来的利益，布拉顿和巴丁花费数月时间将基于半导体的发明进行完善。他们希望能在狭小的空间中产生一种巨大的电爆炸。1947 年 12 月，他们制造了一个放大器，在传记中写道，“像一个小箭头”，它由两条包裹在金箔中的线组成，金箔嵌入半导体锗切片中，并分别连接到电池中。假如这个团队当时并没有与贝尔实验室的材料科学、固体物理和工程方面的专家互动，恐怕他们再顽强拼命，也不可能中了这个“六合彩”。在犯了许多错误后，布拉顿和巴丁发现了一种巧妙的现象，一小片锗和金包裹的导线，加上由一个微空间分离的导线能够创造一个电路。最终的结果与他们想要的非常相近：一个微型结构和一种巨大的电放大效应。当他们在平安夜向上司展示其发明时，在场的人群在震惊和惊喜中立即意识到，他们眼前看到的是“世界上的一个全新事物”。

电阻器会成为一个价值数百亿美元的产业，而且已经成为现代电子技术的基础，包括电脑、收音机、电视、手机和汽车等。虽然布拉顿和巴丁及其老板肖克利获得了声誉，但晶体管的发明的确是一个繁荣的、多学科生态系统所带来的结果。

第二，它拥有一个使人们不得不经常互动的物理构造办公空间。贝尔实验室主任默文·凯利相信，同一屋檐下容纳不同领域的专家能产生令人惊讶的协同作用。凯利设计了贝尔实验室的长走廊，它通往厕所和食堂，让同事在去往厕所和食堂的途中只能路过对方的实验室。

为满足创造性工作空间的需要，贝尔实验室已经开展了大量工作。如今的热潮是构建模块化、色彩和乐趣。谷歌公司总部被作为构造物理环境的典范，富有想象力的年轻的计算机科学家在这里快乐地工作，从未离开。但是，考虑到有很多地方催生了伟大的发现，却不引人注意［亨利・福特（Henry Ford）和居里夫人（Marie Curie）都在棚屋外工作］，贝尔实验室的一个有争议的、更重要的特点是促进研究者频繁地面对面地进行社交接触。贝尔实验室的研究者不仅参加实验室的日常会议，还定期在喝咖啡或茶歇时间互相讨论及分享其最新的设计方案。创造性的灵感往往来源于研究者日常交流中的思想碰撞，实验室成员之间的当面交流使得他们勇于挑战已有的理论知识，并且为其解决各自之间有争议的研究提供了足够的经验与想法。

第三，它在基础科学研究使命上拥有远大抱负。凯利进行的研究并不是为了经济效益或者直接的应用型技术。他一直追求的是彻底转变，所以当时创立了固体物理研究小组。他写了一篇备忘录来描述当时在搜索基础知识时将理论与实际结合的花费。他承认，这些努力不会为电信业带来直接的效益，但从长远来看，这项研究所创造的价值将远大于贝尔公司的投入。

第四，固体物理研究小组以其远离上级的指责和官僚机构的约束的宽松的科研环境为特色，为科技人员排除来自各方面的干扰。同时，凯利也为高级管理人员提供个人职业发展的缓冲区，塑造期望。即使在他经历衰落、兴起、再衰落的起伏时，他仍为其团队提供相对较长时间的资金资助，并鼓励其去自由探索，贝尔实验室采用类似于克莱・克里斯坦森（Clay Christensen）的建议来处理破坏性创新的兴衰与变迁，即组建独立且充满活力的研发空间，并与外界通过以创造利益为导向的普通商业模式隔离开来。

第五，贝尔实验室深谙对优秀人才要给予足够多的资金支持的道理。贝尔实验室的研究者组成非常多元化，并能得到良好的报酬及丰富的资源支持。根据彭博商业通讯社（Bloomberg Businessweek）统计，在2001年贝尔实验室还拥有超过 30 000 名员工及巨额的科研预算。遗憾的是，如今的总人数不到1000人。

创新孵化器内嵌在全盛时期的贝尔实验室的骨子里：进行多学科和跨专业

的人员交叉研究，最大限度地调动了其优势和创造力，聚焦于革命性的创新，远离上级的指责和官僚机构的约束，以及可获得长期的资金资助。具有学术背景的创新孵化器将得到多元化机制的资金支持。他们的资金可能来自预留管理费用的基金；美国联邦政府也可能会直接建立特殊的机制来支持创新孵化器的发展。如果有关产出及相应时间表的预期能够达成一致，那么可以建立新的公共-私有的合作机制模式，为公共产品的创新提供支持。最后，创新孵化器工厂可能成为吸引慈善事业青睐和投资的热点。无论创新孵化器以何种方式存在并得以维持，如果能够有所作为像贝尔实验室一样成功，它所取得的成就非常值得我们以创新的方式对其资助。

资助者还能从贝尔实验室学到很多知识。更重要的是，他们能从美国国防部高级研究计划局上学到类似的课程。美国国防部高级研究计划局是阿帕网络（互联网的前身）的项目管理者，以及贝尔实验室重要的资助者之一，其支持和监督推动了隐形飞机、无人驾驶汽车及数字图书馆等领域的发展。美国国防部高级研究计划局的一个资助计划——铁穹（一种屋顶安装或车载式防御系统），能有效地引爆和摧毁抛射的炸弹及火箭。在 2011 年巴勒斯坦对以色列发动炸弹袭击过程中，以色列部署了铁幕系统，显著地减少了居民在袭击中的死亡数。美国国防部高级研究计划局的另一个资助计划是一部科幻小说中的一个设备，它能把甲虫翅膀的震荡运动转化为电流。最后，美国国防部高级研究计划局投资了独立的移动系统的发明，该系统能每天从沙漠地区的空气中生产 1200 加仑的淡水。美国国防部高级研究计划局不仅支持研究项目，也在一些令人意外的地方去发现未来的天才，如高校中的黑客组织。该机构认为，这些黑客不会总处在无政府的混乱状态，经过相关部门良好的指导能在促进国家安全上作出贡献。

美国国防部高级研究计划局的使命是“创造并预防技术突袭”。其战略曾在 W. B. 邦维利安（W. B. Bonvillian）的《发挥威力》（*Power Play*）中被前任设计师托尼·特瑟（Tony Tether）阐述过，这个战略与贝尔实验室非常相似。杰出的多元化团队被赋予了足够的自由及稳定的资金支持来将新的理念付诸实践，并创造革命性的新发明。美国国防部高级研究计划局支持雇员在拥有“有限自由”的同时 “自由实践”随心所欲的研究方向，但要非常专注。他们资助“不拘一格，放眼世界”的天才，无论他们是来自社会上的学术界、工业界、政府部门还是具有创新思维的个人。此外，美国国防部高级研究计划局着重于科技革命而不是渐进式的创新。其制定了广泛的宏大目标，如从空气中生产水，并不断地攻克目标，直到这些研究计划都可以实现。虽然一些零碎的项目被外包出去解决，但美国国防部高级研究计划局绝不会忽视其长远的目标。与此同时，它很清楚自身的局限性：虽然大力支持原创性发现及原型设计，但在应用方面还远远不够。其将军事或市场的产品设计或模型交给公司生产厂商去生产，经营部又将产品投入市场营销，市场工程师再将市场需求反馈到基础研究部，作为研究选题的新依据。所以美国国防部高级研究计划局仍然很小巧并且灵活，在追求突破性创造的道路上所受到的官僚机构和等级制度的限制有限，结果就是，这种方式的确起作用了。

一个更加新颖的基金资助模式是网络众筹。2012 年，这种新的慈善方式资助的创新项目超过 18 000 项。类似 Kickstarter 的在线募资网站，它在有抱负的人之间建立联系，为市场及投资人带来新发明，创造新的产品。它为第一种商业化的高分辨率 3D 打印机，众筹了 290 万美元资金。其募资的项目还包括一些智能产品，如一系列的控制灯、空调及烟雾报警器等智能家居产品的应用软件，它累计为这些应用软件众筹了 120 万美元。值得一提的是，一款能提醒佩戴者来电、短信和闹钟的 Pebble 智能手表的众筹资金高达 1030 万美元。

正如我们能从不同的组织机构学到东西一样，我们也能从不同的人身上学到很多东西。被称为千禧一代（即出生于 1984～2000 年）的年轻人现在都已经进入大学。我的女儿莎拉，出生于 1991 年，就是典型的千禧一代。为了完成她的大学毕业荣誉论文，莎拉调查了一个被称为“理念村”运动的发展形势。“理念村”是当时新流行的一种合作社形式。她的调查提醒我们社会交往与互动对人类非常重要，如果人在婴儿时期被隔离，这将导致其大脑发育异常。她描述了一种趋势，即美国人正在失去我们的社会关系。1985～2004 年没有亲密朋友的人数增长了 3 倍，大约占美国总人口的 1/4。

为了应对这一趋势，在全世界各个国家数亿人已经将“理念村”当成自己的家园。其中一些是群居的公社形式，还保留着起源于 19 世纪 60 年代的有关性、吸毒及摇滚等主题的传统。其他的则是大学生喜欢聚集在某一个房子里形成的合作社形式。更多的一类合作社形式并没有被我们与群体居住联系到一起，即公共住宅的发展。在公共住宅里，单身人员、老人分别住在单独公寓里共同生活并分享食物、交通、服务或者劳动力等家庭资源。参与公共住宅这样方式的合作社中的人们在分享中都觉得获得了高水平的安全保障及满足感。如此一来，集体主义在斗争中胜过孤立主义，又焕发了生机。

千禧一代（Millennials）是美国历史上最为多元化并具有包容性的一代，其中约有 40%不是白种人。现在的年轻人对社区及社区服务有非常强烈的兴趣。凯瑟琳·蓝佩尔（Catherine Rampell）在美国《纽约时报》（*New York Times*）上发表了题为“懒虫一代？其实不是那么回事”（*A Generation of Slackers? Not So Much*）的文章，她引用了国家和社区服务公司的统计数据，1989～2006 年，自愿到社区服务的年轻人数翻了一倍，达到了 26.4%。千禧一代自从出生起就被电脑包围，所以他们极其精通技术。几乎所有的青少年都有自己的电脑及手机（分别是 97%及 94%），并且他们与外界的交流有超过 3/4 都是通过社交媒体来进行。根据唐·泰普史考特（Don Tapscott）所著的《数字化的一代：网络一代怎样改变你的世界》（*Grown Up Digital*：*How the Net Generatior Is Changing Your World*）一书中对千禧一代的调查，千禧一代的年轻人更擅长于团队合作，在团队中的工作效率比自己单干要高。千禧一代属于社会，他们重视为社会而创造，他们中 1/3 的人有自己的博客，又有近一半人在网上发布过自己写的内容。他们中的许多创造，如社交媒体网站，将他们技术上的创新力与他们这一代人对社区文化的喜爱结合了起来。

前文提到的生物积木基金会的创始人德鲁·恩迪，尽管出生得太早而没能成为千禧一代，但是也和千禧一代拥有同样的想法。恩迪一直以来乐观地相信，民主大众式的发展方式将引起发现和发明的革命，科学不应该忽视这个问题，正如下面建议所表示的：

- 科学应该具有自愿服务社会并且开放的精神，这些精神都在新一代年轻人身上很好地体现了出来，包括更好地借助基于网络的“众包”服务。

科学家开始接受基于网络的互动，这种互动使交流与信息得以共享。例如，ResearchGate 作为一个科研社交网络服务网站，目前已经有 130 万名科学家加入。科学家可以在该网站上分享研究成果、学术著作及参加一些科研论坛。基因库是美国国家生物技术信息中心建立的 DNA 序列数据库，目前该数据库涵盖了超过 16 200 万个来自十多万种不同物种的 DNA 序列。Zotero 和 Mendeley 都是文献管理软件，能够协助用户了解和搜集最前沿及最主流的研究工作信息。而在一个名为 Research Blogging 的学术研究博客群中，科学家可以快捷地分享各种奇思妙想。

企业也是如此，开始将以往严密保护的数据向公众公开。例如，美国医疗设备制造商美敦力公司将患者资料与耶鲁大学共享，针对美敦力公司的一项产品——用于脊柱融合术的一种人骨重组材料进行研究分析。2013 年，研究者将其研究结果发表在医学权威期刊《内科医学年鉴》(*Annals of Internal Medicine*)上，分析结果表明，该产品虽不是脊柱融合术的最佳选择，但它消除了对骨采集的依赖性。但到目前为止，还有近一半的临床试验数据未公开。美敦力公司的这个将数据共享、允许其被研究并发布分析结果的决定很有可能将企业置身于一个全新的领域。制药巨头葛兰素史克公司也宣布了将已有的临床试验数据与研究者共享。另外，欧洲药品质量管理局宣布，其收到的所有企业产品注册的文件也将实行开放获取。

如今，知识的共享开始逐渐被更普遍、更深入地认知，并且这也仅仅是开始。詹森·普利姆(Jason Priem)在《自然》期刊上发表评论，预测“众包”对研究、团队建设、信息的公开透明及合作与竞争等影响的评估将更加细致准确。

从一个名为 MATLAB 中心的竞赛中，我们可以窥探到未来包容合作(和竞争)的发展模式。这是由 MathWorks 公司(MATLAB 软件的开发者)开展的一个基于网络的竞赛，每年举办两次。在每一次的竞赛中，主办方都会提出一个需要软件解决的难题。其中的一期比赛题目是以“戈尔迪之结”为灵感设计的，参加竞赛的程序设计师都在努力超越对方精心设计的算法。算法的好坏会用多个因素考量，如算法的高复杂度与计算的快捷性。在比赛过去一周后，这个难题的解决方案已经日趋完善。内德·豪(Ned Howe)在 2005 年出版的《众包：大众的力量是如何推动未来商业的》(*Crowdsourcing*：*How the Power of Crowd Is Driving the Future of Business*)一书中提到了内德·格利(Ned Gulley)说过的一句话：通常，比赛最后阶段形成的最佳算法的优越性会比初期的最佳算法强上千倍。那么，这种巨大的飞跃是如何实现的呢？

其关键还是因为在其比赛中允许“剽窃”。每当提交一个算法，只要它比现有的算法优越，即会被快速地打分排名。排名第一的算法代码会被毫无保留地公之于众，参赛者允许“盗取”他人的代码或是在该代码的基础上进行优化。这样，所有的解决方案都变得透明化，虽然最终会有一名获胜者，但所有人都明白这个成果来自团体共同的智慧。

MATLAB 验证了集体的发明创造及这些创造者都具有非线性的特性。格利表示，只要一点一点地不断改进，在经过一段较长的时间之后定会有极大的飞跃。新手而非编程专家常常会提出更重要的见解。例如，“戈耳迪之结”竞赛的获胜者拉斐尔·康德利耶（Raphaël Gandelier），只是巴黎的一个研究斑马鱼神经影像的物理学家，并不是一个计算机科学家。

除了上述所讲例子，另一个通过“众包”获得重大发现的著名例子来自“博学者项目”（polymath project），它是由数学家兼博客蒂姆·高维斯（Tim Gowers）于 2009 年创办的、供数学家交流讨论海勒斯—朱厄特定理的网络平台。这是一个近 50 年来尚未解决的数学难题，通俗地说，这个定理指在一个多维度、多玩家的井子游戏中，没有人可以最终打成平手。在仅仅七周的时间中，志愿者会不断地把 40 多名参与者更新完善的讨论研究结果公布出来，直到最后高维斯宣布这个难题可能已经被一名笔名为博学者 DHJ 的参与者解决。当然，这个结论最终还需要三个月的时间进行验证确定，从而对外公开其结果。但取得如此引人注目的进展显然佐证了“众包”在创新发明上的潜力。

不论是 MATLAB 竞赛还是“博学者项目”，都可以展示出一种内部平等的团体为实现一个共同目标的力量及志愿者被这种良性竞争与认可激发出的热情。事实上，无论是 MATLAB 竞赛还是“博学者项目”，参与者到最后都没有薪酬。MATLAB 会将获胜者的名字添加到其名人堂，“博学者项目”则会以对团队致谢的方式来表达认可，但参与者能以个人名义引用其所属的团队名称。而在工作中表现出色的志愿者也应得到肯定。更确切地说，应该让每个贡献集体智慧并推动科学发展的人都分享赞誉和深感自豪。

以下建议可以更好地发扬志愿参与精神：

- 科学界必须抛弃这种只授予个人尊重与奖励的文化，应对做出贡献及成果的团队中的所有成员进行认可。

一个同事最近提出了一个有趣的假设：如果诺贝尔奖不是授予几个人，而是授予很多人，如对纳米技术的研发做出贡献的数千位科学家，或是对解释端粒作用做出贡献的数百位科学家，结果又将会是怎样的呢？将一项大奖颁发给一个团体将会是一种文化转型，但从社会学角度上来说，首先要改变学术界中有关任职和晋升的普遍政策。

因为需要保证未来的工作效率，所以院校在决定是否长期雇佣时会经过谨慎的考虑。而目前听起来最合理的衡量标准是个人的工作业绩，如获得的项目和发表的文章。正如我们之前提到的志愿小组其实最后没有任何奖金，他们也因此被认为是在浪费宝贵的时间。2009 年，在《科学》期刊的“职业建议”一栏中，有一篇关于如何获得终身教职职位的文章明确表示了由于项目参与者众多而不能成功的担忧。作者提到“科学研究中的合作日益增多，但个人的表现才是获得终身教职职位的重要衡量标准。因此，你需要一个可以证明你自己而非一个包含你在内的团体在一系列工作中有出色表现的业绩表，否则你会在求职道路上艰辛坎坷”。

如果这个职业评定标准将评估合作的重心放在成果而非过程会怎么样？目前衡量是否能够任职和晋升的标准主要是看以第一作者发表的出版物、文章被引指数、专利及主要的基金数量，而并不是以对人类进步做出贡献的多少。为什么不用后者来衡量呢？

基于成果的任职评价标准会依据个人在其领域、公共行为或政策上的影响力，并且该标准将会认可个人对团体的贡献。美国国家癌症研究所所长哈罗德·瓦姆斯（Harold Varmus）正在试行一个新的政策，即对处于职业初期的科学家评估时不再计算发表论文数量或是合计文章被引频次，而是让他们论述自己认为做得最好的五项成就。这样，能否取得终身教职职位主要取决于青年科学家能否证明其开展的科学研究所创造的价值。在判断创造的价值时，不再是“赢者通吃”，也不会局限于传统意义的交流渠道。“哨点”成果对“大科学”的贡献当然也要计算在其中。通过专业杂志以外的渠道来传播想法也会同样受到重视。例如，可以通过一种新的网络工具 ImpactStory 基于多种网络资源（如网站、博客和 YouTube）的下载量来评估科学影响力。

但这一根本变化会存在很大的风险。现有的任职和晋升评估方式都很容易实现，而对像影响力这种“结果”的评估却很难。另外，一般在工作 7～9 年后会有一个任职的评估，但这段时间对判定一系列工作的影响力大小来说太短了。产品从研发到上市都必须有一个市场适应期及产品改进完善的过程。尽管如此，这种摒弃现有的用发表文章数量与被引频次作为标准的观念正在不断加深。

2012 年，多家学术期刊的编辑人员和出版者讨论了科学研究成果的评估问题并签署了《科研评价的旧金山宣言》（*San Francisco Declaration on Research Assessment*，*DORA*）。该宣言认为，科学界应该停止使用影响因子来评估科学家个人的工作；影响因子不能作为替代物用于评估科学家的贡献，以及招聘、晋升和项目资助等的评审。他们提到的科学研究的产出形式应该是多种多样的，可以是报道新知识、新数据、新的反应产物、新软件的研究论文，也可以是知识产权，甚至还可以是训练青年科学家。该宣言已经将其提出的建议发布在一个公共网络上并号召大家签字。

回到之前提到的对团队的认可，其实它不一定要局限于科学家。2006 年，国际商业机器公司组织了一场大规模的线上头脑风暴会议——创新即兴大讨论，旨在发掘更多的潜力。参与者不局限于公司的研发人员（约 3200 人），还包含了公司的其他员工。国际商业机器公司拥有比美国任何一家企业都多的专利，但即便如此，国际商业机器公司也要在时常被颠覆式创新动摇的高新技术市场中面临竞争。因此，创新即兴大讨论是一个从大众中获取商业洞察力的巨大尝试，其作为世界上最大的头脑风暴会议，集中了国际商业机器公司 15 万名员工及其家人、公司的合作伙伴和客户来共同参加。比耶兰（Bjelland）和伍德（Wood）在 2008 年回顾这次经历时表示，正如国际商业机器公司中一位投身于整个讨论的经理所说，“这让我大开眼界”。其中有不少好的点子是公司以前有考虑过却未实施的，国际商业机器公司将在未来投资一亿美元，选取其中最优的 10 项新项目进行开发，其中包括一个与环境技术相关的 3D 网络系统装置。

更进一步地来说，社会可能更易识别全民科学所作的贡献。今天大众科学家的工作主要涉及数据的收集、信息的分类及技术的改进。早在 1900 年奥杜邦协会就邀请了业余观鸟者参与其圣诞节鸟类调查。在爱荷华州立大学创建的 BugGuide.Net 网站上可以供博物学家放置收集、摄影、鉴定的节肢动物，并且可以在上面开展与之相关的讨论。2012 年 12 月，BugGuide.Net 网站在 21 000 名参与者的努力下，其图片数量已经累计达到 579 000 张，已经鉴定的物种达到 26 000 种。

星系动物园（Galaxy Zoo，2007 年）、星系动物园 2（Galaxy Zoo 2，2009 年）及正在进行的星系动物园 3 是英国研究机构开展的天文学研究中一次规模最大的普查活动。爱德文·哈勃在 2010 年邀请非专业人士来协助牛津大学、耶鲁大学、加利福尼亚大学伯克利分校和其他大学的研究者对上百万张自动拍摄的天文图片进行星系的识别。这种识别一直都不能实现自动化，但却可以较容易地进行人工识别。当然，是在人们接受一些在线训练后才可以做到。在星系动物园 2 中，8 万名志愿者共对 6 亿张图片进行了鉴定，这相当于一名研究生每天工作 24 小时，每周工作 7 天，一共工作 20 年才能完成的工作量。

最后值得一提的是，大众科学家同样也可以是技术的革新者。业余爱好者会利用收音机及天文学网站制作出自己的装备。这些非科学界人士在科学发现的道路上开展重要探索。其中，最有名的当属詹姆斯·卡梅隆（James Cameron），比起他导演的电影，可能现在他因独自成功驾驶自己建造的“深海挑战者”号潜艇而更加出名。2012 年，他驾驶“深海挑战者”号潜艇潜入深约 10 898 米（35 756 英尺[①]）的马里亚纳海沟，创造了历史之最。

荣誉共享可以很大程度上转变科学的框架。这或许意味着国际商业机器公司参与创新即兴大讨论的人可以共享一定的奖金，这些奖金通常是给予管理层的。或许也会迫使职业科学家与大众科学家去分享荣誉。不过，考虑到为科学与工程知识体系所带来的聪明才智，请认真思考荣誉共享所带来的好处。

- 科学界应追求更大的平均主义与包容性。

目前，我们已经在千禧一代的身上寻求到有关志愿服务的动力源泉，而这一代人也因其具有民主主义倾向而出名。著名的文学期刊《莎士比亚季刊》

① 1 英尺=0.3048 米。

（*Shakespeare Quarterly*）已经从传统学术金字塔中迈出关键的一步，它不再用同行评议来决定文章的发表，而是用一种机会均等的方法。该期刊将 4 篇还未接收的文章放在网上，并邀请了一组已经选好的学者及在该网站已经注册的网民进行评定。最终共有 41 人提出了超过 350 条有关出版意见的评论。类似地，一个供数学家发表博客及交流讨论的论坛 MathOverflow 利用投票的方式来调整其内容。年轻的数学家通过观察发现，在这个论坛上，信誉度往往和学术地位成正比，即信誉高的人往往学术地位也高。

大型计算机制造商戴尔公司制订其商业战略时，将重心更多地放在客户原始的反馈上，而非高管人员的意见。用户在戴尔公司发起的“主意风暴”这一活动中可以发表自己的意见并对他人的意见进行评价。在此之后，排名最靠前的意见会被采纳并实施。在 5 年的时间中，戴尔公司已经通过“主意风暴”对公司的 500 项产品进行了完善。

最后值得一提的是 F1000Research 网站，它改变了同行评议与发表的顺序。文章在评审前即可刊发在网站，随后会接受已经选定的专家团的公开评审。这样，不仅极大地加快了文章的发表，还可以开放获取任何感兴趣的文章，并对其进行研究。

未来，核心期刊会允许任何有身份识别的人在其网站上对文章进行评论，以及投票支持或反对。读者会依据文章排名来选择自己的阅读清单，就像旅行者在选择酒店时会参考其他旅行者的评论。当然，对任何一个评分系统，参与者都可能利用规则操纵系统，但正如参与对酒店进行排名的人需要签署宣誓书保证他们评议的公正性，文章与基金的评审也可采用这个方法。

正如众人拾柴火焰高，大众评审由于其吸纳不同的意见不仅显得更加智慧，甚至更有预见性——这一点对基金审查的研究很重要。基金审查也许可以从基于网络的预测市场中得到启发。在这个预测市场中，参与者会用真币或是游戏币对大量的未来事件进行“赌注”。最终，这个市场会达到一种平衡——出现一个大家都公认的最好猜测。Intrade 是爱尔兰的一个网站，它在 2008 年美国总统大选时，预测胜负在一张选举人票以内。而在 2012 年大选投票前，民意调查结果还不分胜负时，Intrade 已经预测到现任总统将以 303 张选举人票的较大优势竞选成功。但那次赌注最终以失败告终。最终奥巴马（Obama）是 332

张选举人票，而罗姆尼（Romney）是 206 张选举人票。然而，如果考虑到竞选一周后佛罗里达州的选票难分伯仲，Intrade 的预测还是出奇的准确。因为倘若佛罗里达州将选票投给了罗姆尼，那么奥巴马的票数将是其所预测到的 303 张选举人票。

实际上科学实验从来不用这种预测市场的方法，但作家托马斯·菲佛（Thomas Pfeiffer）和约翰·埃尔蒙伯格（Johan Almenberg）却不这么认为。在 2010 年的一篇文章中，他们认为，科学应该加入社区预测，从而促进遗传学的研究。科学家可以通过一项实验检测成千上万个 DNA 的差异，但发现与一种特定疾病相关的基因如大海捞针一般难。就像如果我们都是经常坐飞机的人，那么我们在机场相遇的可能性会比较大；但如果我们很少坐飞机则不然，就像我们检测大量的基因，那么我们得到阳性结果的可能性就全凭机会和运气。而菲佛和埃尔蒙伯格所说的解决方案是通过让科学家在预测市场中“下赌注”来猜测可能性最大的结果，从而大大地降低实验的工作量。

科研资助的申请选拔机制或许可以用一种类似于“赌注”的形式进行，评议者用真币或是游戏币对自己认为可能产生巨大影响力的项目“下赌注”。当然，为了保证科研资助项目的评议能够公平公正地进行，登录和“下赌注”不妨都可以绕过防火墙进行，并且在评审结束后可以对评审专家进行追踪以确保其是光明正大的。这些关于同行评议的建议似乎有些牵强，而且他们主张的大多只是开始讨论。但为了克服学术界等级制度带来的一些问题，科学界还需要勇敢尝试。

最后，对想法的所有权特别是美国的专利法提出建议。简单地说，其必须变得更有利于创造。

- 应该从根本上重新考虑《美国专利法》。

专利法的重审并不是一个新的建议。但因为这涉及各种既得利益，所以实施起来非常困难。理查德·波斯纳（Richard Posner）是美国上诉法院的一名法官，同时他也被《法学研究》（*Journal of Legal Studies*）期刊评为 20 世纪被引次数最多的法学学者。他对专利法修订的问题有很多的想法，基本总结如下：波斯纳法官的第一条建议是美国应当出台相关的法律来识别现有需要专利保护的行业。例如，制药业，他们对每个新药的投资会达到数亿美元，因此，保护其知识产权显得尤为重要，否则不会有人愿意在新药上投资。而对一些产品研发投入一般或是打算一开始就进军市场领导者地位的行业而言，现行的专利法带来的损失要大于效益。在高科技电子行业中，专利给律师带来的利益比权益人本身还要多。2012 年，《纽约时报》中的一篇名为“专利：一把利剑”的调查报告显示，苹果与谷歌公司现在在与专利相关的诉讼案及防守购买上的支出要大于其新产品研发的投资。笔者相信，没有人希望看到科技按照这样的发展路径前行，因为目前企业对专利的投入已经远大于产品创新，所以现在需要对专利有更多的限定或是减少专利的有效期。

对企业现在将精力更多地投入到专利保护而非产品创新的问题上，波斯纳法官提出了第二条建议，即实行强制许可——发明创造仍然可以在专利法的保护下防止被侵，但在许可的条件下其思想可以为所需者所知。这也是印度构建创新友好型《专利法》的核心思想。印度在其《专利法》中规定，创新发明在获专利保护 3 年后若仍不以一个合理的并支付得起的价格公开，则任何一个对该发明感兴趣的人都可以申请许可。

波斯纳法官的第三条建议是废除陪审团制度。在美国联邦诉讼案中若要求经济赔偿，则原告有权申请陪审团，并且他们也热衷于这样做。评审团需要用很长的时间来了解技术争论的纷乱繁杂，而且当发明者称他们只是想尽力保护自己的劳动成果时，陪审团一般会更倾向于发明者这一方。对被告而言，很容易在不经意间被起诉侵权并赔付高额的罚款。那些本身财务实力雄厚的企业，如苹果和谷歌，通常会无视潜在的争议区。

波斯纳法官的第四条建议是根除专利流氓，即专利的使用只有当产品投入生产时才具有其合法性。

另外，本书想多提的一条建议是如果专利法可以重审，希望专利可以重新对“真正新颖的、有用的不是平淡无奇的”有关要求进行界定。2013 年 4 月，印度最高法院判定诺华公司无权为其生产的抗癌药物伊马替尼（或称格列卫）申请专利，这并不是因为他们的药不具有创新性，而是因为这种药只是小幅度地对已有药品进行了改进，其功能还是相同的。印度《专利法》中明确规定，这种“仅仅以一种新的形式改造已有物质却并没有增加该物质的功效”的行为无权申请专利。美国也应该注意到这点，因为在美国大型制药业，像这种功能相似的药品的专利已经司空见惯，而这些药品的“装饰”给制药业带来巨大利润的同时对患者没有任何好处。的确，把市场搅浑，让药品价格居高不下，“换汤不换药”的类似产品无形中对公众健康造成了威胁。

概要总结

这些建议总结了开放合作在推进创新中的优势。就其本身而言，科学界应该开始在实现创新孵化器、激励志愿服务、促进包容性与平等主义和反思专利法的方面有所作为。这些努力可以削弱所有权及“赢者通吃”理念的核心信条，并且可以挑战科学界中的等级制度及保守观念。然而，路漫漫其修远兮，颠覆传统科学社会学的文化观念也不是一朝一夕的事，但可以肯定的是，这种改变是可以更好地推进科学进步的一个重要转型。

第四部分
谨慎是为了避开威胁吗？

第十一章　科学行进在危险边缘

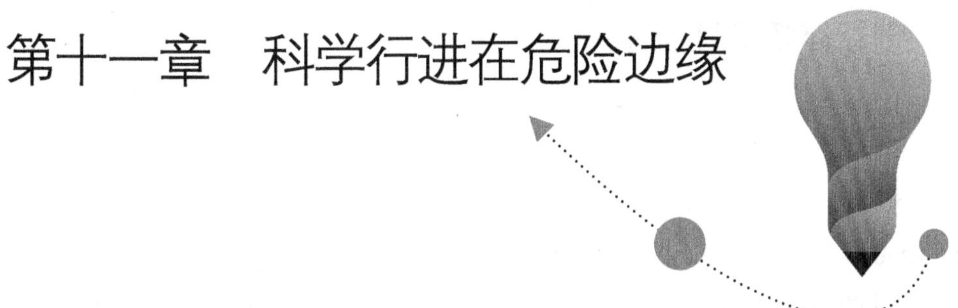

1944 年，美国研制制造原子弹，其技术价值和破坏力都是一项壮举。10 万人参与制造原子弹，在短短数年内，他们克服了铀浓缩和控制核爆炸这些看似不可能克服的困难。作为一项由物理学家、工程师和其他许多专业人士共同开展的合作，曼哈顿计划是“大科学”上的首次成功实践。但是，它也陷入道德困境中。尽管它能击败德国人并获得军事斗争的胜利，但部分和平主义的科学家则认为自己参与共谋了一项以罪恶为代价的运动。

原子弹能救人也能杀人，充分展现了发明的双刃剑特性。一方面，原子弹被投在广岛市和长崎市，残杀了无辜人民，许多人认为，这是不道德的。然而，另一方面，杜鲁门宣称说，只有这样做才能保护成千上万的美国公民，否则他们将会在持续不断的太平洋冲突中牺牲。爆炸后不到一个月，日本裕仁天皇宣布投降。看起来，杜鲁门是对的，但是，这能说明他的决定是正确的吗？

作为一个社会，我们希望科学与技术能促进国家发展，提高健康水平，增进繁荣，总之是有益的。我们担心研究和发明会不可避免地产生伤害。自由和宽容是科学创造的关键要素。然而，科学可能涉及不当行为，科学的成果可能被误用。从伦理角度来说，不受限制的种种可能性必须被谨慎的限制克制。

创新伴随伦理风险

2011 年，由荷兰鹿特丹伊拉斯姆斯大学医学中心的荣·费奇（Ron Fouchier）领导的研究团队和美国纽约西奈山医学院的阿道夫·加西亚-萨斯特雷（Adolfo García-Sastre）及威斯康星大学的河冈义裕（Yoshihiro Kawaoka）领导的研究团队分别宣布，它们可以通过基因操作手段改变禽流感病毒，使其能够在哺乳动物之间传播。1997 年发现的高致病性禽流感病毒或 H5N1 已经引起了恐慌。在已经记载的少量人类病例中，超过半数的感染者死亡。H5N1 原本存在于鸡群中，很少感染人类，在人与人之间传播更少见。当一个高致病性病毒在人与人之间传播时，会形成令大众恐慌的流行病。

该重大突破一经宣布，还未公开发表之前，科学界就发出了集体的嘘声。意识到公开披露如何使 H5N1 在动物之间更快传播的详细方法会对生物安全和公共卫生造成一定的威胁，美国政府要求美国国家生物安全科学顾问委员会介入处理。最后，该委员会建议不公开每篇论文的方法部分。这种“改变科学界发表所有研究论文”的惯例，其根本原因是科学首先要做到“不伤害”。尽管如此，这两篇论文还是分别在 2012 年的 5 月和 6 月被完整地发表了。同时，流感病毒研究者自愿同意搁置任何可能增加 H5N1 风险的研究。随后中断研究的一年内，科学家进行了全面和开放的公众讨论。直至 2013 年 1 月，科学家为自己解除了禁令。他们也同意政府部门对其研究工作进行更严格的监督。知识传播和公共卫生两个领域的大多数意见领袖因此也退让一步，争论平息。然而，该争议也发出一个信号，即科学变得越成熟，其导致严重破坏的可能性就越大。

还有许多其他例子证明，科学具有益处与危害并存的两面性。产前基因筛查可以识别胎儿的先天性畸形，在其生命的最初几周内应用成熟的胎儿手术将其纠正，这造就了医学奇迹。然而，产前基因筛查也可以用于性别的鉴定，在重男轻女的社会中，很多女胎被扼杀在子宫内。很多时候，科学常常可以用作英雄的防线，也可以用作达摩克利斯之剑。科学最初的意图可能是无罪的，但是，其应用可能是可怕的。

科学研究对人类实验对象的危害

尽管与伦理道德无关，科学实验设计也会对信任科学研究的实验对象造成伤害。比尔·克林顿（Bill Clinton）总统最终将塔斯基吉梅毒实验称为“可耻的”和“种族主义的”行为。美国公共卫生署发起了这项实验，1932～1972年，其对 600 名来自亚拉巴马州梅肯县的穷苦非裔美国佃农进行了跟踪调查，而他们中间超过半数的人感染了梅毒。尽管在 20 世纪 40 年代中期就引进了青霉素，但是，研究小组主任雷蒙德·冯德勒博士（Dr. Raymond Vonderlehr）和其他成员，包括一名全程参与的黑人护士，只是持续观察研究对象，而不提供抗生素进行治疗。研究小组为研究对象提供了另外一些免费治疗，甚至提供了丧葬保险，但从来没有告知其已经感染了梅毒。冯德勒和其同事对研究对象隐瞒了可治愈梅毒的方法的存在。在第二次世界大战征兵过程中，他的员工甚至试图来说服军官不要对检出梅毒的研究对象进行治疗。直到一名举报者将这些细节透露给媒体，这项研究才被迫突然终止。塔斯基吉梅毒实验的悲惨结局是，共 128 名参与者死于梅毒或其相关并发症，40 名妇女通过与其丈夫的性行为被传染病毒，19 名儿童在出生时就是先天性梅毒感染者。

尽管难以想象还会有更多的滥用人类实验对象的可恶案例，但是，至少有一例，即危地马拉梅毒实验是存在的。20 世纪 40 年代中期，美国国立卫生研究院资助了一项在危地马拉开展的研究，研究对象为被故意感染梅毒的 1500 名精神病患者、士兵和性工作者。由美国公共卫生署约翰·卡特勒（John Cutler）领衔的医生团队，让感染梅毒的性工作者与囚犯发生性行为并支付酬劳，或者以主动接种细菌的方式让人类实验对象感染。一旦他们出现感染迹象，为了检验青霉素治疗效果，尽管会对感染者进行治疗，但根据文件记载，只有少数人能够接受足够剂量的青霉素。值得注意的是，危地马拉卫生部官员和负责过塔斯基吉梅毒实验的美国卫生局局长托马斯·帕伦（Thomas Parran）都对这项研究一清二楚。同时令人震惊的是，这项研究发生在对纽伦堡审判期间，当时揭露出来的令人恐怖的纳粹医学实验已经震惊世界。危地马拉梅毒实验的结果从来没有被公开。2010 年，历史学教授苏珊·里维尔比（Susan Reverby）偶然发现了存档于卡特勒论文中的相关研究记录，他和帕伦后来陆续成为匹兹堡大学教授。之后，时任美国总统巴拉克·奥巴马（Barack Obama）向时任危地马拉总统阿尔瓦罗·科洛姆（Álvaro Colom）道歉，并称这项研究为“反人类的犯罪”。与塔斯基吉梅毒实验一样，危地马拉梅毒实验最后让“活人”付出了惨重的代价：导致 83 名参与者死亡。

这样背离正道的科学研究是令人感到可悲的，它违背了科学和社会之间的互信。作为对塔斯基吉梅毒实验违反伦理道德的回应，1974 年，美国签署了《国家研究法案》，要求所有由美国卫生及公众服务部（包含美国国立卫生研究院）直接或间接资助的美国研究项目应该接受当地的伦理审查委员会的监督。在新近出版的一本介绍伦理审查委员会如何产生和发展的书中，劳拉·斯塔克（Laura Stark）表明，美国国立卫生研究院建立的伦理审查委员会体现出了良好的公民意识（如对道德缺失的担忧）和政治善意（如与其资助的大学研究学者分开）。美国食品药品监督管理局也效仿其做法，需要伦理审查委员会对药学研究进行审查。

按照《美国联邦法规》的第 46 部分第 45 条，当地伦理审查委员会可以开展科学上、管理上和伦理道德上的审查。为了保护参与者的权益并保持正直，他们有权否决任何方案。伦理审查委员会确保不会有任何不幸的事情发生或者确保对人类实验对象或社会的有利因素胜过潜在的危险因素。所有潜在的危险因素必须以清晰的并能够理解的方式告知实验对象。一旦项目通过审查，伦理审查委员会每年都会对其每个方案进行监督，这使得伦理审查委员会能够监督项目研究初期及整个过程中涉及的伦理道德情况。

地方伦理审查委员会则由颇有权力的国家机构——人类研究保护办公室来监督。如果任何一个机构的伦理审查委员会被发现不够严格，人类研究保护办公室就会介入，甚至可能收回对该研究机构的所有联邦资助经费。20 世纪 90 年代，人类研究保护办公室行使这些权力并引发了科学共同体内部震动：杜克大学的一些大规模的研究设施曾经被关闭了几个月；美国联邦资助经费不能用于发放教员和职工的薪水，各种项目协议被叫停；教职工职业生涯暂时被搁浅。几乎每个美国国内的研究型大学对收紧的政策都小心翼翼，所造成的这种影响一直延续至今。

尽管伦理审查委员会是遏制“塔斯基吉”或“危地马拉”事件再次发生的必要手段，但是，“杜克大学事件”充分展示出了美国联邦政府加强对研究过程的监督所具备的威力。在正常情况下，伦理审查委员会的审查会花费数个月才能使得新研究得到开展，而任何有危险性的实验则需要更长的时间去审查甚至会被拒绝。在一项全国性调查中，很多学者称，如果一些研究项目因不符合安全范围的预期可能得不到伦理审查委员会的认可，他们会直接放弃申请。

威慑产生意想不到的后果

为了安心面对科学潜在的危害，公众强烈呼吁需要对科学研究进行积极的监督。2013 年 7 月的某一天，《纽约时报》（*New York Times*）发表了一篇关于两个健康问题的评论：①女性群体中处方止痛药的滥用问题；②一些独立临床实验室开发和推广的存疑的医学诊断检验扩散的问题。对这两个问题评述的结论都是呼吁更多的监管。尽管我们很难证实大量使用处方止疼药和未经证明的诊断测试是对的，但每个新的管理规则的出台需要花费时间和精力。审核过程所需的时间和人力可以从其他活动中节省出来，如有效的科研活动。

在科学领域，伦理审查委员会和同行审查只是众多管理机制中的两个。还存在其他方面的控制，包括对动物护理、出口、财务和审计规程、化学品处理、利害冲突、环境危害、物质的放射性、胚胎干细胞的重组 DNA 等的控制。这些方面大多是由政府层面主导，体现良好意图，但是，实质上是一种负担。

每项政策都滋生了根深蒂固的官僚主义，几乎没有价值的规则很快就变得难以撼动。

在对一些条例进行抽样调查后，我们得到一些启发。2007 年，美国国土安全部颁布了《化学品设施与反恐条例》（CFATS）。这些冗长的条例规定了实验室应该如何使用和储存化学品。从逻辑上讲，其适用于大型的化学品制造厂，然而，也同样被照搬到小型研究实验室。不幸的是，多次尝试向管理者解释大型工厂和小型研究实验室的区别，均未取得任何效果。除了上述例子，另一个例子是，一个由美国联邦政府资助的多个大学参与合作的研究项目，要求主要资金持有者必须监督所有承担单位的商业活动和内部控制。尽管这个要求看起来确保了对所有单位进行监督，但显而易见的是，由某一个大学监督另一个大学内部事务的想法从表面上看其实是很愚蠢的。工作报告也是美国联邦政府另一个有争议的要求。研究者必须定期汇报证实花费在每个资助项目上的时间。一份由美国联邦科研机构联合会在 2007 年进行的调查指出："工作报告是基于难以衡量的成就，只提供有限的内部控制价值，其价格高昂且不够及时……当所有形式的报酬都需要考虑时，就会让人困惑不知所措。"简而言之，工作报告制度没什么作用。最后，为了保护个人健康的隐私信息，美国《健康保险流通和责任法案》（HIPAA）中的隐私条例被通过了。HIPAA 中的隐私条例规定，只有获得患者书面授权或者将患者身份识别信息从每个医疗记录中消除而仅提供"有限的数据集合"时，研究者在开展科学研究时才能使用个人健康数据。研究者认为，HIPAA 增加了成本，阻碍了大规模分析，增加了实验对象的困惑，结果就是，对开展父母知情同意的研究的支持情况反映了很少有人能理解。

人们对研究监管的真实负担还知之甚少。多个优秀报告已经清晰明了地说明过度监管会扼杀创新。美国国家科学院 2012 年发布了题为"研究型大学和美国的未来"（*Research Universities and the Future of America*）的报告，提出了加强学术事业的 10 条建议。其中的一条是针对影响高等教育的 200 多条的联邦法规，建议减少其所造成的负担。

大学而不是政府，承担了对科学研究监管的大部分成本。一个典型案例是由史密斯（Smith）和其同事在 2011 年报道的，即"改革对研究型大学的监管"，报道如下："位于美国东南部的一所著名医学院报告称，它的合规成本

（即用于科学研究的监管成本）从 2000 年的 300 万美元上升至 2010 年的 1250 万美元。这所医学院用于科学研究项目的合规和质量保证方面的费用累积增加的幅度超过 300%，然而，相应的研究项目却只增加了 125%。”

过多的监管意味着学术管理岗位人员配备数量的增长速度快于教研岗位人员配备数量的增长速度。在《教职的下降》（*The Fall of the Faculty*）一书中，班杰明·金斯伯格（Benjamin Ginsberg）做了一个对比，1975～2005 年，行政岗位和专职岗位员工数量分别增加了 85%和 240%，而教职员工数量只增加了 51%。引发争议的是，这些数据会在不同机构之间存在很大差异，但金斯伯格认为，受遵从监管的法规驱使，这种趋势是存在的，这会大幅削减高校教书育人和学术研究的真正使命。

为什么如此困难——药物研发的困境

法规、规定及合规执行共同形成了用来控制不良行为的谨慎之网。但是，这个网涉及面宽，以至于全面阻碍了创造。找到最佳着力点是很不容易的事情。一个很好的例子就是药物研发。药物治疗的有益之处是不可忽视的。疫苗和抗生素控制了历史上曾经肆虐城市的传染病。20 世纪中期，心脏病成为美国当下的流行病，夺走了许多男性青年的性命，降压药和降脂药的治疗才逆转了这种情况。消炎药和抗抑郁药减轻了患者身体上和心理上的痛苦。药物不仅可以治病救人，也可能导致患者的残废或死亡。50 年代，萨力多胺（一种镇静剂、安眠药）造成了成千上万新生儿四肢畸形。镇静剂是 5 岁以下孩子最常用的处方药，可能会增加自杀风险，目前该药已经带有黑箱警示标志。阿司匹林和非甾醇类抗炎药的使用会引起肠胃出血，已经导致全世界每年有 10 万多个死亡病例。

美国食品药品监督管理局授权一个新药上市需要一个烦琐的过程，这要花费大量的时间和成本。为了保护公众，避免其受到不安全的药品、医学设备、食品、烟草、膳食添加剂、疫苗、输血和兽医生物制品等的危害，美国食品药品监督管理局面临同样的困境：如何维持创造和谨慎之间的平衡。20 世纪 90 年代，艾滋病治疗支持者成功说服了美国食品药品监督管理局提议授权新药上市速度，但是，今天公众最大的呼声已经从对药物授权转向对药物约束，责备美国药典不够安全。

在苦苦平衡公司利润和公共利益之间关系的过程中，大型制药企业自身导致了公众观点的改变。制药工业有太多的不良行为记录在案，致使公众难有安全感。在最恶劣的事件中，制药公司会压制负面消息，操控研究结果，恐吓批评者，从而防止药物下架，延长盈利周期。

1999 年，美国食品药品监督管理局批准了Ⅱ型糖尿病治疗药物罗格列酮（文迪雅），同时让葛兰素史克公司对药物上市后开展安全性研究，以确认这类药物可能与心脏病有关。葛兰素史克公司开展上述研究后的 12 年内都没有公布结果，随后美国政府对葛兰素史克公司施以了 30 亿美元的罚款，认为“公司为了增加药品销售，操控了科学研究，而忽视公众的健康安全”，但是，罗格列酮的销售收入每年就能够达到 22 亿美元。

同时，一位来自北卡罗来纳大学的教授在早些时候曾提出，该药物有诱发心脏病的风险，由此他遭到了指控，并被要求最终保持沉默。美国食品药品监督管理局要求的药物安全实验由葛兰素史克公司承担，该实验被“巧妙”地设计从而有利于罗格列酮。最后，当美国食品药品监督管理局要求提交一份对罗格列酮研究的所有综合分析时，这家公司自己的研究结论是患心脏病的风险增加了 31%。然而，让人困惑的是，这家公司同时提交了一份来自一个大的管理医疗数据库但不是很严密的分析报告，其结论为罗格列酮是安全的。

这件事并不为公众所知，直到史蒂文·尼森（Steven Nissen）对之前的实验进行了一个独立分析，于 2007 年将结果发表在《新英格兰医学杂志》上，证明了这种药物会使心脏病相关的死亡率增加 64%。

一旦一种药物被批准可用于特殊治疗，这种药物就可以在临床医生认为其可能起作用的任何情形下被开成处方药。这种被称为药品核准标示外的使用是未经证明的，但是却有巨大的利益可图。未被临床试验认可的药物上市创造了一个全新的市场，并产生了数十亿美元的销售量。制药公司在市场销售未被临床试验认可的药物是违法的，但是，并不少见。数百名患者控诉案例都诉讼制药公司推广使用未经审批的药物，隐瞒了副作用，或者在销售时不如实叙述信息。被投诉量最大的部分药物如下：惠氏公司的女子绝经激素类混合药贝美安，可导致乳腺癌；默克公司的非类固醇消炎药万罗，可能导致心脏病；默克公司的福善美，可能导致颌骨坏死；强生公司的避孕贴，可能导致血栓；礼来制药公司用于治疗精神疾病的药物再普乐和百忧解，前者可能导致糖尿病和胰腺炎，后者可能导致自杀行为。

芬芬（phen-phen）是一种未经临床试验检验的减肥药，由芬氟拉明和苯丁胺组成，可导致心脏瓣膜功能不正常，仅此一项，使惠氏公司被罚款 130 亿美元。这样的代价乍看起来是巨大的，但与药物市场每年几十亿美元的巨大利益相比甚微。犬儒思想者认为，诉讼仅是做生意的部分成本。

许多积极分子已经呼吁实施更严格的监督机制。但是试想一下，如果没有现代医药，我们中的很多人可能很早就去世了。另外，迫切需要新的化合物来应对新发传染病和抗生素耐受问题所带来的威胁。再试想一下，一种新药在美国食品药品监督管理局授权之前，其税前花费要达到 1 亿美元，甚至最高达到 10 亿美元。制药行业正遭遇寒冬。从 2000 年起，美国大约有 30 万个药品研发岗位消失，目前很多公司在寻找被证实真正能够发挥作用的新型化合物方面收效甚微。尽管有争议，药品研发进展缓慢的节奏仍然应该引起全国的重视。

但是，在当前的政治环境下，不可能使政策制定者决心加速药物研发。要使这种情况发生，公众的态度需要做 180° 转变，他们得开始要求开出新药处方时减少监管，并且加速新药的产生。美国国会需要精心制定立法条例，来消除药物授权的阻力，要知道一旦出现第一个由宽松监管的药品造成伤害的现象，那些激进人群的指责便将像洪水一样扑面而来。美国食品药品监督管理局需要消除新药或新设备的授权阻碍，同时保持在公众心目中的威信。正如美国国会也会做的那样，美国食品药品监督管理局这一机构正走在一条纤细拉紧的绳索上，因为不管束缚条件是松还是紧，其实，所有药品都是有负面作用的。围绕药物研发过程，寻求创造和谨慎之间的平衡点可能是现代医学最大的挑战。

概要总结

科学是中性的，它可以被用于善事也可以被用于邪恶。在伦理学的领域，创造和谨慎之间的拉锯战是特别明显的。当涉及保护公众的利益时，小心谨慎并不是一点价值都没有，而是必要的。科学有时候可以制造如同原子弹破坏力般的东西。在坏人手里，一些科技，如具备人传人特性的 H5N1 病毒，会被错误使用。伦理审查委员会和其他许多针对科学行为的规定，其建议都是出于好意。但是，当这些规定变得太烦琐、有太多限制时，它们就会破坏科学的进展。对制药工业而言，这是百年难解的难题，因为既要开发原创新药来治疗疾病，又要保护公众使其远离不安全的药品，这是一对矛盾体。权衡自由创造与谨慎监管两者的重要性是没有“正确”答案的。人们唯一可以期盼的是，在保护公众安全的同时找到解决方法，去尝试冒险，并获得公众支持。

第十二章 鼓励冒险

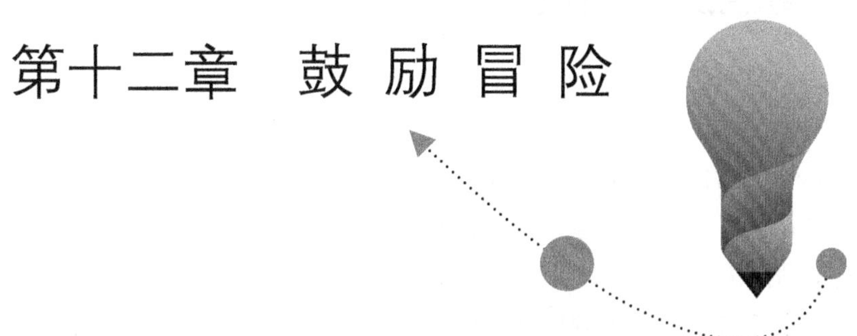

创造一个更好的世界，是一个普遍存在于研究型大学中的强劲动力。耶鲁大学的宗旨是，耶鲁大学致力于成为世界上最好的研究机构，各个方面都能够达到最优秀的水平。其他大学的宗旨也有着强烈的道德使命感，暗示拯救世界和发现真理。这些宗旨并没有限制，为了提高人类的福祉，可以不计成本，从而成就卓越的梦想。

癌症研究旨在将癌症从地球上彻底消除。著名的肿瘤医院和癌症治疗中心——美国安德森癌症中心已经将这一精神体现到其标识中，即在“癌症”的英文单词上画上一条参差不齐的红色斜线。肿瘤学家和科学家致力于找到治疗肿瘤的方法，这对任何一位受到癌症困扰的患者和大多数恐惧癌症的人来说，都是一剂定心丸。如果美国癌症学会改变其口号，从“致力于消除癌症这一主要的健康杀手”变为“致力于尽力预防和治疗国内癌症”，公众一定会感到气馁。癌症是一个敌人，我们必须与其战斗到底直到最后的胜利。这种医疗科学所追求的公共利益，并不是最优化治疗，而是最大化范围的治疗。

道德最大化的风险

最大化和最优化在道德使命上的含义是什么呢？对待癌症唯一明智的方法似乎就是将它彻底消除。真的是这样吗？让我们回头看看塔斯基吉梅毒实验和危地马拉梅毒实验，其后来被定性为“反人类罪的科学研究”。

肩负着保护人类健康使命的美国公共卫生署，怎么会有如此的暴行？美国卫生局局长托马斯·帕伦，一个上了 1936 年《时代》（*Time*）杂志封面的现代公共卫生系统的缔造者，怎么会忍受这些暴行呢？

帕伦使人类在根除梅毒方面向前迈进了一大步。最根本的是，他将公众对性病的看法从一开始的对患上此病的羞耻感，转变为能够将其与一般传染病一样正确对待。根据历史学家保罗·布兰特（Paul Brandt）的观点，帕伦在 1930 年发起的国家性病控制行动，是一个消除梅毒的“科学、官方”的正式行动。帕伦的措施包括强制婚前血液测试、在诊所提供免费的诊断测试、使用刚发现的强效抗生素及加强公共教育，这些都发表在其备受赞誉的著作《陆地上的幽灵》（*Shadow on the Land*）中。

“塔斯基吉”事件和“危地马拉”事件与帕伦的其他工作并非背道而驰，相反地，这些事件是其与梅毒做伟大抗争的合理延续。帕伦的道德罗盘指向了绝大多数人的最大利益。他需要认识梅毒的自然历史及青霉素对梅毒的作用效果，从而能够有利于提高公共健康水平。将脆弱的参与研究的实验对象置于危险之中，这只是为了将公共利益最大化所需要干的事。

帕伦与“魔鬼”的交易（将实验者置于危险中的不当行为），本可以使用一些想象力通过最优化而不是最大化来避免。帕伦和卡特勒本应该将青霉素提供给塔斯基吉梅毒患者，以此评价其治疗效果，而不应该在危地马拉梅毒实验中用梅毒直接感染实验对象。没有对梅毒患者施救的原因可能是，塔斯基吉梅毒实验的既定目的是对死于性病的每个人进行尸检，以了解性病的病理学原理。但是，1946 年，当青霉素问世时，已经完成对大多数塔斯基吉梅毒患者的尸检。研究者本应该承认，虽然还没有挖掘他们想得到的一切，但已经了解得足够多了；是时候来优先考虑保护这些被试者从而实现公共利益的最优化而不是最大化。

癌症也是一个这样的例子，与其将其彻底消灭还不如限制其伤害。2012 年 5 月，美国预防服务工作组建议对前列腺癌进行一些常规的前列腺特异性抗原检查，尽管这项检查只能发现一些早期的癌症，但可能拯救性命。他们认为，对那些被误诊或者癌症并不至死的患者，进行所有的癌症检查，会造成更大的伤害。这是对最优化的支持，但却没有被很好地接受。泌尿科医生发誓，他们绝对不允许任何一个可以被治愈的癌症患者在其治疗中死去。这样的最大化豪情状语，在许多患者中能够引起共鸣，但是，应该是这样的吗？

因为这项检查而被发现并被切除的绝大多数前列腺肿瘤是良性的。前列腺特异性抗原检查结果是阳性时，80%的情况是假阳性而不是真得了癌症。一项大型临床试验——欧洲前列腺癌随机筛查研究估计，为了挽救一个癌症患者的生命，需要对超过 1400 名男性进行筛查及后续的检查。一个同时在美国进行的同类研究称，即使对 1000 名男性进行筛查，也不能避免 1 名前列腺癌患者的死亡。

做过活组织切片检查并确诊前列腺癌的患者，大多数并未死于前列腺癌，因为前列腺癌细胞生长比较缓慢。尽管如此，男性还是觉得通过前列腺切除、放疗和激素治疗来治愈前列腺癌是有必要的。欧洲临床试验显示，每 48 个没有前列腺的人中，如果不切除前列腺，只有两个会死于前列腺癌。一个关于前列腺癌外科手术治疗的最新试验结果则更令人沮丧。研究者对患局部前列腺癌的患者随机安排进行切除手术或者什么治疗都不做，731 名 75 岁及以下前列腺癌早期患者中，一半进行切除手术的与另一半未做治疗的患者的死亡率没有太大差别。进行过切除手术的患者尿失禁（17%）和阳痿（81%）的发病率比未进行过切除手术的患者高 2～3 倍。

很容易想象为什么美国预防服务工作组得出“男性最好不要知道其前列腺特异性抗原检查结果”的结论了。他们认为，不计一切后果根治所有前列腺癌不是一个好的想法。未来的关键问题是如何使筛查和治疗因人而异。我们治疗的目标是最优化的治疗方法而不是最大限度地消除癌症。

道德最大化与机会成本

当谈到创新，经典著作《创新与企业家精神》（*Innovation and Entrepreneurship*）的作者彼得·德鲁克（Peter Drucker）说，前列腺癌筛查的案例不是例外，而恰恰是一个普遍法则。正如书中所述，当应用于商业时，最大化不应该是其追求的目标。他指出，当一个企业达到其理论上最大化生产力的 75%～80%时，已经达到最高效率水平；在那之后，产出很小的提升也可能造成成本呈指数级增加。获得 100%的生产力只是一种浪费。然而，科学研究和医疗保健却希望能实现最好的结果，而不是最有效的结果。这使得研究型大学，正如我们所讨论的企业，为了保证最大的公共利益，而在不计成本的规则中艰难生存。

研究型大学发现，它们在无节制地花钱以便能够立足，但更糟糕的是，他们如此花销浪费钱只是勉强维持运转，而这些钱本可以花在其他更合适的地方。“机会成本”是一个经济术语，指错失一次本可以正确选择的机会而失去的潜在的利益。经济学家认为，由于资源总是有限的，我们必须要一直做出选择。在餐厅，我们浏览菜单上的每个甜品，明知这种行为会让我们的钱包吃紧，更不要说我们的小蛮腰了。机会成本就是那个没有被选择的美味巧克力蛋糕。

机会成本不一定只是财务上的。它可以是任何一种具有效用性东西的损失——失去的时间、失去的快乐或失去的创造力。为了能够产生令人感兴趣的东西，研究机构有时可能不得不在规避危险和全力追求短期所得之间权衡。研究型大学如何合理分配时间和资源使得从规避风险转为承担风险——从谨慎到创造，这一问题在科学上缺失考虑。但它已经成为企业界的一大兴趣。

创新最优化

哈佛商学院教授特蕾莎·阿马比尔（Teresa Amabile）在其毕生的职业生涯中，致力于寻找能在工作场所增强创造力的商业环境。在其有影响力的《创造力的社会心理学》（*The Social Psychology of Creativity*）一书中，界定了创新工作环境中能够增强或者削弱创造力的多种因素。可悲的是，在竭尽全力避免产生糟糕结果或实现生产率最大化的生态系统中，创造力并没有增强，恰恰是相反的结果。

当管理者想使效率和产出达到最大时，他们会使用“大棒”，如严格的监管和评估。监督和审核促使每个工人每一时刻生产出最多的部件。安全性提高了，利润增加了，但生产出来的部件是缺乏新意的。在一次实验中，阿马比尔报道了一群孩子收到了做纸花的任务，并被告知其作品会被评估。另一群孩子只是被简单地告知去创造。通过匿名方式评估，结果未被告知要评估的孩子做的纸花被认为更具有独特性。在机构开展大量审查的环境中，如那些有过多规定和监管的，会压制不同的想法。

惩罚失败者的环境会毒害创新，而这种情况在研究型大学中很常见。在一家常青藤联盟高校的一次采访中，某位行政官员告诉《时代》的编辑法里德·扎卡利亚，出生于逆境的人有着强大的信念。但当扎卡利亚问，学校是否容许某一个人可以在任何方面都失败时，该行政官的回答是“当然不允许。”

不认可失败是基金同行评审的惯例。格雷戈里·佩兹科（Gregory Petsko）发表在《基因组生物学》（*Genome Biology*）（2012 年）期刊上的一篇诙谐文章，虚构了如果克里斯托弗·哥伦布（Christopher Columbus）将其向西航行到达印度的激进想法写成科研项目向美国国立卫生研究院申请资助，将会遭遇到什么情形。哥伦布争辩说，他的冒险提议可以在基金评审指南找到支持的依据，因为指南中包括了“给有影响力的项目加分”这样的描述。伊莎贝拉（Isabella）反驳说，“但我们不这么想。为什么？如果我们按这样的方式评估提案，那么许多提案都通不过。”当哥伦布说到人永远无法在项目完成前去确定自己能否成功时，费迪南（Ferdinand）回答，“那就不是我们的问题。目前资金紧张……我是说万一审查发现我们在浪费钱呢？”

不仅是“大棒”，促进产出的“胡萝卜”，如绩效奖励，也会抑制创造力。在一系列涵盖了从小孩拼贴图到大学生写诗等的试验情形中，有偿参与试验的人做出来的富有创造力的方案反而更少。

阿马比尔在其 1983 年的经典著作中总结了这些发现，“尽管这并不是我的初始目的，然而我大多数研究揭示了一系列破坏创造力的办法：突出外部评估、提供与任务相关联的奖励、实施监控、突出外部动机。”但与此同时，阿马比尔也发现了一种平衡关系。显而易见地，其揭露的所有妨碍新思想和创新行为的办法，都是外界强加的外部激励。阿马比尔发现，激发新思想和创新行为的，是从内心迸发的特有的内在激情。例如，研究表明，孩童的自由玩耍代表了我们内在的驱动力探索，能增强创造力。

革命性的科学，需要多年坚持不懈并且全身心地投入一个没有把握取得的结果中，这需要真正的激情——也可以说是一种爱。根据马丁·塞利格曼（Martin Seligman）和其同行研究得出的结论，人们选择其男朋友或者女朋友时，内在原因（如“我们相处得来”）比外在原因（如“我朋友说我应该跟那个人约会”）更有可能使其相互恋爱并且谈婚论嫁。原创性研究很可能也需要同样程度的内在认同感。

内在因素不仅显得个性化还很独特古怪，看起来似乎很难与组织使命和谐共生。但让我们来看看丰田汽车公司允许员工自由选择自己的方法来解决问题后，效果到底如何呢？丰田汽车公司变成了汽车制造业的领导者。其成功的部分反映出一种管理决策，劳动力不再是装配线上的延伸，而是开始成为一系列自发组合的队伍，每个人都对自己的工作流程负责。能促进人们快乐选择的物质环境也已经被认为是产生新颖事物的堡垒。例如，谷歌公司总部有办公室自行车架和共享的娱乐空间。

超过一代人之前（约 30 年前），尤金·劳德塞普（Eugene Raudsepp）是最早对工业科学家的工作习惯进行评估研究并发表文章的人之一，他将工业科学家描述为内在驱动的工作狂，对监管过分敏感。劳德塞普总结说，与其他专业人士相比，研究者更加受到工作特性的调节，如激励驱动和不受干扰的环境。即使是科学与工程研究领域的处于职业生涯早期的“学徒”，也应该允许其能够及时并独立做出贡献。另外一些专家有着相似的观点，认为管理具有创造力的人才时，应该给予其宽松的环境。

尽管一个人在拥有自己选择问题和解决方法的自由时能提高内在驱动力，但没有任何约束的自由会让人麻痹。正确分配时间和确定方向，有助于将创造力推向有用的行动中。金百利克拉克公司曾开展过一项实验，给予一群代表多个领域和不同背景的雇员一定的自主权，让其从事想做的工作。他们没有各自的责任，也没有规范的行为准则，并且对实验室、机械车间和银行账户有自主支配权。结果是让人焦虑地漫无目标。一名参与者总结道，该小组最终学到了“自由的本质”是通过制约来实现的。由任务确定方向，加上合理的约束和竞争，能同时促进生产力和创造力。

另外，截止日期过于紧张会降低创造力。当完成任务的时间很紧时，人们就趋向于采用老的解决方法，而不是另辟新径。一个人有时间坐下来思考，不应该被认为是毫无理由的或是懒惰的。

每当要即时回复每封电子邮件或参加我认为无用的会议时，我会感到压迫感，并提醒自己正在接受一个破碎的信仰系统。四处竞争并不总是好的，静观自身也不总是坏的。实现创造性的生产力需要找到两者之间的平衡。

内在激励不仅得益于支持性环境，而且得益于支持的人。好的导师是令人振奋的，他们的实验室是一个丰富的平台，青年科学家可以在那里进行冒险。剑桥大学、芝加哥大学、哥伦比亚大学、麻省理工学院、牛津大学、加利福尼亚大学伯克利分校、巴黎大学和哈佛大学都自豪地声称自己培育了 24 名或更多的研究生（剑桥大学则多达 65 名），其将成为未来的诺贝尔奖得主。现代原子概念之父、诺贝尔物理学奖得主欧内斯特·卢瑟福，培养了 12 名未来诺贝尔奖得主。著名的脑受体科学家索尔·斯奈德（Sol Snyder）自己就是由诺贝尔奖得主朱利叶斯·阿克塞尔罗德（Julius Axelrod）培养出来的，而他指导了许多当今神经药理学领域的领军人才。拉斯克奖的获得者托马斯·斯达泽（Thomas Starzl），是器官移植的先驱，培养了一整代移植外科医生中的大多数领军人才。

在“新手”研究者中建立内在激励，和玛丽亚·蒙特梭利（Maria Montessori）去鼓励养成对学习的早期热爱的方法有诸多相似之处。蒙特梭利定义了一个小孩的“任务”是探索如何实现个人发展。类似地，最好的科学家导师认为，博士和博士后的职责是实现独立思考。蒙特梭利学校营造了一种遍布玩具和温和辅导的环境，将孩子放置在独立发现的道路上。最好的培训实验室给学徒提供了最先进的技术和适度的帮助，他们必须找到自己的道路。一个好的实验室和蒙特梭利法都能促进自主探索。两者都建立了关键事物：内在好奇心。

当一个组织乃至一个国家加强了内在激励，会变成什么样？在上一代人手中，以色列已经变成了创新型国家。按人均算，以色列拥有世界上最密集的高科技企业。考虑到其人口较少，2008 年的风险投资是美国的 2.5 倍，是中国的 80 倍。在《创业的国度：以色列经济奇迹的启示》（*Start-up Nation*：*The Story of Israel's Economic Miracle*）一书中，丹·塞诺（Dan Senor）和索尔·辛格（Saul Singer）认为，这种井喷式的创新源于其强化的冒险文化。以色列发展出一种名为“建设性失败”的标准——鼓励大胆迸发并尝试。对这种“建设性失败”的支持始于服兵役，即所有居民无论男女，都被强制服兵役。这种标准认为，只要不是鲁莽行事，高风险的行为即不以结果为导向，被看作是价值中立的。聪明的解决方案是被认可的；自治是可以被接受的；失败也能被容忍。对以色列也包括对产业界而言，压制创造力的机会成本不如需要实现创造最大化的伦理道义；当创造力受到足够支持并惠及发展时，谨慎就能受到足够的支持以避免无谓的伤害。

概要总结

为了实现创新，社会和机构也许必须要放弃去追踪善举、生产力、安全的最大化，而是去追求其最优化，同时创造令人感兴趣的事物。商业创新的思想领袖建议，精心打造一种有创造力的文化意味着要放弃监管的“大棒”和金钱奖励的“胡萝卜”，这都是外在激励。他们相信，创造性的问题需要通过内部激励的鼓励来解决，如能够自主选择研究的问题及其解决方法，报酬优厚但不是按绩效来支付，有合理的时间轴和竞争。最优化而非最大化伦理道义，致力于工作环境自由同时保证一定的生产效率，两者都是保持创造与谨慎之间平衡的例子。

第十三章　创造力和恶意

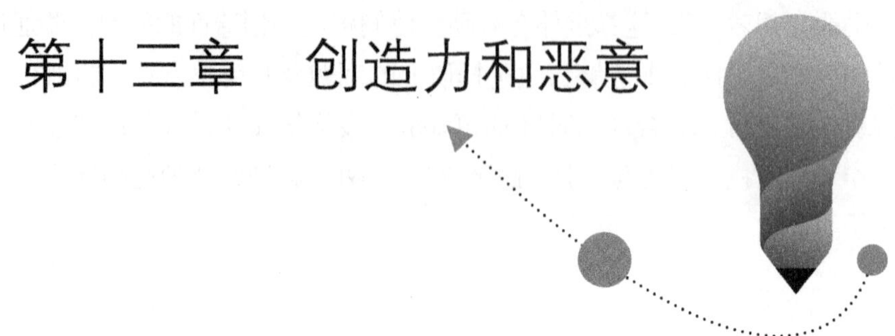

辛克莱·刘易斯（Sinclair Lewis）1925 年出版的小说《阿罗史密斯》（*Arrowsmith*），已经被奉为第一部描述美国科学家磨难和快乐的美国经典作品。这部小说的主角马丁·阿罗史密斯（Martin Arrowsmith）医师，渴望追随其那位英勇的、杰出的、避世隐居的微生物学家导师的脚步。但是，阿罗史密斯却被出名、贪婪和正统诱惑，向往从事一种利他主义的赌博，但他最终还是被以自我为中心的职业强烈地吸引，选择了更高的追求。我们知道，正如书中最后所述，阿罗史密斯在佛蒙特州内地的一个实验室里默默无闻地工作，他对探索发现的热切愿望战胜了跻身名流的想法。

因为《阿罗史密斯》的出版，科学和医学界发生了巨变。创造力可能被斥责为加速冲向毁灭，也可能被赞誉为无私无畏地攀登。谨慎可能被认为是放松所致的自我膨胀和贪图舒适，或可能被誉为是在建造原则性的路障。阿罗史密斯断然放弃制度性控制的决定，仅对不多的财务自由的研究者有实际意义。尽管如此，一些科学家仍喋喋不休，甚至为了实现原创不惜粉碎束缚之笼。一方面，科学家如何决定其愿意承担多大的风险；另一方面，他们愿意接受的限制又有多少？当利他的社会利益和直接的个人利益之间发生冲突，他们如何定位自己？他们又是如何从潜在的没有意义的破坏与创造可能性的希望中找到平衡？

“创造性人格”

革命涉及对正统的粉碎与颠覆。要了解是什么让科学家变成煽动性的革命者，从这个世界上最优秀的思想者的个性中可见一斑。通过广泛查阅与天才特点相关的文献，发现了如下他们所共同具有的一系列特性：

- 聪明但天真，甚至不成熟；
- 开明，但仍顽强地专心致志地追求和讲授自己的假设；
- 对叛逆性观点有自信，但这建立在传统知识的基础上；
- 对重要异常现象十分敏感，但也对自身的不足之处很敏感；
- 坚持不懈，以至于会忽略意料之外的结果。

所有这些特性的一个明显特点就是其中的相悖性。米哈伊·森特米哈伊（Mihaly Csikszentmihalyi）在一项有关创新人才的研究中，将这种创新人才的主要特性定性为同等强度和无冲突情况下在极端之间的移动能力。

自主性、开放性和坚韧性，这些都是科学天才所拥有的最显著的特性，这些特性都可以培育创新，但也都有其软肋。1994 年，创意科学家霍华德·加德纳（Howard Gardner）在发表的文章《创造者模式》（*The Creators' Patterns*）中，把具有创造思维能力者比作儿童。在他看来，两者都是“自私的、以自我为中心的、偏狭的、不正经的、固执的”。但可以肯定的是，他们都具备“无视惯例、敢竞争、问一些成人通常已经不追究的问题、直接看出问题本质”的能力。换句话说，有足够的自主性、开放性和坚韧性是好的，如果太多就会成为社会性病态。

自主或“坚强的意志”可以让人独立思考。再辅以雄心和训练，伟大的创造者认为，无论多么乏味，无论他们遇到怎样的质疑，都将取得最终胜利。但是，自主性的阴暗面是傲慢和自恋。过分的自信反而会招来敌对，也会导致狂热行为。

好奇心和对经验的开放态度不仅常见，而且可能是创造力的必要条件，还可能至关重要。它需要人们具有一种悬置假设和重新评估信念的意愿。人们如饥似渴地追求新的事实和经验，用新方法或结合新方法输入信号，尝试另类实验。但科学天才不能容忍别人对自己的约束。智力躁动可能让其参加不明智的“赌博”。而所有这一切都可能将科学家推向已知与未知的边缘工作，这也增加了他们越过可接受和不可接受行为之间底线的可能性。

在伟大的创新者身上一贯被提到的其中一个特性是恒心，似乎没有什么可以阻止创新者将创意实现的过程。阿德尔森采访了 2002 年富兰克林（学院）奖得主，发现他们的决心大小被看成是预测能否成功的最佳特性。坚韧略带雄心往往能激起他们不惜任何代价去实现一个目标的冲动。失控的野心则可能摧毁围观者，破坏道德。

生活在傲慢和固执的人的周围是不舒服的。老师也很难管理那些不服从的“班级小丑”。那些自称无所不知的教职员工也会让其他同事产生不满。管理这样的人——将其纳入团队，规范他们那些奇怪的行为，并满足其许多需求和愿望可能有损组织和谐，这对管理者而言简直就是噩梦。

对天才的创造性人格的大多数研究都采取一种宽容或赞赏的态度。但他们在固执地追求某种目的的过程中，可能会漠视基本的社会规范，甚至破坏社会秩序。

当善意的科学家跨过底线的时候

斯坦利·米尔格拉姆（Stanley Milgram）在社会心理学方面取得突破性进展，在这个进程中他也变成了有心理问题的“坏小子”。作为第二次世界大战阴影下生活在布朗克斯区的那些犹太移民的后裔，他对纳粹分子如何能够通过权力的影响来说服那些“道德低能者”犯下滔天罪行这一问题深感不安。米尔格拉姆确信，可以通过严格的实验来阐明这个答案。然而，为了使结果密不透风，他觉得实验的设计必须涉及欺骗。

米尔格拉姆设计了一项研究，参与者被告知研究的目的是评估学习的诱因。一名身穿白色大褂的研究专家指导参加实验者在另一名测试对象（其实是一个提前知道实验内情的人）没能学会单词时就对其增加电压冲击。当参与者增加电压冲击时，藏在墙后的测试对象就发出咕哝声，然后抱怨，恳求实验快点结束。其实根本没有电压，警告声也只是录音。但参与者认为，测试对象正在遭受真正的痛苦。如果他们停止或犹豫，权威专家将沉着有力地重复要求，"继续是绝对必要的""你没有其他选择""如果不继续，我们将不得不中断整个实验。"值得注意的是，65%的参与者操作电压最高可能达到 450 伏特——这是一个致命的电量。

米尔格拉姆认为，为了引出真实行为，必须创建一个现实的环境。不过，专业人士和公众表现的高度相似令人感到震惊。当然，参与者会被留下耻辱和悔恨的疤痕。事实上，米尔格兰姆后来对参与者的调查发现，他们的经历很少给其带来长期的影响。尽管如此，在 10 年之内，美国联邦政府已经颁布了详尽的保护人类实验对象的法规，像米尔格拉姆开展这样的研究是被禁止的。

米尔格拉姆并不是在追求科学的道路上跨越道德底线的唯一一位。就连现代创新者的宠儿托马斯·爱迪生也被卷入其中。爱迪生有意推广新发明的照明灯泡，其依赖于直流电系统。而与此同时，尼古拉·特斯拉（Tesla）和乔治·西屋（Westinghouse）开发了具有竞争性的并最终取代爱迪生直流电技术的电。为了获得胜利，爱迪生发起了"电流的战争"。正如一部由马修·约瑟夫森（Matthew Josephson）所著的《爱迪生传记》（*Edison*：*A Biography*）所述，"在 1887 年的任何一天晚上，你都有可能会发现爱迪生和其助手正在忙于某些残酷或悲惨的实验：用一种电流为 1000 伏特的交流发电机对流浪猫和狗进行电击。"尽管其助手作证交流电并不比直流电更危险，但爱迪生的公开声明是如此具有煽动性以至于西屋考虑进行诽谤诉讼。直到 20 年后，爱迪生才承认自己错了。米尔格拉姆与爱迪生太想解决实验中的难题以至于其不顾谨慎作风，伤及无辜。

居心不良的科学恶果

1998 年 2 月，安德鲁·韦克菲尔德（Andrew Wakefield）在医学精英杂志《柳叶刀》（*Lancet*）上发表的一篇论文中声称，接种了麻疹、腮腺炎和麻腮风疫苗的 12 个孩子出现了不同寻常的肠道症状和发育延迟。他的这篇论文实际上是在引导成千上万的父母放弃给自己孩子提供最重要之一的保障措施。

在今天访问网页的过程中，我们发现整个文章的表面都加盖了一个大红色的“撤回”标志。与米尔格拉姆和爱迪生的动机不同的是，韦克菲尔德的动机绝不是过分狂热的好奇和利他主义。韦克菲尔德是一起麻腮风疫苗制造商诉讼的原告的专家证人，这一事实他并没有透露给《柳叶刀》。几乎有一半的孩子是这起诉讼的当事人。韦克菲尔德自己也有一项与麻腮风疫苗竞争的发明专利。

韦克菲尔德论文的发表迫使政府去开展众多的大规模并且耗资巨大的研究，来证明麻腮风疫苗实际上是非常安全的。不幸的是，这些并没能阻止家长拒绝为其孩子接种疫苗的恐慌性心理。在英国，疫苗接种的比例急剧下降。尽管记录的麻疹病例在 1998 年前还很少，但仅在 2006 年的前五个月就有 449 名麻疹病例，其中包括一名死亡的儿童和两名遭受了永久性脑损伤的儿童。2005 年，英国儿童感染腮腺炎的病例增加了，总数超过 5000 例。毁灭性的流行病首先蔓延至爱尔兰附近，其次蔓延至瑞士、奥地利、意大利，最后还波及了美国的一些城市。

经济利益冲突有众多表现形式，但只有一个共性的影响，即“有钱能使鬼推磨”，可以产生扭曲的有利于出钱方的证据。在和这个主题相关的 48 篇研究论文的审查中发现，与一般研究相比，商业赞助的药品和医疗器械的研究高出 25％的可能性产生令人鼓舞的结果，高出 31％的可能性带来有利于产品的结论。众多的高产科学家会去支持对他们有一定经济利益的产品。制药公司有时聘请代笔作家创作有利于其药物的稿子，然后在没有透露作品来源的情况下聘请学者挂名作者，这种行为是科学编辑理事会严令禁止的，但仍有一些学者参与其中。

科学不端行为并不总是由财富驱动的，也可能由名利或至少是晋升的欲望驱动的。在这个资源受限和充满不确定性的时代，发表一个轰动的结果是成功获得资助的最佳途径。因此，在著名科学期刊上的文章也越来越充满错误。

科学上最好的揭露错误的工具是重复实验。一个团队有了科学发现，另一个团队也应该获得相同的结果——但结果往往不是这样的。制药企业安进公司着手复制 53 项具有里程碑的癌症研究结果，但其中只有 6 项可以被复制；拜耳实验室尝试验证可能在药物研发中起关键作用的 67 种新化合物时，能复制结果的只有 14 种。美国国立卫生研究院试图重复 12 项脊髓损伤领域的研究，发现能复制结果的只有两项。

坦白地讲，有一些不可靠是常有的事。并不是我们所做的一切都是正确的或真实的。事实上，原型设计可能会有目的地偏小和具有延展性；未能复制是一种常态。如果科学家能诚实地对待早期发现的局限性，如果他们对自己的工作能否重复自我警觉起来，误导他人的机会就会变小。而且，如果对发表的前期工作去限制其进行太多暗示性的影响，问题就会更少。但很多时候，研究者急于将错误的成果进行发表或者对结果进行夸大解读。《经济学人》（*Economist*）杂志把焦点对准一个 2013 年的封面故事标题为“科学是怎样出错的”（*How Science Goes Wrong*）的问题上。实验缺乏可重复性使科学家对信息的可接受性十分谨慎，公众也对其产生了怀疑和不信任。

比随机误差更糟糕的是系统性错误。不花时间和精力来查阅以往的文献，不了解正在进行的研究，对研究设计或对研究理解掺入个人偏见都会增加发表破坏性的或不正确的结果的机会。一项对已经发表的随机临床试验结果的综述表明，这些临床试验只引用了之前 1/4 的和研究主题相关的试验。另一项研究揭露了有一半以上的受资助开展的研究中的预期成果从未被发表。研究者知识网的漏洞反而促进了那些误导的和误传的研究的开展。偏见使得那些研究者偏向于去发表那些符合大众喜欢的假说的结果，这样可以进行良好的宣传，或支持一种潜在的有利可图的药物或设备，但事实上他们的研究结果是错误的。

最糟糕的是故意的错误——造假。在一篇对 2012 年被撤稿的所有 2047 篇生物医学和生命科学研究论文进行回顾的文章中，费里克·C. 方和其合作者已经证明其中有超过 2/3 的论文被撤稿是因为造假或疑似造假（43.4%）、重复发表（14.2%）及剽窃抄袭（9.8%）。根据该篇综述文章，因为上述这些原因而被撤稿文章的数量在过去的一代几乎增加了 10 倍。

在商业上，我们已经习惯于企业首席财务官去合法化偷税漏税、首席执行官去谈判丑闻性的薪酬待遇和企业去推销已经过时的产品。这些事实可能是令人不安的，但并没有使我们去责难这些行为。相比之下，当科学家伪造其实验室笔记本，从经济利益冲突中受益或设计误导的实验时，我们就会一片哗然。科学家构成了一类特殊专业人才团体，我们对其有更高标准的正直人品要求，因为其中的风险不仅仅是客户的钱包被掏空；数据造假、利益冲突、系统性错误、偏见的影响会根本性地破坏科学认识和误导科学进展。其中的错误和不当行为都可能会威及生命。动机很复杂，从善意的狂热到追求名利与资助甚至出于恶意都可能导致同样的悲剧结果——科学危害。

试图遏制少数人影响多数人的恶意

显然，在应对科研不端行为时，谨慎是要保障的，也是很必要的。那么，“创造性人格”就必然越过道德底线或学术造假和腐败是司空见惯的，两种假定都是不成立的。大多数变革性创造者都是有道德的，欺骗造假是十分罕见的。费里克·C. 方和其合作者研究的那 2047 篇被撤稿的文章也是从数以千万计的科学文章中挑选出来的。然而，只需少数的不当行为就可能引发普遍担忧，认为这些不当行为会有意想不到的严重影响。而那些研究机构、州和联邦政府制定的法规只是为了发现少数的不当行为，但越来越多的科学家开始声称，这些做法正侵蚀着其专注于研究的时间。

研究行为包括设计实验、开展实验和分析实验，培训研究生和发布实验结果。但 2009 年由美国“联邦示范项目”进行的一项对 6000 多名研究者的全国性调查显示，这些研究者在开展研究的同时还得承担“间接的”任务重负。这种重负包括遵守动物安全、人类实验对象的福利权益和危险材料的安全处理等有关规定；管理学员和工作人员；申请经费和撰写进度报告；管理研究基金支出；还要服务于一些委员会，去审核是否合规及进行基金和论文评审等。

研究者称，其将高达 42%的研究时间用于行政职责上，剩下不到 60%的时间用于科研。研究工作的这些“间接”责任可以保护人类和动物，防范学术不端行为。而此类工作是如此广泛和耗时，以至于他们以失去创造为代价来完成。必要的谨慎却压抑创造的两难困境似乎是不可逾越的，但事实并非如此。

“联邦示范项目”的受访者普遍声称，科研人员的负担可以在没有研究任务的行政管理人员的帮助下得到缓解。对科研人员“间接”责任的行政援助可以让其有更多时间和精力从事所擅长的更高层次的工作。但在预算紧张时期，削减行政人员首当其冲。现在的行政支持比以往任何时候都要少。难怪 83%的受访者表示，他们间接任务的工作量，近年来一直有所增加，这一趋势必定对科学进展造成影响。

对科研人员负担的调查中，令人担忧的是该负担对青年人所造成的影响。助理教授和副教授认为，间接任务的负担比正教授所承受的压力还要繁重，这是因为正教授往往有更多的助手来处理这些间接任务。2/3 的受访导师指出，行政负担是造成研究生放弃学术科学事业的原因。如果这是真的，过度监管可能会促使更多的下一代青年远离科学界。

在繁重的监管上所花费的精力本可以用在创造性思维上。雅各布·布鲁诺斯基（Jacob Bronowski）在其著名的关于人类文化演变的《进步的人类》（*The Ascent of Man*）一书中，描述了俄罗斯北部的一个牧民迁徙部落。恶劣的气候使牛群只能每次停留在一个地方吃一天的草，然后必须继续前行。部落被迫每一天都要准备食物和照顾小孩，就和我们所做的一样，但他们每天必须不停地收拾行李、打开行李，总是向前行进。周而复始，一个世纪接着又一个世纪，没有艺术创造，没有文化的进化。正如这个极端的例子一样，它代表了一个现实——如果眼前事总是让人应接不暇，人们根本很少有时间和精力用于灵感创造。

过度监管也会导致钝性。因为将科学系统等同于极权国家是很荒谬的，独裁统治的例子可以看出人类对被控制的反应。乔治·奥威尔（George Orwell）在 1949 年的经典著作《1984》（*Nineteen Eighty-Four*）中描述了一个独裁的社会。群众开始有自我审查的好奇心，而且不团结。个性遭到“思想的罪行”的迫害并渐渐被消灭，公众甚至接受通过家里的电视对自己实施监控的行为。他们接受离谱的谎言，向自己的孩子灌输相应的意识形态。

有任何证据表明监管过度的科学环境可能会导致钝性和自我审查吗？管理科学家大师劳德赛普（Raudsepp）在 1963 年的《管理有创造力的科学家和工程师》（*Managing Creative Scientists and Engineers*）一书中指出，为了避免指责，科学家可能会随意压缩其研究的参数；为了逃避责任，科学家可能通过更多保守和老套的实验设计来降低研究失败的可能性。事实上，科学家也是人，随着限制的增多，那些认为他们的行为不会改变的想法是愚蠢的。

概要总结

科学的行为必须是安全的和符合伦理的；但遗憾的是，还是有少数科学家有不当行为。最有创造力的是那些本身个性使其变成最容易叛逆、固执，甚至呈现出社会病态的人。然而，为了试图控制极少数人引起的危害，却让所有人承担了不堪的重负。过于严格的规定和行政责任减少了那些本可以花在研究新颖科学解决方案上的时间。这些还可能阻碍聪明的年轻人追求科学事业的步伐。当然，谨慎是必须的而且有必要的。但几乎可以肯定的是，它已经成为创造过程中的超负荷负担。

第十四章　重塑自由

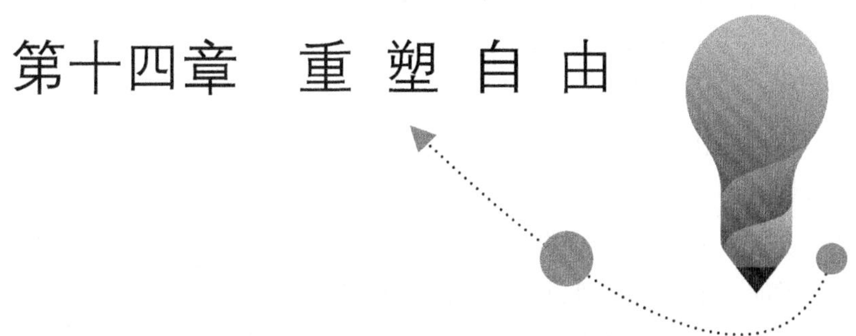

为寻得创造和谨慎之间的平衡，社会、组织体系和个人必须找到他们之间的共同立场。规避风险对人类的生存至关重要，事实上这对进步也是如此。让公众去相信科学是没有风险的可能会收获短期的公众支持，但不会有长期的信任；利用绝对的安全来安抚支持者能够创造出表面的平静，但不会鼓励想象力。一个开放的对话，承认希望和恐惧似乎是权衡孰优孰先的最佳途径，从而寻得伦理学与天才顿悟之间更恰当的平衡。

重新平衡创新与合规的一组原则如下：

- 开放的公众参与，承认科学的力量和其中人性的弱点，应该进一步正确导向，包括与公众共享信息、调整理念并告知科学的优先级考虑因素。

沟通是一个有力的武器。通过对话，我们对新知识及不可预见的观点和角度敞开心胸。1987 年，15 岁的塔瓦纳·布劳利（Tawana Brawley）在一个垃圾袋中被发现，她的尸体上布满了种族辱骂。她被认为遭到了 6 名白人男子的强奸。那时，许多非裔美国人非常确信布劳利的故事是真的。即使在许多证据出现后，很多人仍然坚持这一观点。布劳利的紧急医疗评估显示没有强奸的痕迹，写在她身体上的辱骂的话语被证明似乎是自己颠倒地印上去的，她的校友也做证说看见这个少女爬进了垃圾袋。最终，大陪审团裁定最初对布劳利案件的描述不可信。作为一名白人，我很难理解为什么我和我的一些受过良好教育、拥有科学思维的黑人同事对这个真相会有非常不同的观点。直到我的朋友提醒我那些针对黑人群体实施的官僚性欺骗的曲折历史，我才能理解他们为何持有那样的观点。

科学家和利益相关者之间的对话将允许科学家去分享社会进步的故事，同时也将允许一些执疑者去表达对相关风险的担忧。除此之外，各方所期望的结果可以摆在桌面上，以供出资者和政策制定者在确定优先级时参考。

当前，很难准确地知道到底有多少资金，不管这些资金是政府的还是工业界的，被投入到各式各样的研究活动中，如基础研究和天马行空性的探索等。此外，没有人知道什么是最好的。查默斯（Chalmers）等在一篇文章中提出了一种在研究中提升价值、减少浪费的方式——使用“科学管理”，即在所有科研资金投资组合中煞费苦心地取得平衡，以使社会获得最大的价值。围绕不同科学活动的结果，开展对话、保持信息公开并提供相应证据，将有助于提升科学家和公众对科学的热情。

假如有一个关于创造与谨慎的公开对话，那这个对话将在何处出现呢？谁又作为调停方以确保对话按照既定原则不偏不倚地进行呢？最好的选择就是美国国家科学院——国内最高的科学争论仲裁方。我们已经看到美国国家科学院及其组成机构（美国医学研究所、美国国家科学院、美国国家工程院、美国国家研究理事会）开展工作的许多事例。由这些权威机构召集组成的各种委员会集中了有思想的人，同时能从各个角度来分析判断问题。这些科学院的报告广受尊重且影响深远。成立一个国家科学院的委员会专门研究由消除研究型大学的创新障碍带来的益处和成本将是第一步。2012 年的报告《研究型大学与美国的未来》（*Research Universities and the Future of America*）探讨了如何从整体上加强学术事业，但没有具体涉及创新放缓及其深层次原因。此外，像大多数国家科学院事务委员会一样，“美国未来”委员会是严重偏重于学术的。展望的过程应该是相关各方各司其职发挥应有作用；早该举行的政府-民间之间的对话并没有完成。

重新平衡创新与合规的另一组原则将包括以下表述：

- 科学的规则和规定应该是简单的、量身定制的，并且只有在必须限制时才制定及保留。

- “必要”的规定指那些能够明确保障健康和繁荣超过了其对创新侵蚀的规定。

《研究型大学与美国的未来》总结说，“显然，美国联邦资助的研究相关的行政和监管要求不仅抬高了大学的行政成本，也侵蚀了其在研究工作上的努力”。该报告赞同美国大学协会（AAU）、公立及赠地大学协会（APLU）、政府关系委员会（COGR）的共同建议，即应发展简单的、量身定制的政策，并且这种政策能够明确保障健康的、繁荣的发展。其最突出的建议囊括如下：

首先，协调各个机构的规定及信息系统以避免重复。在资助大学研究的 25 个不同的机构中，每个机构都具有自身规定，而它们应该执行共同的管理办法，以避免低效和减少成本。其次，取消并不增加价值的规定。三个组织共同建议取消的两个规定是关于工作报告制度的，正如在第十一章的讨论中提到的，工作报告制度不符合实际，不符合成本核算标准，并重复了其他报告的要求。再次，允许灵活性。一个被称为“监管弹性法案”的现行政府标准允许某些规则在小实体出现不利影响的基础上进行豁免；它鼓励寻找“显著的替代品”。美国大学协会、公立及赠地大学协会、政府关系委员会共同呼吁在小型实验室化学品处理问题上采取类似的宽松政策。最后，是否合规是基于结果而不是过程来评估。例如，确认是否履行了动物保健标准应该基于动物是否被人道地对待而并不纠结于许多细节（如每个笼子的尺寸）。

美国大学协会、公立及赠地大学协会、政府关系委员会的建议似乎是明智的。但为了实现其建议，需要打破现有思维。因此，就有了下一条有关重新创造的建议：

- 不仅在科学上创新，在规定的制定和实施上也要创新。

约吉·贝拉（Yogi Berra）曾经说过，“你最好将比萨切成 4 片，因为我现在不太饿，吃不了 6 片”。事实上，要多管齐下才能取得理想的结果。《研究型大学与美国的未来》建议从根本上对监管方法进行重新定位。“在可能的情况下，从合规性驱动的需求转变为取得最优表现的内在激励驱动的需求。”报告中所描述的一个例子是基于点的积累通过一系列的事情，而不是通过对单一违规行为的处罚来判断公司是否合规。这种从现行的“大棒型强制”做法转变为“胡萝卜型顺从”做法的行为并不会改变结果。但是，这样会大大减少为了合规而花在“防弹审核记录”上的时间和精力，从而避免“即使是单一的违规行为也可能是严重的”这样的处罚。

同样，美国医学研究所（IOM）委员会 2009 年的报告《超越健康保险流通和责任法案的隐私规则：加强保密性，通过研究提高健康》（*Beyond the HIPAA Privacy Rule*：*Enhancing Privacy*，*Improving Health through Research*）认为，HIPAA 确实对研究对象的隐私保护得不好，并且阻碍了研究。这个报告推荐了它所定义的一种全新的方法。这是类似“胡萝卜策略”的一种办法，即对最佳实践的组织进行奖励。回想一下，HIPAA 的隐私规则要求当一个数据集包含可能导致个人身份被识别的健康信息时，个人必须同意发布他（她）的数据或必须消除其身份信息标志识别符。这对许多收集完成的大型数据库开展重要研究构成了限制。例如，这样的数据库可以被用于鉴定药物不良事件，揭示医疗保健支出浪费的深层次原因，或揭示无用甚至有害的医疗程序。美国医学研究所委员会报告要求政府考虑证实研究机构在保护数据隐私和安全上达到最佳实践的要求。对能够采取绝对安全的实质性措施来保护个人隐私的机构，个人的同意不再作为必需条件而可以被搁置。遗憾的是，迄今该委员会的报告获得的响应寥寥无几。

创造只有在理智的监管环境中才能欣欣向荣，同时越来越多的来自错误、偏见和渎职等对科学诚信的威胁必须受到遏制。因此：

- 对科学错误范围的了解需要去探寻。监督、指导方针和教育应该引入以减少错误和偏差，严厉的威慑对不端行为是必要的。

2012 年，一群心理学家志愿公开在网络上质疑自己著作的有效性。可再现性项目心理学的目标是评估在心理学顶级期刊上已经出版的研究结果是否可以确认无误。团队将从每三个顶级期刊中选择一个期刊，并将其 2008 年第一期第一页作为目标文章。他们的目标是要精心遵循原作者的做法，看看是否有同样的结果出现。由于该研究倡议涉及的范围主要取决于陌生人的慷慨（即有多少心理学家在网上志愿参与计划），该倡议在开始时对能对多少既往的研究进行重复研究一无所知。事实证明，现实超出预料。到 2013 年年底，来自世界各地的 150 名研究者都投身到对 44 项研究的重复研究中。可再现性项目和其他类似正在进行的倡议所需要正面处理的问题是，科学结果是否可信及在多大程度上是可信的。

一项相关性工作——《可重复性倡议》，由澳大利亚科学家、企业家伊丽莎白·艾奥恩斯（Elizabeth Iorns）协调那些希望重复实验结果的研究者与能够测试其实验结果的独立实验室开展合作来复制该结果。原始和重复实验室被邀请共同写一篇论文来描述其经历，在线期刊《公共科学图书馆·综合》（*PLoS One*）保证对其发表。进而，原作者的工作将得到认证，其研究结果也就得到确认。艾奥恩斯 2013 年收到了来自劳拉和约翰·阿诺德基金会 130 万美元的赠款，用于尝试重复癌症生物学领域 50 个具有高影响力的发现，结果有望于近期出炉。

理解不可再现性的范围是第一步，开展检查则是下一步。检查表是一个主动减少科学错误的策略。2009 年海恩斯和其同事发表在《新英格兰医学杂志》上一项研究成果。研究中，3733 名患者的手术过程使用了检查表，患者就医的医院位于各个城市，既有加拿大的多伦多市，也有坦桑尼亚的伊法卡拉市。研究发现，手术中使用检查表使得错误率降低了 50%。简单到只需要完成检查表上的 19 个项目，就可以确保操作是为计划手术的患者而准备的，确保所有必要的设备都经过消毒并已经就位，一个检查表使得手术室事故显著减少。

享有盛誉的学术期刊《自然》在 2013 年宣布将效仿上述做法。今后，作者只有在完成一个包括各种避免导致偏见或不准确的研究设计要素的检查表后，才能够提交论文。《自然》宣布，使用非标准的化学试剂、受污染的细胞系、重复实验次数不足和糟糕的统计方法都要体现在检查表里。检查表提醒科学家注意最佳实践，不断强化他们应该知道的事项。为了确保其掌握相关知识，更加先发制人的方法即开展教育。培训课程由美国国立卫生研究院资助，主要针对博士和博士后，要求其参加有关伦理学和良好实验习惯的课程。

偏差是对科学有效性的又一个可补救的威胁。统计学上显著的结果（通常是阳性的），发表的可能性是没有达到显著性结果的 3 倍，在出版中这种现象被称为发表偏倚。相比于其他领域，发表偏倚在科学研究领域可能会更常见。在一项判断一个公司的社会慈善事业是否与其财务业绩具有关联性的研究中，在社会科学期刊发表的文章报道的关联性大小是商业期刊上相同文章的 2 倍。

科学家通常认为发表偏倚是期刊的错，它们不愿意用无趣的结论填补其版面，但责任同样还在于作者和同行评议者倾向确认先前存在的认识。帕克（Park）和其同事模拟了基于跟风或随大流来决定文章是否发表的可能性，作者将跟风现象称为“羊群效应”。由于达成一致结论的论文数量上升，审稿人越来越可能接受那些提交的保持一致结论的论文，即使审稿人最初的意见不是接收。“羊群效应”发生在一个非常有限的论文数量后，一般是 5～10 篇。此外，“羊群效应”不一定是必要的自我纠正。作者认为，可以抵消“羊群效应”的唯一希望是给同行评议者留有发表相反观点的余地。

还有一种避免发表偏倚的方式可能是为无效结果的发表创造路径。在 2013 年长达 6 个月的时间里，“众包”网站 Faculty of 1000（F1000Research）鼓励提交结果是负向及正向的论文，对负向结果或者无效结果的论文一旦接收就免除其正常的出版费用。此外，开源出版的《支持无效假说文章杂志》（*Journal of Articles in Support of the Null Hypothesis*）支持无效假设，两年出版一次，从 2004 年开始履行一项单一的使命，即发表无效结果的文章。不幸的是，它稀疏的目录似乎也从一个独特的视角说明该问题是多么的难以解决。

一个更加可靠的解决方案已经被提出用于解决临床试验中的发表偏倚问题。由于临床试验是临床决策的黄金标准，任何偏差歪曲了证据的汇总尤其令人担忧。试验注册中心如雨后春笋般涌现，以减少无效结果不能发表的问题。一些著名的杂志，如《新英格兰医学杂志》和《美国医学会杂志》（*JAMA*）已经宣布，现在将只接收在开始时就被预先注册的试验的投稿。

当然，所有这些策略并不能阻止那些有意弄虚作假的研究者。一位研究学术环境中不端行为的专家埃利斯（Lee Ellis）认为，真正能够对付恶意的唯一方法是施以更严厉的惩罚。美国联邦政府内部专门负责处理科研不法行为的办公室是科研诚信办公室，科研诚信办公室目前针对违反者所采取的措施包括对论文强制撤销、最长可达 3 年的必要监督及在 2～3 年将其排除于政府各类委员会之外。然而，即使这些科学家被审判和定罪，最终也会继续受到美国国家卫生研究院的资助。埃利斯认为，对所犯下的明目张胆的欺诈行为，处罚应该与所犯的罪相当，研究者应该永远被禁止从事受到资助的研究。从活跃的科学家中间移除肇事者将释放出一个强烈的信号，这可以降低处于培训阶段的人（指博士和博士后）可能受到欺骗的不良影响。更严厉的惩罚从而可能威慑其他人的不诚实行为。

放宽限制以允许创造与加强限制以暴露不良行为之间的紧张关系让我们想起在研究事业中的另一层紧张关系：

- 社会和机构应该对是否追求最大化“好”重新考虑，应该考虑实施最优化“好”。从实施最优化中所能节省的时间和金钱应该应用于创新。

对最大化与最优化愿望进行误导的一个显著例子是“全国儿童研究项目”。美国国立卫生研究院倡议的这个“全国儿童研究项目”最初是因 2000 年的儿童健康法案而发起的，最初的投入预算达到 30 亿美元。在这个法案中，克林顿政府指示美国国立卫生研究院就儿童健康问题开展了一项综合的研究，研究的跨度包括从儿童的出生到成年，研究内容包括环境、生物和社会心理等各方面因素对儿童健康的影响。

经过 10 年的规划，产生了一个涉及 10 万名母亲和儿童并且需要跟踪 21 年的设计方案。但简单地招募任何群体来参与研究是不够的；“全国儿童研究项目”决定参与的群体必须具有全国代表性。此外，只靠产科医生护理的产前怀孕登记来招募研究对象是远远不够的。相反地，设计方案鼓励在怀孕前就要招募其登记参与进来，这意味着研究者需要挨家挨户地邀请年轻妇女参加。一个还未怀上的孩子就将和一直持续到 21 岁的各种访问及测试对应起来。而全国儿童研究项目的最初倡导者之一奈杰尔·帕内思（Nigel Panch）在《科学》期刊 2013 年的一篇新闻报道中最终承认，“就像一个停泊在港口太久的船缀满藤壶，全国儿童研究项目也变得步履蹒跚”。

2011 年，“全国儿童研究项目”大约花费了 6 亿美元但只招募到了 4000 名（实际需要 10 万名）孕妇。2012 年，最初的研究设计方案被取消，取而代之的是复制一种被几个成功的欧洲儿童研究项目使用过的招募方法。事实证明，欧洲已经完成了类似的研究。丹麦 1996～2002 年招募了 101 042 名孕妇进入丹麦全国出生群体研究项目，并通过采访和全国性登记材料一直对这些孩子进行追踪。来自世界各地（包括美国在内）的科学家都能获得这些资源，总计花费 2000 万美元完成了该计划。同样，挪威花费了大约 4500 万美元在超过 10 万名孕妇处于怀孕期间时对其进行登记，并将这些数据进行共享。英国在 2011 年批准拨款用于英国出生群体研究，招募了约 9 万名儿童，估计花费了 6500 万美元。

全国儿童研究项目这一长篇故事的最终章节还不清楚。然而，基于一个高度批评该研究设计方案的报告和来自美国国家科学院一个独立的科学监督委员会的监督，美国国立卫生研究院的院长弗朗西斯·柯林斯（Francis Collins）于 2014 年 6 月将该研究进行了不确定的搁置。

如果将 6 亿美元花在母婴健康领域的如下几个新颖问题上，将会物有所值，这包括：新兴技术和媒体如何影响儿童的认知发展？我们可以发明既能避免意外怀孕又能防止性传播疾病传播的方法吗（目前没有一种方法能兼顾两方面）？对胎儿发育形式的基本理解如何影响有关组织再生的研究？通常存在于女性生殖道中的微生物如何引起或预防妇科疾病？

最后，科学研究机构理应容忍天才往往具有双刃剑似的人格特性。

● 机构内部的管理人员应当接受有关如何去管理有创造力的人这一方面的培训和咨询。

米哈里·契克森米哈（Mihaly Csikszentmihalyi）在其 1996 年所著的《创造力：发现与发明的涌流与心理学》（*Creativity:Flow and Psychology of Discovery and Invention*）一书中写道，人天生具有两个互相矛盾的指令集：一个是保守的倾向……用于自我保护……和另一个扩张的倾向……用于探索，享受新颖事物和冒险……但是，第一个倾向不需要鼓励……第二个如果没有经过培育是会凋谢的。

很少有管理者，特别是在学术界，已经被培训到可以使其管理的具有创造力的人才队伍能够人尽其才。这显得很奇怪，因为科学研究的灵魂是从事研究的高水平人才。相反地，根据伦斯勒理工学院的一名管理学教授吉娜·奥康娜（Gina O'Connor）的观点，商业界已经开始承认“创新是一门管理学科”。

特蕾莎· 阿马比尔（Teresa Amabile）关于建立创意工作场所的框架理论为管理者带来了几个特别的建议。

第一，为个体提供选择问题和发现他们个人特性方法的自由。设定个人目标可以激励热情和干劲。管理者的角色变成发现能与组织使命匹配的内在动机和愿望，这对研究机构和个人来说是一个成功的协同示范。

第二，允许具有创造力的人员在最少的监管下工作，当然更没有强迫或监视。这并不是说，管理者应该避免所有的边界设置。它只是表明，教练方法与监督相比是一个更加合理的办法；同事的劝说比老板的告诫更容易被接受。《如何培育创意火花》（*How to Nurture Creative Sparks*）的作者艾伦·法罕姆（Alan Farnham）和乔伊斯·戴维斯（Joyce Davis）指出，创新者不喜欢从管理者那里接受指令，但仍然可以接受管理者的检查和平衡。在尼尔森网联媒介数据服务有限公司开展的一项行业调查发现，相比于监管过严的公司，那些高级经理较少参与创新过程的企业能够多获得 80%以上的新产品收益。与此同时，建立了严格的改进产品的正式标准的公司比组织松散的公司能够平均多获得 130%的新产品利润。

第三，给予员工足够的时间来处理困难的问题，但也需要利用足够的结构布局来反映现实的时间表。探索充满曲折；“窗外看看”可以容忍，但是决不允许“看”出来没有用的东西。管理者的诀窍是让目标保持在持续的视线之内且不脱离想象。

第四，薪水应该能与成功和地位相称，但不是取决于工作任务的计件付酬制。有才华的人应该感到被切实地欣赏，但他们不是小部件的制造者。健康的工资和福利能够激励原创性，按每个创意支付薪水却得不到同样的效果。

第五，导师通过积极进行良好的工作和工作习惯示范而不是说教来影响受培训者。最成功的科学组织是那种领导者在其中持续热情地工作以使其在科学上获得突破的类型。

第六，推进团队建设，重点是吸纳不同的意见和不墨守成规。包容性的“众包”促进本组织的智力发展。创造力的管理者需要深挖团队中每个成员的聪明才智。与此同时，他们需要保护行事古怪的成员，以免于同事对其创造性的个性不够包容。

第七，鼓励合理冒险。担心失败是等级组织中对激进式想法最大的阻碍之一。法罕姆和戴维斯警示，管理者不要去惩罚失败，天才应该被拥抱和抚慰。

他们的尝试，即使不是成功的，也必须被表扬。他们应该获准去碰壁，然后被扶起，再试一次。

概要总结

危险的水域位于伦理的谨慎和不受约束的创造之间。科学界和社会公众可以开展对话，开放并公开地在这些水域巡航。接受约束是必要的，但必须巧妙地调节，科学应该限制那些阻碍创造力而不是那些明确减少伤害的规则和规定。寻找平衡点将既不简单也不明显。因此，一方面，制定规则时必须跳出常规来思考，也包括对安全最优化和“做好事”的容忍；另一方面，秉承发明优先的原则。与此同时，研究结果的有效性必须不可侵犯。必须开展严谨的工作以减少错误、偏见和欺诈行为。另外，创造性人才需要培育。研究单位要坚持一条“获利”的金科玉律：管理者要培养单位最重要的资产，即变革型思考者。

第五部分 平衡

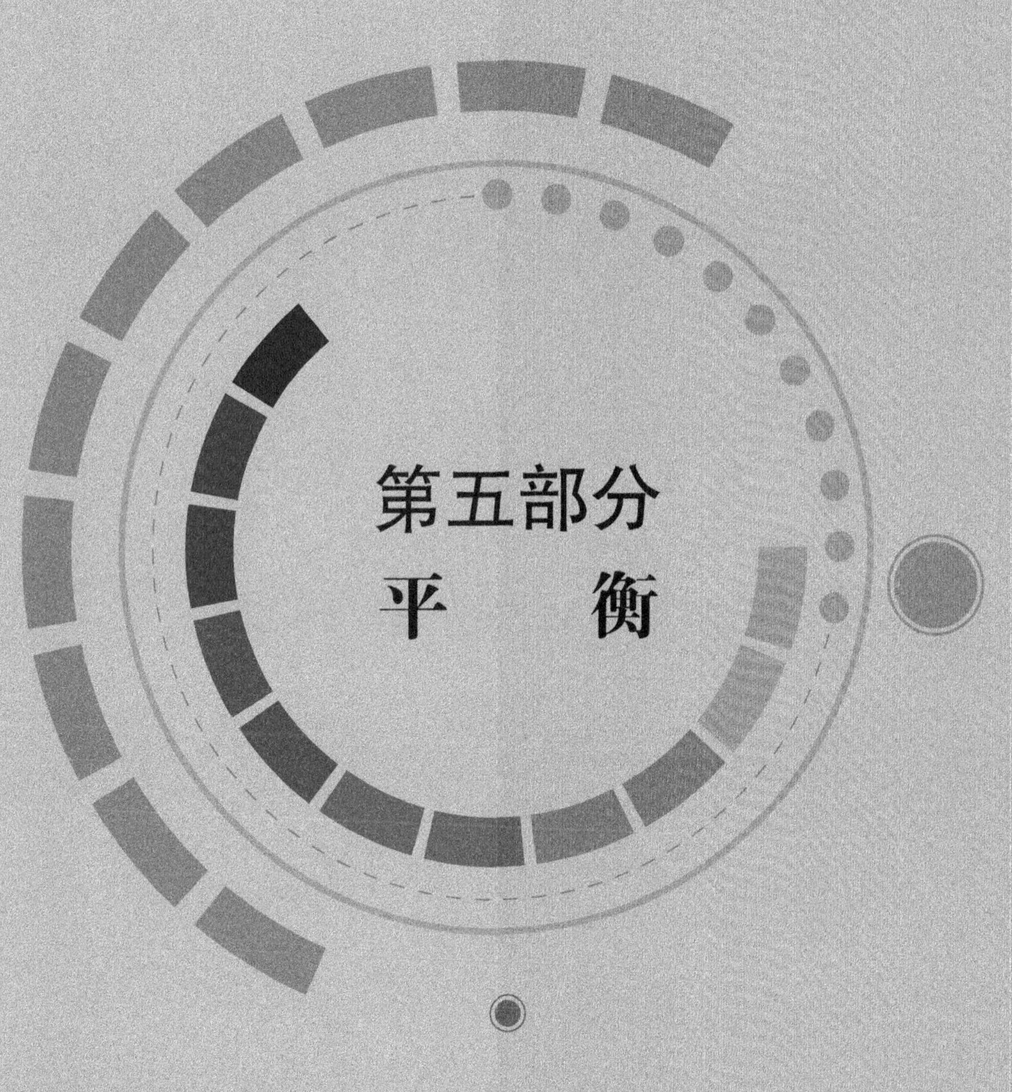

第十五章 开 放

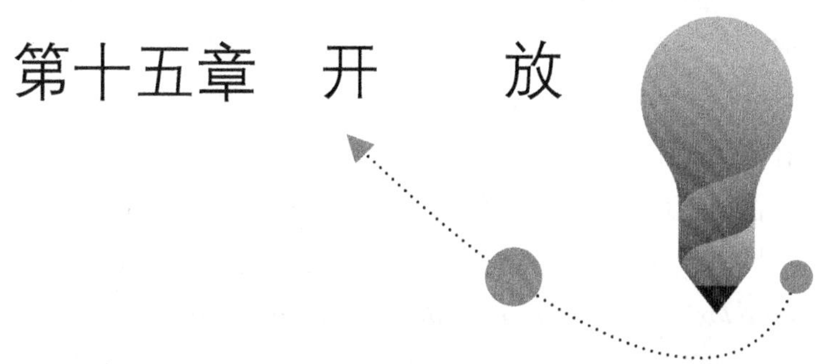

令人吃惊的是，在我们所讨论过的所有维度里——包括经济学、社会学及伦理学在内——谨慎都胜过了创造。一种文化，无论是受到社会、市场需求驱动形成的，还是在道德基础上形成的，其内核都是保守的。在一个缓慢接受或传播根本性创新事物的世界里，在开始行动前我们需要先停下来，明确一些基本原则并提出相应的建议，从而强化发明创造所需的科学文化氛围。为了追求创造，我们首先需要就什么是创造达成一致。

- 科学本身将受益于一个关于什么是创新性的普遍适用定义。

创新通常被认为是“有用的创造”。这一定义受到广泛认同并且简单易懂。但是，我们能够就什么是“创造性的成就”达成共识吗？纽约的现代艺术博物馆展示过一系列完全涂黑的油画。仔细观察游客的反应，一部分游客着迷于这些画作的原创性而另一部分则深表憎恶。在一个人看来极具原创性的事物，在他人眼中则可能是非常幼稚的。如果上述画作是在上海而不是在纽约展示，游客中对其感到不解的比例可能会更高；而如果这个展览发生在 19 世纪也同样会如此。

除了上述对创新的定义外，对创新的另一个定义是美国国防部高级研究计划局制定的，其成功地资助了各种创造发明，并在其网站上将其职责描述为“为了防止美国遭到他国的技术突袭……促进美国对他国实现技术突袭”。这一定义没有采用“有用的创造”而代之以“有用的惊奇”（surprise with a use）。观看恐怖电影时，所有人都会同时被其吸引；喜剧俱乐部里讲一个笑话时，大家都笑得像同一个人。上述情境都表现出人类对意想不到的情况的反应具有显著的一致性。即使在不同文化之间，弗兰肯斯坦博士（Dr.Frankenstein）的故事总能吸引大量的观众，而这正是因为无论是何种语言环境，让我们感到吃惊的东西是一致的。根据《复杂性：通过令人惊奇的科学来解释矛盾的世界》（*Complexification*：*Explaining a Paradoxical World through the Science of Surprise*）的作者约翰·卡斯塔（John Cast）的观点，惊奇指当预期的结果与实际经验不符时我们的反应，即当预测落空时的反应。变革式创新会打破既有的框架。表面上看，使用“惊奇”代替“创造”是讲得通的。当我们看到真正的新颖性、原创性及创新时，我们会一致为其中的智慧和出乎意料性而感到震惊。惊奇作为创新性的定义元素使创造变得清晰并可度量。

当考虑到“有用的惊奇”中“有用”的部分时，米哈里·契克森米哈（Mihaly Csikszentmihalyi）在其 1996 年出版的《创造力：发现与发明的涌流与心理学》（*Creativity*：*Flow and the Psychology of Discovery and Invention*）一书中，介绍了他对 91 名艺术界和科学界年纪较大的天才人物的深入访谈以期能够找到创造力的精髓。他得出的结论很惊人：没有办法确定一种想法是否是新的，除非有对某些标准的参考；也没有办法确定其是否有价值，直到其能够通过社会性的评估。所以，创造力并不产生于人的头脑中，而是产生于个人想法与社会文化环境的互动中。也就是说，文化才是决定其是否有用的仲裁者。只有那些被社会接受并有效果的事情才是有用的。

就上述观点达成一致后，致力于构建一个更适于创新的生态系统的下一步是要理解系统变化的必要条件。根据契克森米哈的观点，脱离传统文化路线并接受新颖事物的群体意愿产生于三个连续的阶段，即对新颖性的热衷、对改变的开放态度以及对变革的渴求。根据广为接受的跨理论模型，对个体而言，要使其采取新习惯，理论上也要经历类似的变化阶段。跨理论模型提出，个体必须经历沉思（对一个问题的认知）、准备（采取行动的意图）和行动（明显的行为修正）这三个连续的阶段。根据这两个理论，社会和个体很相似，会采取类似的步骤来摆脱惯性。

契克森米哈模型中的第一步“对新颖性的热衷”要求人们对意料之外的选项进行关注。这看起来可能很自然，但事实上，我们的关注是有限的；与之相比，社会的新颖性看起来则几乎是无穷无尽的，尤其是在现代社会。例如，每年有超过 10 万本书出版，大约有 50 万人将自己定义为艺术家。那么社会及社会成员应该如何对原创性的这股湍流保持开放的态度呢？事实上，在面对太多的选项时，人的理智和意识会自我封闭。研究表明，太多的选项会使我们不知所措并倾向于保持习惯而忽视新颖事物。如果你感到这与直觉相悖的话，不妨思考一下我们大多数人是怎么购物的——我们会从货架上拿自己最经常买的东西，很少会考虑货架上的其他选择。

专业化也限制了我们向新事物投之以更多的关注。现代社会，太多太多的信息使我们中的绝大多数无法做到博学多知。反过来，我们成为单一的、狭窄领域内的专家。在科学界，一个学科内的名人在另一个学科内可能完全不为人所知；一个子学科内的术语对另一个子学科来说可能像一门外语完全听不懂；在一个学科中已经建立的方法在另一个学科可能被完全拒绝。这种鸿沟使大多数科学家无法理解或了解其他学科最新、最重要的突破。

契克森米哈模型中的第二步是“对改变的开放态度”，其中也包括习惯在内，而习惯是很难改变的。试想一下，一份典型的美国人的早餐包括什么？麦片、水果、培根、鸡蛋、薄饼、华夫饼。现在再想象一下传统的日式烹饪原料，如海藻、墨鱼及汤。如果一家畅销的美国薄饼饭馆突然将日式早餐作为唯一可供选项，那其业绩会变得怎样？进一步地，根据跨理论模型的第二步“采取行动的意图”，顾客可能需要对各种可能性都持开放态度，并且愿意坐下来、付款、试吃一些美国薄饼饭馆里新的日本菜单上的菜式。

在科学领域对变化的接受则更具有选择性，因为如果现状没有什么问题，那一味地改变并没有什么意义。如果现存的理论能够恰当地解释自然现象，如果现存技术能够合适地解决问题，那为什么要改变呢？当新兴方法并未表现出显著优势时，科学界会选择恰当的守旧。即使现存理论的不当之处表现得很明显并明显需要改变时，我们也已经看到了小集团思维所伴随的对原创性思路的束缚与排斥。对煽动变革的科学家而言，他们必须在社会和个人的获益、潜在风险和个人被排斥之间进行权衡。

每个领域都需要让自己接受变化，即领域内那些十分保守的成员必须接受一个变化的世界。在与传统守护者的战役中，变革的斗士必须至少说服一些广受信任的意见领袖转变为激进派和改革派。那些离开自己原有的特权领地而来到危险境地的试水者通常都是梦想家。

哪些科学领域最愿意接受创新呢？尽管看起来有些违反直觉，契克森米哈认为排在首位的并不是那些有着较大自由度和组织松散度的领域，而是那些最具有结构刚性的领域。以数学和物理学为代表的这些学科执行的是具有严密学科结构和刚性规则的符号性系统。在这些领域内，真相很容易被证实，因此也更容易被接受。与之相反，经济学这样的领域由于缺少明确清晰的法则，原创性的思路很难被证实，因此接受新颖事物会更慢一些。

这些更容易接受创新的领域也一直在探寻大胆的、变革性的答案。尽管某些分支的科学关注点在现存范式的边际范围内，但物理学和天文学是探寻空间和物质基本原则本质真相的学科。在过去几十年里，这两个学科一直在寻求突破甚至推翻学科现存的一些认知和法则。

在肆意妄为和科学革命之间的联系意味着另一种再造：

- 学术机构和基金资助机构需要在资助大胆的研究计划和重大问题研究时更有前瞻性。

今天的天文学所要解决和回答的问题会对其学科发展基础的一些信念提出挑战，因此需要采取大胆的行动来回答一些问题，如“我们所看到的和所知道的一切是从哪里来的”。美国国家航空航天局的詹姆斯·韦伯太空望远镜（James Webb Space Telescope，JWST）就是被设计用于探寻宇宙大爆炸之后最初产生的星系的起源——现存万事万物的源头。发明这样一个望远镜，将从离地球 100 万英里的地方来探测宇宙的中心，这对工程学提出了新的要求，需要极大的想象力来实现突破。

詹姆斯·韦伯太空望远镜的镜面将被用于探测 130 亿光年以外的星球。这要求其具备 6.5 米的直径，但这一直径将导致装置过于沉重和庞大而难以被发射进入太空。这一问题的解决办法是将詹姆斯·韦伯太空望远镜设计成蜂巢线条的样式，24 个由轻质的金属铍制成的连锁六边形被排列成圆形，而每一个六边形的表面都敷以黄金以增强红外光的反射。为了将整个装置装入火箭，先把装置折叠起来，进入预定位置后再像伞一样打开。詹姆斯·韦伯太空望远镜的前辈——哈勃望远镜上出现镜片变形使得焦距产生问题而导致“近视”时，校正镜可以很轻松地由火箭发送过去，而詹姆斯·韦伯太空望远镜因为离地球太远，所以无法使用这种方式进行修复。为了实现其镜片阵列位置的绝对精确，该项目的工程师设计了数十个微小的机械位置激活器。根据美国国家航空航天局经理李·范伯格（Lee Feinberg）所说，每一面镜片的误差都控制在人的头发丝 1/10 000 粗细以内的标准。

詹姆斯·韦伯太空望远镜的建造过程涵盖了来自全球各地的科学家和工程师的深度协作，美国国家航空航天局、欧洲航天局、加拿大航天局及很多工业界的合作伙伴都参与其中。参与者都怀着解决重大问题、达成远大目标的伟大抱负，怀着创造非凡事业的愿望。

对新事物具有快速适应能力的领域的第三个特征是，这些领域都被认为具有很高的价值。而这又再次意味着一种再造：

- 将公众的注意力吸引到某个领域，就可能将公共和私人资助投向该领域的创新。

技术是我们这个时代的宠儿。顾客会排很长的队以求在第一时间就能拥有最新款式的笔记本电脑和智能手机，而这种现象常常会发生。相比之下，礼仪在当前的文化环境下已经很少被讨论了，逐渐成为一种被遗忘的艺术。我们很少见到有礼仪方面的新书和新的研究进展问世。

自 2010 年通过以来，《平价医疗法案》致力于让 3000 万美国人能够享受医疗服务。美国的健康医疗机构已经经历了近代以来最多的试验。《医疗保险和医疗补贴法案》自 1965 年通过以来，直到 2010 年，美国健康医疗领域的管理制度从未进行过整体性的修改。一直以来，按服务付费、深度专业化及碎片化已经被视为这个系统固有不变的特性。而如今，通过税收和强制指令获得的 3000 亿美元的投资实施之后，《平价医疗法案》已经获得了每个人的关注。对其使用、质量和效率方面的可能改进正在被广泛研究。患者在治疗前就已经购买付费保险，这样绑定式的支付可以减少患者的医疗开支并取代按服务付费的形式。包括各个领域相互协调、相互配合的专家在内的医疗之家可以使患者不用再在不同医生的办公室之间来回穿梭。对医疗和护理而言，个性化的诊断和服务可能会变得更加重要。在网站上对各个医院的烦琐程序吐槽总能得到广大患者的共鸣。一系列令人眼花缭乱的创新活动看起来必将会发生，因为公共投资已经将注意力集中在改造现在出了问题的美国健康医疗系统。

大型系统的再造将会平衡谨慎和创造之间的权重。但是，局部的行动即使微小，仍然有潜力产生影响。

- 公共机构不应该等待高层设计的组织性的创新计划，而应该主动去尝试新事物，无论是通过多么温和的措施。

以我在担任得克萨斯大学公共卫生学院院长时所开展的试验为例。该学院成立了一个由一群爱冒险的年轻科学家组成的创新孵化委员会，负责广泛地调研如何加强学院的创造力文化。像优秀的科学家所习惯的那样，这个委员会以提问如下问题开始：是否存在问题？在对学院的教职员工调研时，绝大多数人都认为创造力和创新很重要，超过 70%的人认为自己是有创造力的，但大多数人认为，他们所处环境不是创造性的。教职员工列出了一系列在能够产生集体行为的工作场所中阻止其发挥创造力的障碍，包括创新很好，但你需要得到经费资助……年轻的教职工很难冒这种险；对短期表现的重视弱化了对风险的承担能力，并与此前运行良好的做法渐行渐远；我们需要时间创新，创新受到来自强制性的年度培训、行政性的苦差事及令人厌烦的书面工作的影响。

对教职员工的调研不仅显示出了对新事物的敏锐，还显示出了对变化的开放态度。基于这些教职员工的反馈，创新孵化委员会提出了一系列可能的倡议计划，并大范围地提交给教职员工。在一次令人难忘的教职员工全体会议上，他们第一次遇到了障碍。教职员工担心创新行动计划是否会贬低其能力和工作。他们担心创新将如何量化。他们害怕向创新计划上的投资会减损传统方案经费分配的优先权。坦白地说，这其中的一些担心从未消失过，并持续地成为一部分教授疑虑的来源。无论如何，经过一系列公开坦诚的讨论，教授委员会开始认识到创新孵化委员会的很多建议是很有意义的。最终，经过教授投票支持将一份建议书送到了院长办公室，院长办公室热切地对待这份建议并将其付诸实施。

有一条建议的内容包括启动一次创新之旅，去雇佣具有敏锐创新潜力的新研究者。通过广告招聘了那些处于职业生涯初期的、正在健康和服务领域创造奇迹的年轻科学家。成果产出是必需的，但并不是全部，申请人还需要介绍其工作的原创性。任何学科背景的，即使是那些与公共健康领域关联很小的研究者也被邀请参与申请，结果，总共 5 个工作名额，共收到了 225 份申请。尽管从这次创新之旅中选出来的年轻人最近才加入学院的教职员工队伍，但其表现已经充分证明了他们是不落俗套的思考者、顽强的实验者及热切的合作者。

我们学院开展了“开拓者研讨会”系列活动，邀请教职员工对学院同事开展一次类似 TED 模式的讲话（最长 15 分钟，极少的幻灯片，没有笔记），介绍其科学探索道路上的传奇故事和心路历程。这种“开拓者研讨会”提供了一个分享顿悟的论坛。创新的想法总是会面临令人畏缩的质疑，而观众的热情则可以鼓舞演讲者保持创新的果敢性。会后的葡萄酒–奶酪派对上继续进行的谈话将进一步激发合作，并能激发更多人追求某些更加“疯狂”想法的兴趣。

创新成为获得基金资助的基础。就在创新孵化委员会的建议提交后不久，我们很幸运地得到了一笔相当大的资助来设立一项创新基金。除了其他用项之外，这项资助被用来奖励由同事评选出的本年度做出最惊人、最有用的贡献的教职员工。

根据创新孵化委员会的一条建议而设立的一项被称为“信封正面”的内部资助项目（每个项目最高可达 25 000 美元），也是学院最受欢迎的项目之一。这一项目的原型是阿拉巴马大学公共卫生学院的院长马科斯・米歇尔斯（Max Michaels）设计的一个竞赛。这个竞赛要求参加的研究者在一张 10 号白信封上描述一个令人吃惊的想法。竞赛指南中要求，在信封的正面，申请人需要对其提出的课题/活动进行精确描述以强调其在方法、路线和范式上的飞跃性。不允许有预算内容和补充文件。想法越是新颖、越是令人激动，评委层面的热情也越高涨。在这个项目的第一年，学院全职工作的教职工有 1/5 递交了申请，这在学院历史上是对一项内部资助计划最大、最热切的响应。

为了强化学生的创新思考技能，学校开设了一门课程。这门课程使用了我写的一本书《激发创新：如何形成既有创造力的又有用的科学思想？》（*Innovation Generation: How to Produce Creative and Useful Scientific Ideas*）中讲述的创新性思考方法。在一学期的时间里，这门课程帮助那些被根深蒂固的说法束缚而不接受新的替代思想的人学会想出新颖也更具有原创性的思路，并在传统科学过程中融入不同的思维。

学院还实施了一项"削减文书工作法案"来移除创新道路上的障碍。通过对教职员工的另一个调研，确定了一系列极具有束缚性而且很耗时间的行政事务。由一名荣誉退休副院长领衔的一个管理委员会对学院自身规章制度中的那些没有明显保障我们使命中关键要素的部分规则开展修订工作。努力削减文书工作的成果是将很多此前要求手写的表格数字化并将其与数据库连接，从而提高了效率。该活动还进而发起了更多项目来培训教职员工和行政员工如何用最少的时间和精力来完成必需的行政事务。

尽管很难量化，但这些小小的举措结合在一起似乎已经能够发动教职员工去思考，进而在某些情境下去追求更具有冒险性的科学研究。这些方案实施一年以后，教授委员会向系主任办公室要求继续保持改革的动力，继续致力于学院创新氛围的强化。

概要总结

创造的优先既可以通过政府层面发起大项目来实现，也可以由局部的小措施来实现。科学生态系统的再造首先需要承认问题及解决方案的存在。此外，这个系统的现有领导阶层及其他各阶层的科学家必须有足够的好奇心和热情来接受采取果断的、决定性的行动。文化的变革从来不是简单的事情，其中最开始的几步——对优先化创造力产生兴趣及对求新必要性的基本意识——现在仅仅是在某些学科内初露曙光，在另一些学科却已经招来一致的不满。这意味着创造与谨慎的重新平衡在各个领域被接受的程度和难度是不一样的，在一些领域要比另外一些领域更容易被接受。如果一个领域能够找到适合自身特点的方法来实现对新颖性的热衷、对改变的开放态度及对变革的渴求，那就有望实现获得再造。窍门就是只要开始去做——放手去做就可以了。

第十六章　放 手 一 搏

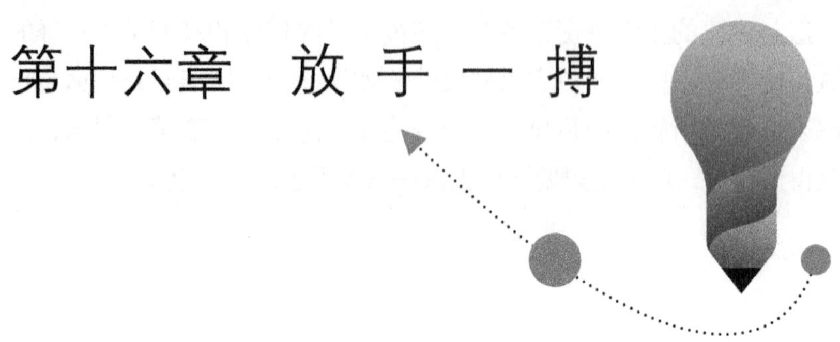

复杂性会招致拖延。当我们想到有如此多的因素导致创造和谨慎之间不平衡时，我们如何又从何处着手开始行动呢？当面临很紧张的预算时，试图去着手改变系统也许是愚蠢的，也许最聪明的做法是等待。然而，越来越多的评论者和科学家在呼吁打破系统束缚创新的枷锁，呼吁采取有力的行动。庆幸的是，这些都不是无章可循的。

充满希望的可能性：珍妮利亚农场

从历史上来说，霍华德·休斯医学研究所是针对人进行投资，而不是针对一个建筑进行投资。然而，2006 年，它进行了一次理念上的重大调整，在弗吉尼亚州的阿什伯恩市投资建设了一座 281 英亩的研究园区，命名为珍妮利亚农场（Janelia Farm）。

珍妮利亚农场是创造力的“避难所”，它的四周环绕着农田和森林，但离华盛顿特区不到一小时车程。珍妮利亚农场的主建筑由著名的乌拉圭建筑师拉斐尔·维诺里（Rafael Viñoly）设计，占地38万平方英尺①，由玻璃封闭构造，将功能与美学结合起来。有幸被邀请的客人到其安全园区参观了可以容纳超过200名常驻科学家的实验室和办公室。居民区、巨大的休闲设施、美味的咖啡、藏书丰富的图书馆、幼儿园甚至干洗店都配套于园区内，以保证研究者可以心无旁骛地工作。

相比于一个地域空间来说，珍妮利亚农场更多地体现了一种理念。激发这种理念的是世界上最有创新性的环境，包括贝尔实验室和剑桥闻名于世的医学研究委员会实验室。霍华德·休斯医学研究所的核心信念是以人为本。潜力极高的科研天才都被珍妮利亚农场的空间和资源吸引，他们来自世界各地和各个学科（包括分子生物学、化学、物理学、心理学及生物统计学等。

协同是珍妮利亚农场理念中的一个重要组成元素。珍妮利亚农场主建筑的开放性设计的意图是通过同事交流碰撞来最大化地实现灵感火花的产生，这是基于艾萨克·科哈尼（Isaac Kohane）研究成果的指导。科哈尼来自哈佛医学院，主要研究科学家之间的物理上的相互影响作用。在分析了35 000多篇同行评议的论文之后，他发现，最好的研究出自彼此工作距离在10米以内的那些人。珍妮利亚实验室共用核心设备，科学家在多学科交叉的小型实验室中开展工作，但经常被积极鼓励参与具有更大合作性的研究项目，以获得更加丰富也更加尖端的研究资源，还会在每一次年度学术讨论会上分享研究方法和成果。即使是吃饭也促使了同事之间的交流，每天的午餐在只有简单座位的一间很小的餐厅中。如果科学家想要享用一顿美味的午餐，他们必须坐在一起彼此交流。

霍华德·休斯医学研究所长期的核心计划是对330名研究者进行资助，这也为珍妮利亚农场提供了强大的支持。霍华德·休斯医学研究所的研究精英可以留在其原来的大学工作，但珍妮利亚农场会邀请他们作为访问学者来访问，或者作为大型项目研究团队的编外成员，甚至成为直接雇员。至少在某段时间内，一个霍华德·休斯医学研究所的学者可以进入珍妮利亚农场担任一个团队的领导，即通常所说的实验室主任。选择团队的领导的基本条件是其是否有着卷起袖子直接参与具有划时代意义的实验的激情，另外还要考虑其是否有指导

① 1平方英尺=0.0929平方米。

团队成员的热情。

珍妮利亚农场最震撼的不寻常之处在于，不鼓励其成员申请外部项目资助。霍华德· 休斯医学研究所通过提供最尖端的仪器和设施，并控制行政事务的干扰，来促进其科研系统的灵活性和冒险性。由于避免了去申请其他各种零散的基金，珍妮利亚农场的研究者不再需要连续而机械地撰写项目申请书。珍妮利亚农场的一份资料中提到，当今大学里的科研系统要求研究者像小生意人一样，而这个角色对很多最具有创造力的年轻人来说是非常不适应的。

珍妮利亚农场体制的批判者担心，这种容易获得资金的方式可能会导致研究者自满，而珍妮利亚农场自身也存在这样的担心。为此，霍华德·休斯医学研究所和珍妮利亚农场睿智的设计者从贝尔实验室的成功中汲取了有用的经验。像贝尔实验室一样，珍妮利亚农场不提供终身职位。贝尔实验室的科学家都像年轻的小牛犊一样充满干劲（1988 年，项目负责人的平均年龄为 37 岁），期待着最后到大学里获得稳定位置。除了团队的领导以外，珍妮利亚农场的雇员都是处于职业生涯早期的科学家，他们的选择机会是有限的。但当他们几年后离开珍妮利亚农场时，这些年轻人会去追求更好的学术界位置。为了成功地实现这一点，他们会很聪明地利用在珍妮利亚农场的时间，即他们必须做好重要的工作。

珍妮利亚农场的研究者要迎接重大问题的挑战，尽管这需要花费很长时间并面临一次又一次的失败。效仿剑桥医学研究委员会实验室的模式，珍妮利亚农场的战略规划（2003 年）引用诺贝尔奖得主约翰·萨尔斯顿所建议的意见，“很确定的一点是，剑桥医学研究委员会应该准备资助长期的研究工作。佩鲁茨花了 23 年时间来解析血红蛋白的结构，而很多化学家和生物学家认为他在浪费时间……过去不必，现在也不必提前证明每一件事；只是给予你足够的时间以及有限的空间和资源，让你放手去做想做的事情。”在珍妮利亚农场，研究成果并不是靠论文发表数量或职业荣誉来衡量的，而是对其工作的原创性和潜在影响进行评估。霍华德·休斯医学研究所的医学顾问和科学审查委员会像探矿人员一样审视研究者的个体发展，试图从年轻研究者身上观察到预示其天赋和才能并将会引导其成为下一个科学巨人的微妙信号。

珍妮利亚农场的创始人杰拉尔德·鲁宾（Gerald Rubin）从科学界获得建议

和指导后，决定要求农场里的很多研究者去探索大脑的内层。更具体地来说，他的侧重点是促进更多人通过开发和应用新工具来开展上述领域的研究。

与科学发现相比，新的研究方法和科学仪器的发明看起来更普通一些。但是，有力的发明常常是科学发现的先决条件。一方面，经验式的观察是知识获取、技术和发明的基础；另一方面，科学和发现是携手共进式的发展。现代遗传学——包括解码人类基因组、基因治疗、基因指纹在内的所有奇迹，没有哪一个能离开凯利·穆利斯（Kary Mullis）在 1983 年所开发的简单而优雅的技术，即聚合酶链式反应。聚合酶链式反应将单条 DNA 分子扩增成几千条乃至百万条拷贝数，从而获得足够的 DNA 用来检测和分析。类似地，我们了解的大脑功能模——自闭症是什么导致的，为什么可卡因会使人兴奋，记忆是如何存储的——都是因为计算机断层扫描、核磁共振及正电子成像扫描等技术取得突破而实现的。

即使像统计学这样“高深莫测”的学科，发明与发现之间的关系也是不可分割的。直到 1960 年，生物统计学只能用于处理单一的输入数据和输出数据之间的关系，仍然难以应用于解决真实生活中遇到的问题。一项称为回归分析的伟大发明改变了这种情况。回归分析使分析员可以一次性考虑多组数据。在心理学领域，回归分析造就了获得诺贝尔奖的理论——离散选择，其解释了人们如何在不同备选方案之间做决定。在流行病学领域，回归分析使科学家可以预测流感的暴发并发现膳食和运动对心脏疾病的影响。

回归分析并不像很多现在的学生所认为的那样是在 20 世纪中叶发明的，而是出现在 100 年以前。皮埃尔-弗朗索瓦·弗赫斯特（Pierre-Francois Verhulst）是一个爱冲动的比利时学生，后来因为将民主主义带入梵蒂冈而被罗马驱逐。在他发现提出回归分析理论而实现了数学上的突破后，他的工作却被埋没了数十年。1920 年，同样的理论内核又被约翰霍普金斯大学的教授独立提出以解释人口增长现象。得益于 1960 年高性能计算机技术的兴起，回归分析已经成为现代科学研究不可或缺的日常工具。今天的生物医学科学家轻触按键就可以应用回归分析来获取新发现时，肯定会觉得理所当然，但是如果没有这项发明的应用，我们将无从得知对包括从个性化医疗到经济市场运行的各个领域的根本理解和关键性结论。

即使在贝尔实验室，这样一个技术创新与科学发现并进、工程师与科学家并存的地方，在探索自然秘密和创造新仪器的同时也鼓励革命性的创新。我一直坚持认为，计算机科学在近期的发展速度上远超其他学科是因为其很自然地把创新和发明编织在一起。对过程的洞察（科学发现）和硬件（工程发明）是紧密耦合并相互强化的。在计算机行业内，一个公司常常会安排两个队伍协作甚至组建一个单独的团队来进行这种结合性的研究。那么如果医学院必须与工程系共用空间会发生什么呢？如果高技术公司与人类学家和语言学家并肩工作的话，结果又会是怎样的呢？

在撰写本书时，珍妮利亚农场如果是作为一个富有成效的例子来举出，更多的是一种希望而并非是完全确定如此。一部分科学评论家认为，与其巨大投入相比而言，其产出太少。鉴于霍华德·休斯医学研究所坚持其传统资助模式，资助研究者和年轻科学家在其原单位工作，这些批评者认为，那些资助本可以花得更好一些。

然而，珍妮利亚农场这样的大型实验和探索非常耗时——经常需要数十年的时间来成熟。只有时间能证明珍妮利亚农场是失败还是成功的。进一步的，怀疑也不能否认正在实施的霍华德·休斯医学研究所理念的成功，因为霍华德·休斯医学研究所有如此多的研究者获得了诺贝尔奖。这包括了资助聪明的人、给他们充足的资源及尊重产生颠覆式创新所需的曲折和时间。

令人羡慕的技术创新者——谷歌公司

珍妮利亚农场无论是物理空间还是发展理念都还有待成熟，而谷歌公司——世界上最大、最成熟的搜索引擎服务提供商，已经形成了发展完善的发明生态系统。谷歌体制是完全独立于珍妮利亚农场发展起来的，但是却与其有着很多共同点。

谷歌公司吸收精英大学中顶级的具有独立思考能力的工科毕业生。他们为自己的人才提供良好的薪酬但并不会给予专利分红收入等形式的奖金。谷歌公司的员工有极大的自主权来决定采用什么手段去解决问题。他们可以将自己20%的时间用来开展自己选择的独立性创造。他们的绩效产出完全受一种“做好”的内在动力驱使，因为研究成果将成为开放资源，所有的应用并不能为其钱包带来直接收益，也不会对谷歌公司的财务有任何贡献。据说谷歌已有的看似无穷无尽的独家产品列表中，包括 Gmail 邮箱、谷歌新闻、谷歌广告联盟 AdSense、谷歌地图在内，大约有一半来源于谷歌员工的这种“副项目”。

Goolgeplex 是谷歌公司位于加利福尼亚州的总部，同时被设计成办公区域和休闲娱乐场所，可以提供干洗、医疗、按摩、免费理发、自行车修理、台球、健身游泳池和攀岩墙等各种服务和设施。美味的餐饮和小吃都是免费提供的，处处都令人舒服，处处都是美景。这些设施的设计促进了同事之间的交叉和互动。谷歌公司的员工享受着无所束缚的环境，将自己的自行车搬到办公室的墙上或者用各种疯狂的装饰和最爱的玩具来使自己的空间极具个性化。

尽管谷歌公司的员工在常规工作中通常需要以参与团队的方式开展工作，但他们在自由工作时间内的发明工作方式仍然可以自由选择——与同事、朋友合作或者单独进行。谷歌公司总部既为员工提供了相互协作的便利性又为员工独处工作提供了便利性。

谷歌公司员工因为无休止的工作而闻名，而谷歌公司则清楚这种方式是不可能无限持续的。像贝尔实验室和珍妮利亚农场一样，谷歌公司将自身视为员工将来跳槽的起步平台。年轻的、精力充沛的谷歌公司员工常常在 5 年内离职。尽管如此，根据谷歌公司在全国范围对 1 万名年轻的职业商务人士所开展的一项调查中，有 1/4 选择了谷歌公司作为其理想雇主。

珍妮利亚农场和谷歌公司共同拥有的基本元素是，它们都有机融合了天赋、协同、田园氛围及自由；它们都已经成为专业人士向往的科研圣地及创新和发明的潜在动力源泉。它们的这些模式给了我们新的希望，让我们能够重新设计一套科学系统——哪怕只限定在特定的学科或科学系统的部分领域，以使创造得以自由开展。

概要总结

本书试图去理解为什么现在的科学系统处于无限可能性与令人沮丧的不作为之间的十字路口上。社会渴求革命性的进步，但却同时将大量资金花费在有形产品上。“众包”机制可以带来丰富的合作可能性，但也仍然有待进一步探索。对科学系统的限制和调控来源于社会的合理恐惧，但社会对科学系统的不作为所对应的机会成本却缺乏认识。

然而，这种困境并不是无法克服的。珍妮利亚农场和谷歌公司的模式已经表现出了一系列的系统性改变，这看起来已经在孕育创造上取得了真正的成功。

创新是科学和社会进步的引擎，是我们追求希望的工具。我们不应该满足于当下这个无法在发展社会福利方面实现其全部潜力的科学系统。为了开创性地解决当今社会面临的一系列极具威胁的挑战，我们必须使创造与谨慎之间实现平衡。我们已经了解了一些如何摆脱传统与惯性的手段，也找到了一些实例来证明什么是可行的而什么是不可行的，那么现在是开展实验、果断采取措施、解决创造力危机并释放各种可能性的时候了。

后 记

几年前，我成为忠实的跑步运动者。从大学时代开始，我每周都会进行 2～3 次距离数英里的慢跑。当我的孩子出生时，我的跑步生涯中断了几年，虽然后来又重拾这一习惯，但更多的是为了保持身材却再也无法从中体会到快乐。有一天，我与一位朋友谈起此事。她是一位狂热的运动爱好者，参加过多次马拉松比赛。我问她是否觉得我的身体看起来无法坚持跑完 3 英里，她问我："你跑最初的 3 英里的时候是什么感觉呢？"我回答说："疼。"她笑着说："当然会疼，最初的 3 英里跑起来都会疼的。"接下来的话让我震惊了，据她所说，最初的几英里对所有人来说都是最困难的，即使对她这样参加过多次马拉松运动的人来说也是如此。跑完最初的几英里之后能否继续迈步前进完全取决于心灵而非体质。她肯定地表示，跑的距离越远，感觉就会越轻松，跑了几英里后，如果驱动自己继续向前跑，剩下的过程就会变得很美好。现在，几乎每天的破晓时分我都会起床，强迫自己忍受跑出最初若干步时感受到的疼痛。有些时候我比其他人更畏惧这种疼痛，但是我告诉自己这是必须完成的任务，然后继续跑，再过一会儿，奇妙的变化开始发生，我的腿保持前进，而我的大脑不再在乎小腿上感受到的疼痛，反而开始注意到微风的轻抚、小鸟的鸣叫及从附近的甜甜圈店里飘来的香味。然后，我就知道，像我朋友预言的那样，过去那种跑步的快乐又回来了。在本书中，我曾多次引用过创造力领域的专家米哈里·契克森米哈（Mihaly Csikszentmihalyi）的观点，他将这种跑过几英里之后的情形称为“涌流”，而我则称为“精神”。

我近来产生长跑的热情与我对这本书的写作是类似的。这两件事情中，最初几英里的过程都是最困难的，需要停止怀疑才能坚持下去。跑步和写作的过程都会变成那种让人感觉缺乏真正的内在动力却不得不坚持完成的任务，而不是那种做起来会感觉很重要的事情。但是如果完成了这两个过程，你就能成就一些美好的事情。

无论是跑步还是写作，其过程中最大的障碍都是畏惧。有一天晚饭时，我问我的丈夫，如果《创造力危机——重塑科学以释放潜能》这本书在科研界受到全面责难以致威胁我的声望乃至工作时，我们的生活能否坚持下来。尽管我已经记不起他当时具体的回答了，但我记得那是鼓舞人心的话语，允许我去做心中所想的事情。

2012 年，出于对同行潜在反应的焦虑，当接到在美国医院协会（AAMC）彼得斯多夫（Petersdorf）冠名讲座上做报告的邀请时，我决定进行一次试水。美国医院协会成立于 1876 年，承办着美国全国医学院入学考试，但更多的时候则是为医学学术研究界提供发声和组织性保护的地方。美国医院协会的前任主席彼得斯多夫身上有一股自然的力量，并且他是一个非常专业的煽动者。尽管我很高兴能够以他的风格进行一次演讲，但对于满是大学研究领导者的观众席会对我这生硬的演讲做出什么样的回应，我仍然感到心里没底。我准备好了面对一场艰难的听众提问环节，而对来自听众席的帮助和支持则没有丝毫期待。但是，一个参会人员走到麦克风前时评论道：“感谢你说出了我们都知道的事情，皇帝的身上没有衣服”。走出会场时，我感受到了更加明确的目标，以及一种信念，那就是我并不是唯一一个开始感觉到科研系统有些失衡的人。

除了从彼得斯多夫讲座的经历中得到的鼓舞以外，在本书稿提交给出版社之后出现的部分科学论文和观点也鼓励了我。其中有三篇值得特别关注。第一篇是《是时候抛开国内生产总值了》（*Time to Leave GDP Behind*），作者是罗伯特·科斯坦萨（Robert Costanza），2014 年 1 月 16 日发表于《自然》期刊，此文中给出了与我在本书第三章中进行的几乎完全相同的论证。如同罗伯特·肯尼迪（Robert Kennedy）曾经评论的那样，美国国内生产总值应该被其他反映人类发展的指标代替，因为它完全“无法用来衡量生活的意义和价值”。第二篇是弗朗西斯·柯林斯（Francis Collins）和劳伦斯·塔巴克（Lawrence Tabak）执笔的《美国国立卫生研究院强化可重复性计划》（*NIH Plans to Enhance Reproducibility*）（2014 年 1 月 30 日发表于《自然》期刊），文中讨论了我在本书第十四章中所列举的令人苦恼的问题，并提出了很多相同的解决办法。尤其是，它还提到美国国立卫生研究院正在就合理的实验设计这一内容设计在线培训方案。该方案提出了一份关于理想研究的有关特征的清单列表，以供同行评议研究部分采用。作为其大数据计划的一部分，美国国立卫生研究院打算资助部分项目来开发工具，以发现那些尚未发表的原始数据。一个被称为 PubMed Commons 的线上网站已经开发出来，作为对已经发表的研究进行讨论的沙龙。另外，美国国立卫生研究院正在认真考虑修改其生物草图的格式（由每个受美国国立卫生研究院资助的项目提交），以强调那些重要的进展，同时还在考虑提供更强的（资助）稳定性，如提供灵活性更强并且资助时间更长的资助项目。第三篇文章是来自《美国国家科学院院刊》（*PNAS Perspective*）的一篇观点性文章《把美国的生物医学研究从系统漏洞中拯救出来》（*Rescuing US Biomedical Research from Its Systemic Flaws*），作者是艾伯茨（Alberts）、基施纳（Kirschner）、蒂里夫马（Tilghman）及瓦姆斯（Varmus）（美国国家癌症研究所所长）。该篇文章中高度强调的若干问题我在本书中都有所列举，包括高度竞争的破坏性效应、行政性要求及项目资助用于支付薪资与研究大楼时的潜在风险。艾伯茨等提出了很多与我观点相同的解决方案，当然还包括其他一些建议，此文非常值得一读。

我很受鼓舞，因为美国国立卫生研究院已经开始认识到谨慎与创造之间失衡的意义及其造成的影响。我谨希望这本书能够对美国国立卫生研究院这一美国最大的联邦资助机构及其姊妹机构在从思考到行动的过程中提供一些支持与帮助。这个过程需要开展大量的、系统的试验，其中很多会以失败告终，但某一部分将会重振真正的变革性研究。

尽管我很确定，这本书会因为不完整的引用、不充分的视角（太过或不足）或者根本上的不同意见而受到广泛的批评，但我仍然坚持我的初衷。我开导过很多处于职业生涯初期的研究者，他们面临着自己无法诉说的困境，无法保持那种将其带上科研道路的好奇天性与创造动力。我希望这本书能够起到抛砖引玉的作用，引发由科学家、政策制定者和科学界以外人士参与的对话，以实现谨慎与创造之间更加健康和谐的关系及科学创新生态系统的平衡。

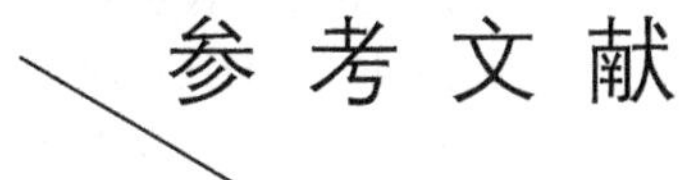

参考文献

第一章

Kurzweil

Kurzweil, R. (2001). The law of accelerating returns. *Kurzweil Accelerating Intelligence*. Retrieved August 2013, from http://www.kurzweilai.net/the-law-of-accelerating-returns.

Kurzweil, R. (2005). *The singularity is near: When humans transcend biology*. New York, NY: The Penguin Group.

Ross, G. (2007). An interview with Douglas R. Hofstadter. *The American Scientist*. Retrieved September 2013, from http://www.americanscientist.org/bookshelf/pub/douglas-r-hofstadter.

Innovation Slowdown

Bronson, P., & Merryman, A. (2010, July 10). The creativity crisis. *Newsweek*. Retrieved June 2014, from http://www.newsweek.com/creativity-crisis-74665.

Cowen, T. (2010). *The Great Stagnation: How America ate all the low-hanging fruit of modern history, got sick and will (eventually) feel better*. New York, NY: Penguin.

Cowen, T. (2011, January 29). Innovation is doing little for incomes. *The New York Times*. Retrieved June 2014, from http://www.nytimes.com/2011/01/30/business/30view.html?_r=0.

Obesity

Ness, R. B. (2012, May 29). Why do we hate big tobacco and love big food? An out-of-the-box solution to the obesity epidemic. *Psychology Today*. Retrieved August 2013, from http://www.psychologytoday.com/blog/innovation-generation/201205/why-do-we-hate-big-tobacco-and-love-big-food.

Alzheimer's Disease

Alzheimer's Association. (2010). *Changing the trajectory of Alzheimer's disease*. Retrieved August 2013, from http://www.alz.org/alzheimers_disease_trajectory.asp.

Science Losing Its Edge

Brooks, D. (2011, October 6). Where are the jobs? *The New York Times*. Retrieved June 2013, from http://www.nytimes.com/2011/10/07/opinion/brooks-where-are-the-jobs.html.

Davidson, A. (2011, December 28). Will China outsmart the U.S.? *The New York Times*. Retrieved May 2012, from http://www.nytimes.com/2012/01/01/magazine/adam-davidson-china-threat.html?pagewanted=all&_r=0.

Evans, K. (2011, January 31). The Great Stagnation, low-hanging fruit and America's Sputnik moment. *The Wall Street Journal*. Retrieved July 2014 from http://blogs.wsj.com/economics/2011/01/31/the-great-stagnation-low-hanging-fruit-and-americas-sputnik-moment/.

Mandel. M. (2009, June 3). The failed promise of innovation in the U.S. *Bloomberg Businessweek Magazine*. Retrieved July 2013, from http://www.businessweek.com/magazine/content/09_24/b4135000953288.htm.

Salam, R. (2011, October 4). Peter Thiel and the why-things-have-slowed-down question. *National Review*. Retrieved December 2011, from http://www.nationalreview.com/agenda/279171/peter-thiel-and-why-things-have-slowed-down-question-reihan-salam.

Henry Ford

Ford, H. (2007). *My life and work*. New York, NY: Cosimo.

Gelderman, C. W. (1981). *Henry Ford: The wayward capitalist*. New York, NY: Dial Press.

Snow, R. (2013). *I invented the modern age: The rise of Henry Ford*. New York, NY: Simon & Schuster.

Early-Career Scientists Speak

Sills, J. (2012). Next gen voices. Results: Future of a generation. *Science*, *335*, 36.

Biological Armageddon

Boyle, A. (2012, March 13). What to do about synthetic life? *NBC News Cosmic Log*. Retrieved June 2014, from http://cosmiclog.nbcnews.com/_news/2012/03/13/10672301-what-to-do-about-synthetic-life.

Gibson, D., Glass, J., Lartigue, C., Noskov, V. N., Chuang, R. Y., Algire, M. A., . . . Venter, J. C. (2010). Creation of a bacterial cell controlled by a chemically synthesized genome. *Science*, *329*, 52–56.

Lander, E. S., Linton, M., Birren, B., Nusbaum, C., Zody, M. C., Baldwin, J., . . . Chen, Y. J. (2001). Initial sequencing and analysis of the human genome. *Nature, 409*, 860–921.

Schmidt, M., Kelle, A., Ganguli, A., & de Vriend, H. (Eds.). (2009). *Synthetic biology. The technoscience and its societal consequences.* New York, NY: Springer Academic.

Venter, J. C., Adams, M., Myers, E., Li, P., Mural, R. J., Sutton, G. G., . . . Zhu, X. (2001). The sequence of the human genome. *Science, 291*, 1304–1351.

National Academies Reports

Members of the 2005 "Rising Above the Gathering Storm" Committee. (2010). *Rising Above the Gathering Storm Revisited: Rapidly Approaching Category 5.* Washington, DC: The National Academies Press.

Savill, J. (2012). Catastrophic neglect of basic sciences in medicine. *Lancet, 379*, 1273.

Redesigning the Room

Zohar, D. (1990). *The quantum self: Human nature and consciousness defined by the new physics.* New York, NY: William Morrow.

第二章

US Research Output / Funding for R&D

Federal agencies (NIH, NSF, DOE) update about proposed FY2014 budgets. (2013). Retrieved September 2013, from http://rgsrs.nku.edu/content/dam/rgsrs/docs/rgc/press/GRC%20FY2014%20budget%20update%204-26-13.pdf.

National Science Board. (2012). *Science and engineering indicators 2012.* [NSB 12-01]. http://www.nsf.gov/statistics/seind12/start.htm.

Breakthrough Discoveries

Cho, A. (2012). Higgs-Boson makes its debut after decades-long search. *Science, 337*, 141–143.

Taylor, L. (2012, July 4). Observation of a new particle with a mass of 125 GeV. *Compact Muon Solenoid Experiment at CERN's LCH.* Retrieved July 2012, from http://cms.web.cern.ch/news/observation-new-particle-mass-125-gev.

Xia, Q., & Grant, S. F. (2013). The genetics of human obesity. *Annals of the New York Academy of Sciences, 1281*, 178–190.

Basic Science Definition

Collins, F. S. (2012). NIH basics. *Science, 337,* 503.

Bell Labs

Gertner, J. (2012). *The idea factory. Bell Labs and the great age of American innovation.* New York, NY: Penguin Press.

Economics of Basic Discovery

Gersbach, H. (2009). Basic research and growth policy. In D. Foray (Ed.), *The New Economics of Technology Policy* (pp. 113–122). Cheltenham, UK: Edward Elgar Publishing.

McKenzie, R. B., & Lee, D. R. (2006). *Microeconomics for MBAs. The economic way of thinking for managers* (2nd ed.). Cambridge, UK: Cambridge University Press.

Protein Folding

Dill, K. A., & MacCallum, J. L. (2012). The protein folding problem, 50 years on. *Science, 338,* 1042–1046.

Sidney Farber

Chabner, B. A., & Roberts, T. G. (2005). Chemotherapy and the war on cancer. *Nature Reviews Cancer, 5,* 65–72.

Dana Farber Cancer Institute. http://www.dana-farber.org/.

Diamond, L. K. (1985). This week's citation classic. *Current Contents, 14,* 16.

Farber, S., Diamond, L. K., Mercer, R. D., Sylvester, R. F., & Wolff, J. A. (1948). Temporary remissions in acute leukemia in children produced by folic acid antagonist, 4-aminopteroyl-glutamic acid (aminopterin). *New England Journal of Medicine, 238,* 787–793.

Miller, D. R. (2006). A tribute to Sidney Farber. *British Journal of Hematology, 134,* 20–26.

Mukherjee, S. (2011). *The emperor of all maladies: A biography of cancer.* New York, NY: Scribner.

Thiel Quote

Fingleton, E. (2013, March 20). America the innovative? *The New York Times Sunday Review.* Retrieved April 2013, from http://www.nytimes.com/2013/03/31/sunday-review/america-the-innovative.html?pagewanted=all&_r=0.

Cancer Deaths Have Budged Little

Hanahan, D. (2014). Rethinking the war on cancer. *Lancet*, *383*, 558–563.

Innovation Must Be Accepted by Society

Csikszentmihalyi, M. (1996). *Creativity: Flow and the psychology of discovery and invention*. New York, NY: Harper Collins.

Early-Career Scientists Speak

Sills, J. (2012). Next gen voices. Results: Future of a generation. *Science*, *335*, 36.

第三章

US and Global Expenditures on and Employment in R&D

National Science Board. (2008). *Science and engineering labor force*. Retrieved September 2013, from http://www.nsf.gov/statistics/seind08/pdf/c03.pdf.

National Science Board. (2012). *Science and engineering indicators 2012*. [NSB 12-01], Retrieved September 2013, from http://www.nsf.gov/statistics/seind12/start.htm.

Vannevar Bush

Bush, V. (1945, July 1). As we may think. *The Atlantic*. Retrieved September 2013, from http://www.theatlantic.com/magazine/archive/1945/07/as-we-may-think/303881/.

Wiesner, J. B. (1979). *Vannevar Bush. 1890–1974. A biographical memoir.* Washington, DC: National Academy of Sciences.

Zachary, G. P. (1997). *Endless frontier. Vannevar Bush: Engineer of the American century*. Cambridge, MA: MIT Press.

NIH and NSF 2012 Budgets

Federal agencies (NIH, NSF, DOE) update about proposed FY2014 budgets. (2013). Retrieved September 2013, from http://rgsrs.nku.edu/content/dam/rgsrs/docs/rgc/press/GRC%20FY2014%20budget%20update%204-26-13.pdf.

Sputnik and American Science

Dow, P. (1998). *Sputnik revisited: Historical perspectives on science reform*. Reflecting on Sputnik: Linking the past, present, and educational reform, a symposium hosted by the Center for Science, Mathematics, and Engineering

Education, Washington, DC. Retrieved September 2013, from http://www.nas.edu/sputnik/dowl.htm.

Fuller, B. (1969). *Operating manual for spaceship earth*. New York, NY: Simon and Schuster.

Rutherford, F. J. (1998, January). *Sputnik and science education*. Reflecting on Sputnik: Linking the past, present, and future of educational reform, a symposium hosted by the Center for Science, Mathematics, and Engineering Education, Washington, DC. Retrieved September 2013, from http://www.nas.edu/sputnik/rutherl.htm.

Stephan, P. (2012). *How economics shapes science*. Cambridge, MA: Harvard University Press.

Economics of Growth in Technology

Committee on Research Universities, Board on Higher Education and Workforce (BHEW), Policy and Global Affairs (PGA), & the National Research Council. (2012). *Research universities and the future of America. Ten breakthrough actions vital to our nation's prosperity and security*. Washington, DC: The National Academies Press.

Florida, R. (2002). *The rise of the creative class: And how it's transforming work, leisure, community and everyday life*. New York, NY: Perseus Book Group.

Reikard, G. (2011, March 1). Stimulating economic growth through technological advance. *AMSTAT News*. Retrieved September 2013, from http://magazine.amstat.org/blog/2011/03/01/econgrowthmar11/.

Solow, R. (1957). Technical change and the aggregate production function. *Review of Economics and Statistics, 39*, 312–320.

Businesses, Not Society, Provide the Dominance of R&D Funding

National Science Board. (2004). *Science and engineering indicators 2004*. Retrieved February 2013, from http://www.nsf.gov/statistics/seind04/c4/c4s1.htm.

National Science Board. (2008). *Science and engineering indicators 2008*. Retrieved September 2013, from http://www.nsf.gov/statistics/seind08/c5/c5h.htm.

National Science Board. (2012). *Science and engineering indicators 2012*. [NSB 12-01]. Retrieved September 2013, from http://www.nsf.gov/statistics/seind12/start.htm.

Stephan, P. (2012). *How economics shapes science*. Cambridge, MA: Harvard University Press.

NIH Prioritizing Research Other Than Basic Science

Chalmers, I., Bracken, M. B., & Djulbegovic, B. (2014). Research: Increasing value, reducing waste: How to increase value and reduce waste when research priorities are set. *Lancet, 383,* 156–165.

Hand, E., Mole, B., Morello, L. Tollefson, J., Wadman, M., & Witze, A. (2013). A back seat for basic science. *Nature, 496,* 277–279.

Macleod, M. R., Michie, S., Roberts, I., Dirnagl, U., Chalmers, I., Ioannidis, J. P., . . . Glasziou, P. (2014). Biomedical research: Increasing value, reducing waste. *Lancet, 383,* 101–104.

Thorp, H., & Goldstein, B. (2010). *Engines of innovation: The entrepreneurial university in the twenty-first century.* Chapel Hill: University of North Carolina Press.

Preterm Birth

Chang, H., Larson, J., Blencowe, H., Spong, C., & Howson, C. P. (2013). Preventing preterm births: Analysis of trends and potential reductions with interventions in 39 countries with very high human development index. *Lancet, 381,* 223–234.

Crop Rotation

Davis, A. S., Hill, J. D., Chase, C. A., Johanns, A. M., Liebman, M. (2012). Increasing cropping system diversity balances productivity, profitability and environmental health. *PloS One, 7*(10), e47149.

ALLHAT

The ALLHAT Officers and Coordinators for the ALLHAT Collaborative Research Group. (2002). Major outcomes in high-risk hypertensive patients randomized to antiogensin-converting enzyme inhibitor or calcium channel blocker or diuretic. *Journal of the American Medical Association, 88,* 2981–2997.

Pollack, A. (2008). The minimal impact of a big hypertension study. *The New York Times.* Retrieved October 2011, from http://www.nytimes.com/2008/11/28/business/28govtest.html.

Bell Labs, Xerox PARC, and Investment in Long-Latency Science

Gertner, J. (2012). *The idea factory: Bell Labs and the great age of American innovation.* New York, NY: Penguin.

Hiltzik, M. A. (2009). *Dealers of lightning.* New York, NY: HarperCollins.

Owens, B. (2013). Slow science: The world's longest-running experiments remind us that science is a marathon, not a sprint. *Nature, 495,* 300–303.

Pollack, A. (2008, November 27). The minimal impact of a big hypertension study. *The New York Times*. Retrieved October 2011, from http://www.nytimes.com/2008/11/28/business/28govtest.html.

Is Basic Science in Society's Best Interest?

Chalmers, I., Bracken, M. B., & Djulbegovic, B. (2014). Research: Increasing value, reducing waste: How to increase value and reduce waste when research priorities are set. *Lancet*, *383*, 156–165.

Comroe, J. H., & Dripps, R. D. (1976). Scientific basis for the support of biomedical science. *Science*, *192*, 105–111.

Davis, J., Green, L., & Mason, B. *From bench to bedside: Comroe and Dripps revisited*. Retrieved February 2014, from http://bura.brunel.ac.uk/bitstream/2438/4186/3/FullText.pdf.

Morris, Z. S., Wooding, S., & Grant, J. (2011). The answer is 17 years, what is the question: Understanding time lags in translational research. *Journal of the Royal Society of Medicine*, *104*, 510–520.

Wooding, S., Hanney, S., Buton, M., & Grant, J. (2004). The returns from arthritis research volume 1: Approach, analysis and recommendations. *DTIC*. Retrieved February 2014, from http://oai.dtic.mil/oai/oai?verb=getRecord&metadataPrefix=html&identifier=ADA427710.

State Funding Under Duress

Kiley, K. (2012, April 10). The other debt crisis. *Inside Higher Education*. Retrieved April 2013, from http://www.insidehighered.com/news/2012/04/10/public-universities-will-take-more-debt-states-decrease-spending-capital-projects.

National Science Board. (2012). Diminishing funding and rising expectations: Trends and challenges for public research universities. *National Science Foundation*. Retrieved September 2013, from http://www.nsf.gov/nsb/sei/companion2/.

Oliff, P., Palacios, V., Johnson, I., & Leachman, M. (2013, March 19). Recent deep state higher education cuts may harm students and the economy for years to come. *Center on Budget and Policy Priorities*. http://www.cbpp.org/cms/?fa=view&id=3927.

Declining and Unpredictable Role of Federal Funding

Feldman, M., Roach, M., & Bercovitz, J. (2012, September 21). *The evolving research enterprise: The role of foundations and strategic funding*. Presentation made to the National Academies, Washington, DC.

National Bureau of Economic Research, The President's Scientific Advisory Committee. (1960). *Scientific progress, the universities, and the federal government.* Washington, DC: The White House.

National Institutes of Health. (2012). *Research project success rates by type and activity for 2012.* Retrieved August 2013, from http://report.nih.gov/success_rates/Success_ByActivity.cfm.

National Institutes of Health, Office of Extramural Research. *Actual of NIH R01 equivalent success rate FY 1970–2008 and estimates of NIH R01 equivalent success rate FY 1962–1969 from CGAF.* Retrieved August 2013, from http://report.nih.gov/displayreport.aspx?rid=796.

Stephan, P. (2013, March). *How economics shapes science.* American Epidemiological Society Feldman lecture, East Lansing, MI.

Stephan, P. (2013). The endless frontier: Reaping what Bush sowed? In A. Jaffe & B. Jones (Eds.), *The changing frontier: Rethinking science innovation policy.* Retrieved June 2014, from http://conference.nber.org/confer/2013/RSIPs13/summary.html.

Opportunities Collapse

DeVol, R., & Bedroussian, A. (2007). An unhealthy America. The economic burden of chronic disease. *Milken Institute.* Retrieved September 2013, from http://www.milkeninstitute.org/healthreform/pdf/AnUnhealthyAmericaExecSumm.pdf.

Ledford, H. (2012). Private labs caught in budget crunch. *Nature, 491*, 510.

Young People Suffer

Johnson, D. (2012, January 17). *National Science Board report: US losing R&D jobs to Asia.* Retrieved September 2012, from http://institute.ourfuture.org/node/70999.

Rockey, S. (2012). Age distribution of NIH principal investigators and medical school faculty. *NIH Office of Extramural Research.* Retrieved September 2013, from http://nexus.od.nih.gov/all/2012/02/13/age-distribution-of-nih-principal-investigators-and-medical-school-faculty/.

Vastag, B. (2012, July 7). US pushes for more scientists but the jobs aren't there. *Washington Post.* Retrieved July 2012, from http://www.washingtonpost.com/national/health-science/us-pushes-for-more-scientists-but-the-jobs-arent-there/2012/07/07/gJQAZJpQUW_story.html.

Global Health Challenges and Reverse Innovation

Bill and Melinda Gates Foundation. (n.d.). *Grant opportunities.* Retrieved August 2013, from http://www.gatesfoundation.org/How-We-Work/General-Information/Grant-Opportunities.

Ernst and Young. (2011). *Innovating for the next three billion*. Retrieved July 2014 from http://www.ey.com/GL/en/Issues/Business-environment/Innovating-for-the-next-three-billion [EYGM Limited, EYG No. EX0048].

Hotez, P. J., Molyneux, D. H., & Fenwick, A. (1997). Control of tropical neglected diseases. *New England Journal of Medicine, 357*, 1018–1027.

National Public Radio. (2012, August 4). *How America is losing the war on poverty*. Retrieved September 2013, from http://www.npr.org/2012/08/04/158141728/how-americas-losing-the-war-on-poverty.

Economic Prosperity and Well-Being

Fu, T. S-T., Lee, C-S., Gunnell, D., Lee, W-C., & Cheng, A. T-A. (2013). Changing trends in the prevalence of common mental disorders in Taiwan: A 20-year repeated cross-sectional survey. *Lancet, 381*, 234–235.

Inglehart, R., Foa, R., Peterson, C., & Welzel, C. (2008). Development, freedom, and rising happiness. A global perspective (1981–2007). *Perspectives on Psychological Science, 261*, 264–285.

Inglehart, R., Foa, R., & Welzel, C. (2010). Happiness trends in 24 countries, 1946–2006. Internet appendix to: Social change, freedom and rising happiness. *Journal of Personality and Social Psychology*. Retrieved September 2013, from http://alingavreliuc.files.wordpress.com/2010/10/trends-hapinness.pdf.

Maritain, J. (1953). *Creative intuition in art and poetry*. New York, NY: Pantheon Books.

Rogers, S. (2012, May 24). Bobby Kennedy on GDP: "Measures everything except that which is worthwhile." *The Guardian*. Retrieved September 2013, from http://www.theguardian.com/news/datablog/2012/may/24/robert-kennedy-gdp.

Stuckler, D., & McKee, M. (2013). The progress of nations: What we can learn from Taiwan. *Lancet, 381*, 185–187.

GDP and GPI

About.com Economics. (n.d.). *Definition of GDP / Gross Domestic Product*. Retrieved September 2013, from http://economics.about.com/cs/economicsglossary/g/gdp.htm.

Daly, H. (1996). *Beyond growth: The economics of sustainable development*. Boston, MA: Beacon Press.

Eckersley, R. (1998). Redefining progress: Shaping the future of human needs. *Family Matters, 51*, 6–12.

Lawn, P. A. (2003). A theoretical foundation to support the Index of Sustainable Economic Welfare (ISEW), Genuine Progress Indicator (GPI) and other related indexes. *Ecological Economics, 44*, 108–118.

Max-Neef, M. (1995). Economic growth and quality of life: A threshold hypothesis. *Ecological Economics, 15*, 115–118.

Pannozzo, R., & Colman, N. (2009). New policy directions for Nova Scotia. Using the Genuine Progress Indicator to count what matters. *GPI Atlantic*. Retrieved June 2014, from http://www.gpiatlantic.org/pdf/integrated/new_policy_directions.pdf.

第四章

Research University Endowment Assets

Capaldi, E. D., Lombardi, J. V., Abby, C. W., & Craig, D. D. (2008). The top American research universities annual report 2008. *Center for Measuring University Performance*. Retrieved June 2014, from http://mup.asu.edu/research2008.pdf.

Business Definition

Sullivan, A., & Sheffrin, S. M. (2003). *Economics: Principles in action*. Upper Saddle River, NJ: Pearson Prentice Hall.

Research Loses Money

Committee on Research Universities, Board on Higher Education and Workforce (BHEW), Policy and Global Affairs (PGA), & the National Research Council. (2012). *Research universities and the future of America. Ten breakthrough actions vital to our nation's prosperity and security*. Washington, DC: The National Academies Press.

Goldman, C. A., & Williams, T. (2000). Paying for university research facilities and administration. *Science and Technology Policy Institute, RAND*. (2000). http://www.dtic.mil/cgi-bin/GetTRDoc?AD=ADA381243.

Stephan, P. (2012). *How economics shapes science*. Cambridge, MA: Harvard University Press.

Stanford

The World University Rankings. (2012). Retrieved July 2013, from http://www.timeshighereducation.co.uk/.

Sponsored Research, Rankings, and Endowments Concentrated at the Top

Grant, G. (n.d.). *Benchmarking university technology transfer programs.* Retrieved June 2014, from http://www.uttx.com/Benchmark.pdf.

National Science Foundation. (2013, June 5). *Academic R&D expenditures.* Retrieved June 2014, from http://www.nsf.gov/statistics/rdexpenditures/.

Thorp, H., & Goldstein, B. (2010). *Engines of innovation: The entrepreneurial university in the twenty-first century.* Chapel Hill: University of North Carolina Press.

Tuition Bankrolls Research

Ehrenberg, R. G., Rizzo, M. J., & Jakubson, G. H. (2003). *Who bears the growing cost of science at universities?* (No. w9627). National Bureau of Economic Research. Retrieved July 2014 from http://www.nber.org/papers/w9627.

Schwartz, C. (2010, August 9). Who pays the hidden cost of university research? *Minding the Campus.* http://www.mindingthecampus.com/?s=Who+pays+the+hidden+cost+of+university+research%3F.

Stanford Fundraising

Gonzalez, R. (2013, February 20). Stanford tops college fundraising list. *National Public Radio.* Retrieved June 2013, from http://www.npr.org/2013/02/20/172519482/stanford-tops-college-fundraising-list.

Stanford Challenge. (2011). *Final report.* Retrieved May 2013, from http://thestanfordchallenge.stanford.edu/.

Moody's Downgrades Higher Education

Moody's. (2013, January 16). *Global credit research: 2013 outlook for entire US higher education sector changed to negative.* https://www.moodys.com/research/Moodys-2013-outlook-for-entire-US-Higher-Education-sector-changed--PR_263866.

Pressures on Public Universities

Kiley, K. (2012, April 10). The other debt crisis. *Inside Higher Education.* Retrieved April 2013, from http://www.insidehighered.com/news/2012/04/10/public-universities-will-take-more-debt-states-decrease-spending-capital-projects.

National Science Board. (2012). Diminishing funding and rising expectations: Trends and challenges for public research universities. *National Science Foundation.* Retrieved June 2014, from http://www.nsf.gov/nsb/sei/companion2/.

Oliff, P., Palacios, V., Johnson, I., & Leachman, M. (2013, March 19). Recent deep state higher education cuts may harm students and the economy for years to come. *Center on Budget and Policy Priorities*. Retrieved September 2013, from http://www.cbpp.org/cms/?fa=view&id=3927.

The World University Rankings. (2012). http://www.timeshighereducation.co.uk/.

Entrepreneurial Universities

Thorp, H., & Goldstein, B. (2010). *Engines of innovation: The entrepreneurial university in the twenty-first century*. Chapel Hill: University of North Carolina Press.

Technology Transfer Infrastructure

Blumenstyk, G. (2013, August 28). Universities report $1.8 billion in earnings on inventions in 2011. *Chronicle of Higher Education*. Retrieved May 2013, from http://chronicle.com/article/University-Inventions-Earned/133972/.

Malakoff, D. (2013). The many ways of making academic research pay off. *Science, 339*, 750.

May, M. (2011, November 14). Stanford program gives discoveries a shot at commercialization. *Nature Medicine*. Retrieved March 2013, from http://blogs.nature.com/spoonful/2011/11/stanford_program_gives_discove.html.

Richter, R. (2006, January 18). New senior associate dean for research building bridges from bench to bedside. *Stanford Report*. Retrieved February 2013, from http://news.stanford.edu/news/2006/january18/med-mochly-011806.html.

Stanford School of Medicine. http://sparkmed.stanford.edu/.

Optimization vs. Maximization

Christensen, C. (1997). *The innovator's dilemma: When new technologies cause great firms to fail*. Cambridge, MA: Harvard Business Press.

Drucker, P. F. (1999). *Innovation and entrepreneurship*. New York, NY: HarperCollins.

MOOCs and Udacity

Boxall, M. (2012, August 8). MOOCs: A massive opportunity for higher education, or digital hype? *The Guardian*. Retrieved August 2012, from http://www.theguardian.com/higher-education-network/blog/2012/aug/08/mooc-coursera-higher-education-investment.

Lewin, T. (2012, March 4). Instruction for masses knocks down campus walls. *The New York Times*. Retrieved February 2013, from http://www.nytimes.com/2012/03/05/education/moocs-large-courses-open-to-all-topple-campus-walls.html?pagewanted=all.

Pappano, L. (2012, November 2). The year of the MOOC. *The New York Times*. Retrieved November 2013, from http://www.nytimes.com/2012/11/04/education/edlife/massive-open-online-courses-are-multiplying-at-a-rapid-pace.html?pagewanted=all&_r=0.

Salmon, F. (2012, January 31). Udacity's model. *Reuters*. Retrieved February 2013, from http://blogs.reuters.com/felix-salmon/2012/01/31/udacitys-model/.

Universities' Reputations and Track Records

Basken, P. (2009, June 26). U.S. may need to prune number of research universities, lobby group says. *The Chronicle of Higher Education*. Retrieved February 2012, from http://chronicle.com/article/US-May-Need-to-Prune-Number/47339/.

Perutz, M. (2000). *I wish I'd made you angry earlier*. New York, NY: Cold Spring Harbor Press.

University of Cambridge. http://www.cam.ac.uk/.

The World University Rankings. (2012). http://www.timeshighereducation.co.uk/.

Assessments of Impact

Batty, M. (2002). The geography of scientific citation. *The Bartlett Centre for Advanced Spatial Analysis*. Retrieved October 2013, from http://www.casa.ucl.ac.uk/citations/ninc/The%20Geography%20of%20Scientific%20Citation.pdf.

Garfield, E., & Malin, M. V. (1968, December 26–31). *Can Nobel Prize winners be predicted?* Paper presented at 135th Annual Meeting of the American Association for the Advancement of Science, Dallas, TX. Retrieved October 2013, from http://citeseerx.ist.psu.edu/viewdoc/download?doi=10.1.1.78.2498&rep=rep1&type=pdf.

Insights of the decade, 2010. (n.d.). *Science*. Retrieved March 2012, from http://www.sciencemag.org/site/special/insights2010/.

Berdahl Quote

Keller, T. (2009). Does America need fewer but better research universities? *Macleans On Campus*. Retrieved February 2014, from http://oncampus.macleans.ca/education/2009/06/29/does-america-need-fewer-but-better-research-universities/.

第五章

Yogi Berra

Brainyquotes. (n.d.). *Yogi Berra quotes*. Retrieved September 2013, from http://www.brainyquote.com/quotes/authors/y/yogi_berra.html.

Careers in Science Arduous

National Institutes of Health. (2012). *Research project success rates by type and activity for 2012*. Retrieved September 2013, from http://report.nih.gov/success_rates/Success_ByActivity.cfm.

National Institutes of Health, Office of Extramural Research. (2008). *Average age of NIH principal investigators*. Retrieved September 2013, from http://report.nih.gov/NIH_Investment/PDF_sectionwise/NIH_Extramural_DataBook_PDF/NEDB_SPECIAL_TOPIC-AVERAGE_AGE.pdf.

National Institutes of Health, Office of Extramural Research. *Actual of NIH R01 equivalent success rate FY 1970–2008 and estimates of NIH R01 equivalent success rate FY 1962–1969 from CGAF*. Retrieved August 2013, from http://report.nih.gov/displayreport.aspx?rid=796.

National Research Council. (2011). *Research training in the biomedical, behavioral, and clinical research sciences*. Washington, DC: The National Academies Press.

Rockey, S. (2012). Age distribution of NIH principal investigators and medical school faculty. *National Institutes of Health, Office of Extramural Research*. Retrieved September 2013, from http://nexus.od.nih.gov/all/2012/02/13/age-distribution-of-nih-principal-investigators-and-medical-school-faculty/.

Stephan, P. (2013). Post-doctoral researchers—facts, trends, and gaps. *National Institutes of Health, Office of Extramural Research*. Retrieved September 2013, from http://nexus.od.nih.gov/all/2012/06/29/postdoctoral-researchers-facts-trends-and-gaps/.

Careers in Science Poorly Paid

Graduate Management Admission Council. (2006). *2006 corporate recruiters survey hiring report*. Retrieved March 2013, from http://www.gmac.com/market-intelligence-and-research/research-library/employment-outlook/2006-corporate-recruiters-survey-report.aspx?fromsearch=1.

Graduate Management Admission Council. (2013). *2013 corporate recruiters survey hiring report*. Retrieved September 2013, from http://www.gmac.com/~/media/Files/gmac/Research/Employment%20Outlook/crs-2013-hiring-report-01.pdf.

Stephan, P. (2013). Post-doctoral researchers—facts, trends, and gaps. *National Institutes of Health, Office of Extramural Research*. Retrieved September 2013, from http://nexus.od.nih.gov/all/2012/06/29/postdoctoral-researchers-facts-trends-and-gaps/.

Children Are Born Scientists

Gopnik A. (1996). The scientist as child. *Philosophy of Science*, *63*: 485–514.

Gopnik A. (2012). Scientific thinking in young children: Theoretical advances, empirical research, and policy implications. *Science, 337,* 1623–1627.

Curiosity

Kang, M. J., Ming, H., & Krajbich, I. M. (2009). The wick in the candle of learning: Epistemic curiosity activates reward circuitry and enhances memory. *Psychological Science, 20,* 963–973.

Litman, J. A., & Jimerson, T. L. (2004). The measurement of curiosity as a feeling of deprivation. *Journal of Personality Assessment, 82,* 147–157.

Litman, J. A., & Silvia, P. J. (2006). The latent structure of trait curiosity: Evidence for interest and deprivation curiosity dimensions. *Journal of Personality Assessment, 86,* 318–328.

Loewenstein, G. (1994). The psychology of curiosity: A review and reinterpretation. *Psychological Bulletin, 116,* 75.

Russell Marker

Asbell, B. (1995). *The pill. A biography of the drug that changed the world.* New York, NY: Random House.

Djerassi, C. (2001). *This man's pill. Reflections on the 50th birthday of the pill.* Oxford, UK: Oxford University Press.

Marker, R. E., Wagner, R. B., Ulshafer, P. R., Wittbecker, E. L., Goldsmith, D. P. J., & Ruof, C. H. (1947). Sterodial sapogenins. *Journal of the American Chemical Society, 69,* 2167–2230.

Marks, L. V. (2001). *Sexual chemistry: A history of the contraceptive pill.* New Haven, CT: Yale University Press.

Scientific Linearity Versus Wandering

Baldwin, N. (1995). *Edison: Inventing the century.* New York, NY: Hyperion.

GoodReads. (n.d.). *Madeleine L'Engle quotes.* Retrieved September 2013, from http://www.goodreads.com/quotes/456973-human-beings-are-the-only-creatures-who-are-allowed-to.

Heilbron, J. L. (Ed.). (2003). *The Oxford companion to the history of modern science.* New York, NY: Oxford University Press.

Israel, P. (1998). *Edison: A life of invention.* New York, NY: John Wiley & Sons.

Josephson, M. (1959). *Edison: A biography.* New York, NY: McGraw-Hill.

Kuhn, T. S. (1962). *The structure of scientific revolutions.* Chicago, IL: University of Chicago Press.

Starzl, T. E. (1992). *The puzzle people*. Pittsburgh, PA: University of Pittsburgh Press.

Long Scientific Explorations With Unexpected Results

Bjelakovic, G., Nikolova, D., Simonetti, R. G., & Gluud, C. (2004). Antioxidant supplements for prevention of gastrointestinal cancers: A systematic review and meta-analysis. *Lancet, 364*, 1219–1228.

Fleischmann, M., Pons, S., & Hoffman, R. (1989). Measurement of γ-rays from cold fusion. *Nature, 339*, 29.

Highfield, R. (2007, November 16). Dolly creator Prof Ian Wilmut shuns cloning. *Daily Telegraph*, Retrieved July 2014 from http://www.telegraph.co.uk/science/science-news/3314696/Dolly-creator-Prof-Ian-Wilmut-shuns-cloning.html.

Hooper, L., Thompson, R. L., Harrison, R. A., Summerbell, C. D., Ness, A. R., Moore, H. J., . . . Smith, G. (2006). Risks and benefits of omega 3 fats for mortality, cardiovascular disease, and cancer: Systematic review. *British Medical Journal, 332*, 752–760.

Isaac, M. G., Quinn, R., & Tabet, N. (2008). Vitamin E for Alzheimer's disease and mild cognitive impairment. *Cochrane Database of Systematic Reviews, 3*, CD002854.

McLaren, A. (2000). Cloning: Pathways to a pluripotent future. *Science, 288*, 1775–1780.

National Cancer Institute. (2013). *FDA approval of thalidomide*. Retrieved September 2013, from http://www.cancer.gov/cancertopics/druginfo/fda-thalidomide.

Rideout, W. M., Eggan, K., & Jaenisch, R. (2001). Nuclear cloning and epigenetic reprogramming of the genome. *Science, 293*, 1093–1098.

Salamon, M. H., Wrenn, M. E., Bergeson, H. E., Crawford, H. C., Delaney, W. H., Henderson, C. L., . . . Seltzer, S. M. (1990). Limits on the emission of neutrons, γ-rays, electrons and protons from Pons/Fleischmann electrolytic cells. *Nature, 344*, 401–405.

Wilmut, I., Schnieke, A. E., McWhir, J., Kind, A. J., & Campbell, K. H. (1997). Viable offspring derived from fetal and adult mammalian cells. *Nature, 385*, 810–813.

Science as Art

Varnedoe, K. (1990). *A fine disregard: What makes modern art modern*. New York, NY: Harry N. Abrams.

Socialization of Young Scientists

American Academy of Arts and Sciences. (2013). *Arise 2: Unleashing America's research and innovation enterprise.* Cambridge, MA: Author.

Council of Graduate Schools. (n.d.). *PhD Completion project.* Retrieved March 2013, from http://www.phdcompletion.org/.

Rockey, S. (2012). So, what does the biomedical work force look like? *National Institutes of Health, Office of Extramural Research.* Retrieved March 2013, from http://nexus.od.nih.gov/all/2012/06/22/so-what-does-the-biomedical-research-workforce-look-like/.

Satisfaction With Careers in Science

Russo, G. (2012). Job satisfaction: Turbulent times. *Nature, 488*, 685–688.

Consequences of Focus on Short-Term Outcomes

Chalmers, I., & Glasziou, P. (2009). Avoidable waste in the production and reporting of research evidence. *Lancet, 374*, 86–89.

Halpern, E. C. (2012, October 28–31). Transforming radiation oncology care: The promise of innovation. Paper presented to the American Society for Radiation Oncology, Boston, MA.

Klein, D. (2011, December 4–8). *History lecture.* Presented at the 50th Annual Meeting of the American College of Neuropsychopharmacology, Waikoloa, HI.

The Lancet. (2013). What is the purpose of medical research? *Lancet, 381*, 347.

Sroufe, A. (2012, January 28). Ritalin gone wrong. *The New York Times Sunday Review.* Retrieved February 2013, from http://www.nytimes.com/2012/01/29/opinion/sunday/childrens-add-drugs-dont-work-long-term.html?pagewanted=all.

第六章

Complexity Theory

Pellissier, R. (2011). The implementation of resilience engineering to enhance organizational innovation in a complex environment. *International Journal of Business Management, 6*, 145–164.

Robb, D. (2000). Building resilient organizations. *OD Practitioner, 32*, 27–32.

Shelton, C. (1999). *Quantum leaps: 7 skills for workplace recreation.* Boston, MA: Butterworth-Heinemann.

Provide Sufficient and Stable Funding

Committee on Research Universities, Board on Higher Education and Workforce (BHEW), Policy and Global Affairs (PGA), & the National Research Council. (2012). *Research universities and the future of America. Ten breakthrough actions vital to our nation's prosperity and security.* Washington, DC: The National Academies Press.

Gruss, P. (2012). Driven by basic research. *Science, 336*, 392.

Mansfield, E. (1991). Academic research and industrial innovation. *Research Policy, 20*, 1–12.

Members of the 2005 "Rising Above the Gathering Storm" Committee. (2010). *Rising Above the Gathering Storm Revisited: Rapidly Approaching Category 5.* Washington, DC: The National Academies Press.

President's Council of Advisors on Science and Technology. (2011). *Transformation and Opportunity: The future of the U.S. research enterprise.* Retrieved May 2013, from http://www.whitehouse.gov/sites/default/files/microsites/ostp/pcast_future_research_enterprise_20121130.pdf.

Scott, G., Steyn, G., Geuna, A., Brusoni, S., & Steinmuller, E. (2001). The economic returns of basic research and the benefits of university-industry relationships. Sussex, UK: Science and Technology Policy Research Unit, University of Sussex.

Zambon, K. (2013). AAAS analysis shows uncertain future for federal R&D spending. *AAAS News.* Retrieved September 2013, from http://www.aaas.org/news/releases/2013/0502_caucus.shtml.

Revolutionary Research Benefits Industry

Caniels, M. C. J., & Van den Bosch, H. (2011). The role of higher education institutions in building regional innovation systems. *Papers in Regional Science, 20*, 271–286.

National Science Foundation. (2010). *NSF sensational 60.* Retrieved September 2013, from http://www.nsf.gov/about/history/sensational60.pdf.

Rockey, S. (2012). So, what does the biomedical work force look like? *National Institutes of Health, Office of Extramural Research.* Retrieved March 2013, from http://nexus.od.nih.gov/all/2012/06/22/so-what-does-the-biomedical-research-workforce-look-like/.

Arguments Against Industry Investment in Revolutionary Research

Hardin, G. (1968). Tragedy of the commons. *Science, 162*, 1243–1248.

Hershey, J. C., Asch, D. A., Thumasathit, T., Meszaros, J., & Waters, V. V. (1994). The roles of altruism, free riding, and bandwagoning in vaccine decisions. *Organizational Behavior and Human Decision Processes, 59*, 177–187.

Governmental and Business Cooperative Intervention

Christensen, C. (1997). *The innovator's dilemma: When new technologies cause great firms to fail.* Cambridge, MA: Harvard Business Press.

Hogerzeil, H. H. (2013). Big Pharma and social responsibility—the Access to Medicine Index. *New England Journal of Medicine, 369*, 896–899.

Sunstein, C. R. (2013). *Simpler: The future of government.* New York, NY: Simon & Schuster.

Thaler, R. H., & Sunstein, C. R. (2008). *Nudge: Improving decisions about health, wealth, and happiness.* New Haven, CT: Yale University Press.

Grand Challenges

Alivisatos, P., Chun, M., Church, G. M., Greenspan, R. J., Roukes, M. L., & Yuste, R. (2012). The brain activity map project and the challenges of functional connections. *Neuron, 74*, 970–974.

Challenge.gov: A partnership between the public and the government to solve important problems. https://challenge.gov/.

X Prize. http://www.xprize.org/

Howard Hughes and HHMI

Azoulay, P., Graff Zivan, J. S., & Manso, G. (2010). *Incentives and creativity: Evidence from the academic life sciences.* Retrieved September 2013, http://pazoulay.scripts.mit.edu/docs/hhmi.pdf.

Barlett, D. L., & Steele, J. B. (1979). *Howard Hughes: His life and madness.* New York, NY: W. W. Norton.

Bonetta, L. (2006). *Making the right moves: A practical guide to scientific management for postdocs and new faculty.* Research Triangle Park, NC, and Chevy Chase, MD: Howard Hughes Medical Institute and Burroughs Wellcome Fund.

Brown, P. H., & Broeske, P. H. (2004). *Howard Hughes: The untold story.* Cambridge, MA: Da Capo Press.

Howard Hughes Medical Institute. http://www.hhmi.org/.

Research Assessment Exercise

RA Review. (2003). *Review of research assessment. Report by Sir Gareth Roberts to the UK funding bodies.* Retrieved September 2013, from http://www.rareview.ac.uk/reports/roberts.asp.

Research Assessment Exercise. http://www.rae.ac.uk/.
The Times Higher Education. (2008). *Research Assessment Exercise (RAE) results, 2008*. Retrieved September 2013, from http://www.timeshighereducation.co.uk/404786.article.

Director's Common Fund and European Research Council

Alberts, B. (2009). On incentives for innovation. *Science, 326*, 1163.
Hyman, A. A. (2013). Funding innovative science. *Science, 339*, 119.
Langer, J. S. (2012). Enabling scientific innovation. *Science, 338*, 171.
National Institutes of Health, Office of Strategic Coordination. (n.d.). *The Common Fund*. Retrieved September 2013, from http://commonfund.nih.gov/index.aspx.

第七章

Largest Cities

World Atlas. (n.d.). *Largest cities in the world*. Retrieved September 2013, from http://www.worldatlas.com/citypops.htm#.Uj28kL4o5jp.

Society Characterization and Emergence

Lenski, G., Nolan, P., & Lenski, J. (1995). *Human societies: An introduction to macrosociology* (7th ed.). New York, NY: McGraw Hill.
Service, E. R. (1975). *Origins of the state and civilization*. New York, NY: W. W. Norton.
Wilson, E. O. (2012). *The social conquest of earth*. New York, NY: W. W. Norton.

Darwin and Dawkins

Dawkins, R. (1976). *The selfish gene*. New York, NY: Oxford University Press.
Quammen, D. (2006). *The reluctant Mr. Darwin: An intimate portrait of Charles Darwin and the making of his theory of evolution*. New York, NY: W. W. Norton.
Ridley, M. (Ed.). (1996). *The Darwin reader* (2nd ed.). New York, NY: W. W. Norton.
Simonton, D. K. (1999). *Origins of genius: Darwinian perspectives on creativity*. New York, NY: Oxford University Press.

Inclusive Fitness Theory and Evolution of Altruism

Hamilton, W. (1964a). The genetical evolution of social behaviour. I. *Journal of Theoretical Biology, 7*, 1–16.

Hamilton, W. (1964b). The genetical evolution of social behaviour. II. *Journal of Theoretical Biology, 7,* 17–52.

Hamilton, W. D. (1987). Discriminating nepotism: Expectable, common and overlooked. In D. J. C. Fletcher & C. D. Michener (Eds.), *Kin recognition in animals* (pp. 417–437). New York, NY: Wiley.

Rilling, J. K., Sanfey, A. G., Aronson, J. A., Nystrom, L. E., & Cohen, J. D. (2004). Opposing BOLD responses to reciprocated and unreciprocated altruism in putative reward pathways. *Neuroreport, 15,* 2539–2543.

Silk, J. B. (2002). Kin selection in primate groups. *International Journal of Primatology, 23*(4), 849–875.

Svetlova, M., Nichols, S. R., & Brownell, C. A. (2010). Toddlers' prosocial behavior: From instrumental to empathic to altruistic helping. *Child Development, 81,* 1814–1827.

Waldman, B. (1988). The ecology of kin recognition. *Annual Review of Ecology and Systematics, 19,* 543–571.

West, S. A., El Mouden, C., & Gardner, A. (2011). Sixteen common misconceptions about the evolution of cooperation in humans. *Evolution and Social Behaviour, 32,* 231–262.

Social Norms

Pinker, S. (2002). *The blank slate.* New York, NY: Viking Press.

Wilson, D. S. (2012). Richard Dawkins, Edward O. Wilson, and the consensus of the many. *Huffington Post.* Retrieved March 2013, from http://www.huffingtonpost.com/david-sloan-wilson/richard-dawkins-edward-o-_b_1588510.html.

Evolution of Creativity

Bettencourt, L., & West, G. (2010). A unified theory of urban living. *Nature, 467,* 912–913.

Curry, A. (2012, July 13). Why we "got milk": When a single genetic mutation led ancient Europeans to drink milk, it set the stage for a continental upheaval. *Scientific American.* Retrieved September 2013, from http://www.scientificamerican.com/article.cfm?id=why-we-got-milk.

Dean, L. G., Kendal, R. L., Schapiro, S. J., Thierry, B., & Laland, K. N. (2012). Identification of the social and cognitive processes underlying human cumulative culture. *Science, 335,* 1114–1118.

Pan, W., Ghoshal, G., Krumme, C., Cebrian, M., & Pentland, A. (2012). Urban characteristics attributable to density-driven tie formation. *Nature Communications,* 4, 1961.

Pringle, H. (2013). The origins of creativity. *Scientific American, 308,* 36–43.

Mental Illness and Creativity

Eysenck, H. J. (1993). Creativity and personality: Suggestions for a theory. *Psychological Inquiry, 4*, 147–148.

Eysenck, H. J. (1994). Creativity and personality: Word association, origence, and psychoticism. *Creativity Research Journal, 7*, 209–216.

Ludwig, A. M. (1995). *The price of greatness: Resolving the creativity and madness controversy.* New York, NY: Guilford Press.

Miller, G. (2011). *The mating mind: How sexual choice shaped the evolution of human nature.* New York, NY: Random House Digital.

Nettle, D., & Clegg, H. (2006). Schizotypy, creativity and mating success in humans. *Proceedings of the Royal Society B: Biological Sciences, 273*, 611–615.

Creativity and Altruism, Game Theory

Axelrod, R. M. (1997). *The complexity of cooperation: Agent-based models of competition and collaboration.* Princeton, NJ: Princeton University Press.

Hardin, G. (1968). Tragedy of the commons. *Science, 162*, 1243–1248.

Poundstone, W. (1992). *The prisoner's dilemma.* New York, NY: Random House.

第八章

Scientific Marketplace

Kuhn, T. S. (1962). *The structure of scientific revolutions.* Chicago, IL: University of Chicago Press.

Pleven, L. (2010, March 17). Scrap metal's lament: Few scraps. *The Wall Street Journal.* Retrieved August 2013, from http://online.wsj.com/article/SB10001424052748704059004575128073724975044.html?mod=rss_whats_news_us.

Brainstorming

Cain, S. (2012, January 15). The rise of the new groupthink. *The New York Times.* Sunday Review, p. 1.

Lehrer, J. (2012a, January 30). Groupthink: The brainstorming myth. *The New Yorker*, pp. 22–27.

Lehrer, J. (2012b). *Imagine: The art and science of creativity.* New York, NY: Text Publishing Company.

Osborn, A. F. (1950). Your creative power: How to use imagination. New York, NY: Scribner.

Osborn, A. F. (1963). *Applied imagination: Principles and procedures of creative problem-solving.* New York, NY: Scribner.

Sutton, B. (2012, January 26). Why the New Yorker's claim that brainstorming doesn't work is an overstatement and possibly wrong. *Work Matters*. Retrieved August 2013, from http://bobsutton.typepad.com/my_weblog/2012/01/why-the-new-yorkers-claim-that-brainstorming-doesnt-work-is-an-overstatement-and-possibly-wrong.html.

Copyright, Open Source, Text Mining

Schwartz, J. (2013, January 13). Internet activist, a creator of RSS, is dead at 26, apparently a suicide. *The New York Times*, p. A20.

Swan, A., Cockerill, M., & Sipp, D. (2013). Advocacy: How to hasten open access. *Nature*, *495*, 442–443.

United States Copyright Office. http://www.copyright.gov/.

Van Noorden, R. (2013). Text-mining spat heats up. *Nature*, *495*, 295.

Wilbanks, J. (2013). A fool's errand. Objections to the Creative Commons attribution licence are straw men raised by parties who want open access to be as closed as possible. *Nature*, *495*, 440–441.

Winner Takes All

Casadevall, A., & Feng, F. C. (2011). Reforming science: Methodological and cultural reforms. *Infection and Immunity*. Retrieved September 2013, from http://iai.asm.org/content/80/3/891.full.

Casadevall, A., & Fang, F. C. (2012, June 19). When winner takes all, science loses. *Today*. Retrieved September 2013, from http://www.todayonline.com/commentary/when-winner-takes-all-science-loses.

Dyer, F. L., & Martin, T. C. (2010). *Edison: His life and inventions: The complete work*. Tanunda, SA, Australia: Timeless Classic Books.

Gladwell, M. (2011, May 6). Creation myth: Xerox PARC, Apple, and the truth about innovation. *The New Yorker*. Retrieved January 2012, from http://www.newyorker.com/reporting/2011/05/16/110516fa_fact_gladwell.

Gorman, M. E. (1990). Interpreting invention as a cognitive process: The case of Alexander Graham Bell, Thomas Edison, and the telephone. *Science, Technology and Human Values*, *15*, 131–164.

Stross, R. (2007). *The wizard of Menlo Park: How Thomas Alva Edison invented the world*. New York, NY: Three Rivers Press.

Priority

Alberts, B. (2012). The end of "small science"? *Science*, *337*, 1583.

Bauerlein, M., Gad-el-Hak, M., Grody, W., McKelvey, B., & Trimble, S. W. (2011). We must stop the avalanche of low-quality research. *Chronicle of Higher Education, 56*, 38.

Bohannon, J. (2013). Who's afraid of peer review? *Science, 342*, 60–65.

Colquhoun, D. (2011, September 5). Publish or perish: Peer review and the corruption of science. *The Guardian*. Retrieved August 2012, from http://www.guardian.co.uk/science/2011/sep/05/publish-perish-peer-review-science.

Ioannidis, J. P. (2005). Why most published research findings are false. *PLoS Medicine*, 2, e124.

Ioannidis, J. P. (2006). Concentration of the most-cited papers in the scientific literature: Analysis of journal ecosystems. *PLoS One, 1*, e5.

Jinha, A. E. (2010). Article 50 million: An estimate of the number of scholarly articles in existence. *Learned Publishing, 23*, 258–263.

Ness, R. B. (2013). *Genius unmasked.* New York, NY: Oxford University Press.

Patents

Epstein, R. A. (2012, July 31). Richard Posner gets it wrong. *Hoover Institution Journal*. Retrieved June 2014, from http://www.hoover.org/research/richard-posner-gets-it-wrong.

Fingleton, E. (2013, March 30). America the innovative? *The New York Times*. Retrieved March 2013, from http://www.nytimes.com/2013/03/31/sunday-review/america-the-innovative.html?pagewanted=all&_r=0.

Markel, H. (2013). Patents, profits, and the American people—The Bayh-Dole Act of 1980. *New England Journal of Medicine, 369*, 794–795.

Paul, D. B., & Ankeny, R. A. (2013). Patenting the PKU test—Federally funded research and intellectual property. *New England Journal of Medicine, 369*, 792–793.

Posner, R. A. (2012, July 12). Why there are too many patents in America. *The Atlantic*. Retrieved March 2013, from http://www.theatlantic.com/business/archive/2012/07/why-there-are-too-many-patents-in-america/259725/.

Stephan, P. (2012). *How economics shapes science.* Cambridge, MA: Harvard University Press.

US Patent and Trademark Office. http://www.uspto.gov/.

Burk, D. L., & Lemley, M. A. (2003). Policy levers in patent law. *Virginia Law Review, 89*, 1575.

Cohen, W. M., Nelson, R. R., & Walsh, J. P. (2000). Protecting their intellectual assets: Appropriability conditions and why U.S. manufacturing firms patent (or not). *National Bureau of Economic Research*. Retrieved April 2013, from http://www.nber.org/papers/w7552.

Dreyfuss, R. C., & Evans, J. P. (2011). From Bilski back to Benson: Preemption, inventing around, and the case of genetic diagnostics. *Stanford Law Review*, *63*, 1349–1376.

Duhigg, C., & Lohr, S. (2012, October 7). The patent as a sword. *The New York Times*, p. A1.

Huang, K. G., & Murray, F. E. (2009). Does patent strategy shape the long-run supply of public knowledge? Evidence from human genetics. *Academy of Management Journal*, *52*, 1193–1221.

Kevles, D. J. (2012, March 7). Can they patent your genes? *The New York Review of Books*. Retrieved July 2014, from http://www.nybooks.com/contributors/daniel-j-kevles/.

Ledford, H. (2013, June 18). Myriad ruling causes confusion. *Nature*. Retrieved August 2013, http://www.nature.com/news/myriad-ruling-causes-confusion-1.13226.

Liptak, A. (2013, June 13). Justices 9-0 bar patenting human genes. *The New York Times*. Retrieved August 2013, from http://www.nytimes.com/2013/06/14/us/supreme-court-rules-human-genes-may-not-be-patented.html?_r=0.

Malakoff, D. (2013). The many ways of making academic research pay off. *Science*, *339*, 750–753.

Moynihan, R., & Cassels, A. (2005). *Selling sickness: How drug companies are turning us all into patients*. New York, NY: Nation Books.

Murray, F., & Stern, S. (2007). Do formal intellectual property rights hinder the free flow of scientific knowledge? An empirical test of the anti-commons hypothesis. *Journal of Economic Behavior and Organization*, *63*, 648–687.

Oddi, A. S. (2002). Assault on the citadel: Judge Rich and computer-related inventions. *Houston Law Review*, *39*, 1033.

Pearce, J. M. (2012). Make nanotechnology research open-source. *Nature*, *491*, 519–521.

Pharmaceutical industry. (n.d.). *Wikipedia*. Retrieved January 2013, from http://en.wikipedia.org/wiki/Pharmaceutical_industry.

Stempel, J. (2012, August 16). Myriad wins gene patent ruling from US appeals court. *Reuters*. Retrieved October 2012, from http://www.reuters.com/article/2012/08/16/us-myriad-patent-idUSBRE87F12K20120816.

Thorp, H., & Goldstein, B. (2010). *Engines of innovation: The entrepreneurial university in the twenty-first century*. Chapel Hill: University of North Carolina Press.

Todd, S., & Jones, S. (2012, June 27). Roche will close Nutley plant, shed nearly 1000 jobs. *NJ.com*. Retrieved July 2012, from http://www.nj.com/news/index.ssf/2012/06/roche_will_close_nutley_campus.html.

Vastag, B. (2012, July 7). US pushes for more scientists, but the jobs aren't there. *Washington Post*. Retrieved July 2014, from http://www.washingtonpost.com/national/health-science/us-pushes-for-more-scientists-but-the-jobs-arent-there/2012/07/07/gJQAZJpQUW_story.html.

Williams, H. L. (2010). Intellectual property rights and innovation: Evidence from the human genome. Retrieved April 2013, from *National Bureau of Economic Research*, http://www.nber.org/papers/w16213.

Wingfield, N. (2012, August 24). Jury awards $1 billion to Apple in Samsung patent case. *The New York Times*. Retrieved July 2014, from http://www.nytimes.com/2012/08/25/technology/jury-reaches-decision-in-apple-samsung-patent-trial.html?_r=0.

ADNI

Alzheimer's Disease Neuroimaging Initiative. (n.d.). *ADNI publications*. Retrieved September 2013, from http://www.adni-info.org/scientists/adniscientistshome/adnipublications.aspx.

Kolata, G. (2010, August 2012). Sharing of data leads to progress on Alzheimer's. *The New York Times*. Retrieved October 2010, from http://www.nytimes.com/2010/08/13/health/research/13alzheimer.html?pagewanted=all.

Salloway, S. (2011). New lessons learned from the Alzheimer's Disease Neuroimaging Initiative. *Archives of Neurology*, *68*, 19–21.

第九章

Drew Endy

Ledford, H. (2013, July 3). Bioengineers look beyond patents. *Nature*. Retrieved June 2014, from http://www.nature.com/news/bioengineers-look-beyond-patents-1.13320.

Computer Science and Open Source

Abbate, J. (1999). *Inventing the internet*. Cambridge, MA: The MIT Press.

Hafner, K., & Lyon, M. (1996). *Where wizards stay up late: The origins of the internet*. New York, NY: Simon & Schuster.

Miller, R. (2004, July 28). Wikipedia founder Jimmy Wales responds. *Slashdot*. Retrieved February 2011, from http://slashdot.org/story/04/07/28/1351230/wikipedia-founder-jimmy-wales-responds.

Ryan, J. (2010). *A history of the internet and the digital future*. London, UK: Reaktion Books.

Wikipedia. http://en.wikipedia.org/wiki/Wikipedia.

Big Science

Adams, J. (2012). The rise of research networks. *Nature, 490*, 335–336.

Crowdsourcing

Ancona, D. G., & Cadlwell, D. E. (1990, July). *Cross-functional teams: Blessing or curse for new problem development?* Cambridge, MA: MIT Sloan School of Management.

Brabham, D. (2008). Crowdsourcing as a model for problem solving: An introduction and cases. *Convergence, 14*, 75–90.

Cain, S. (2012, January 15). The rise of the new groupthink. *The New York Times*, Sunday Review, p. 1.

Guimerà, R., Uzzi, B., Spiro, J., & Amaral, L. A. N. (2005). Team assembly mechanisms determine collaboration network structure and team performance. *Science, 308*, 697–702.

Hayek, F. A. (1945). The use of knowledge in society. *American Economic Review, 35*, 519–530.

Higgs, M. J., Plewina, A., & Ploch, G. (2003). The influence of team composition on team performance and dependence on task complexity. [Henley Working Paper Series 0314]. Henley, UK: Henley Business School, University of Reading.

Howe, J. (2008). *Crowdsourcing: How the power of the crowd is driving the future of business*. New York, NY: Random House.

Innocentive. http://www.innocentive.com/.

Lakhani, K. R., Jeppesen, L. B., Lohse, P. A., & Panetta, J. A. (2007). *The value of openness in scientific problem solving*. Cambridge, MA: Division of Research, Harvard Business School.

Ness, R. B. (2012). *Innovation generation*. New York, NY: Oxford University Press.

Page, S. E. (2008). *The difference: How the power of diversity creates better groups, firms, schools, and societies*. Princeton, NJ: Princeton University Press.

Surowiecki, J. (2005). *The wisdom of crowds*. New York, NY: Anchor Books.

Uzzi, B., & Spiro, J. (2005). Collaboration and creativity: The small world problem. *American Journal of Sociology, 111*, 447–504.

Woolley, A. W., Chabris, C. F., Pentland, A., Hashmi, N., & Malone, T. W. (2010). Evidence for a collective intelligence factor in the performance of human groups. *Science, 330*, 686–688.

Consortia

Adams, J. (2012). The rise of research networks. *Nature, 490*, 335–336.

Adams, J. (2013). The fourth age of research. *Nature, 497*, 557–560.

Jones, B. F., Wuchty, S., & Uzzi, B. (2008). Multi-university research teams: Shifting impact, geography, and stratification in science. *Science, 322*(5905), 1259–1262.

Van Noorden, R. (2012). Science on the move. *Nature, 490*, 326–329.

Wuchty, S., Jones, B. F., & Uzzi, B. (2007). The increasing dominance of teams in production of knowledge. *Science, 316*(5827), 1036–1039.

Complexity and Cost of Equipment

Hernandez, V. (2013, March 13). Alma telescope: Ribbon cut on astronomical giant. *BBC*. Retrieved March 2013, from http://www.bbc.co.uk/news/science-environment-21774448.

Knapp, A. (2012, July 5). How much does it cost it find a Higgs Boson? *Forbes*. Retrieved October 2012, from http://www.forbes.com/sites/alexknapp/2012/07/05/how-much-does-it-cost-to-find-a-higgs-boson/.

National Radio Astronomy Observatory. http://www.nrao.edu/.

Romero, S. (2012, April 7). At the end of the earth, seeking clues to the universe. *The New York Times*. Retrieved November 2012, from http://www.nytimes.com/2012/04/08/world/americas/high-in-chilean-desert-a-huge-astronomy-project.html?_r=0.

Science Daily. (2011, May 25). *Expanded VLA radio telescope flexing new scientific muscle*. Retrieved October 2012, from http://www.sciencedaily.com/releases/2011/05/110524153528.htm.

Benefits and Risks of Big Science Collaboration

Agus, D., & Gell-Mann, M. (2012). Meeting of minds. *Nature, 491*, 561.

Bernstein, A. (2013). Link the world's best investigators. *Nature, 496*, 27.

Ness, R. B. (2007). Big science and the little guy. *Epidemiology, 18*, 9–12.

Suresh, S. (2012). Global challenges need global solutions. *Nature, 490*, 337–338.

Groupthink

Halm, E. A. (2010). The good, the bad, and the about-to-get ugly: National trends in carotid revascularization. *Archives of Internal Medicine, 170*, 1225–1227.

Janus, I. (1972). *Victims of groupthink: A psychological study of foreign-policy decisions and fiascoes*. Boston, MA: Houghton Mifflin.

Patel, M. R., Greiner, M. A., DiMartino, L. D., Schulman, K. A., Duncan, P. W., Matchar, D. B., & Curtis, L. H. (2010). Geographic variation in carotid revascularization among Medicare beneficiaries, 2003–2006. *Archives of Internal Medicine*, *170*, 1218–1225.

Raudsepp, E. (1963). *Managing creative scientists and engineers. A new program for increasing professional creativity in industry*. New York, NY: Macmillan.

Whyte, W. H., Jr. (2012, July 22). Groupthink. (Fortune 1952). *Fortune*. Retrieved April 2013, from http://features.blogs.fortune.cnn.com/2012/07/22/groupthink-fortune-classic-1952/.

Goldberger

Harris, H. F. (1919). *Pellagra*. New York, NY: Macmillan.

Kraut, J. (n.d.). Dr. Joseph Goldberger & the war on pellagra. *National Institutes of Health, Office of NIH History*. Retrieved June 2014, from http://history.nih.gov/exhibits/goldberger/index.html.

Invariance in University Structures and Inequities in Funding by Seniority

Janus, I. (1972). *Victims of groupthink: A psychological study of foreign-policy decisions and fiascoes*. Boston, MA: Houghton Mifflin.

Jones, B. F., & Weinberg, B. A. (2011). Age dynamics in scientific creativity. *Proceedings of the National Academy of Sciences USA*, *108*, 18910–18914.

Krohn, S. (2010) NIH 2010 awards. *Blue Ridge Institute for Medical Research*. Retrieved September 2013, from http://www.brimr.org/NIH_Awards/2010/AllPIs_2010.xls.

Rockey, S. (2011, May 13). Update on myth busting: Number of grants per investigator. *National Institutes of Health, Office of Extramural Affairs*. Retrieved September 2014, from http://nexus.od.nih.gov/all/2011/05/13/update-on-myth-busting-number-of-grants-per-investigator/.

Stephan, P. (2012). *How economics shapes science*. Cambridge, MA: Harvard University Press.

Thorp, H., & Goldstein, B. (2010). *Engines of innovation: The entrepreneurial university in the twenty-first century*. Chapel Hill: University of North Carolina Press.

Whyte, W. H., Jr. (2012, July 22). Groupthink. (Fortune 1952). *Fortune.* Retrieved April 2013, from http://features.blogs.fortune.cnn.com/2012/07/22/groupthink-fortune-classic-1952/.

Groupthink in Peer Review

Bhattacharjee, Y. (2012). NSF's "Big Pitch" tests anonymized grant reviews. *Science, 336,* 969–970.

Boudreau, K. J., Guinan, E. V., Lakhani, K. R., & Rjedl, C. (2012). *The novelty paradox.* [Harvard Business School Working Paper No. 13–053]. Cambridge, MA: Harvard Business School.

Kuhn, T. S. (1962). *The structure of scientific revolutions.* Chicago, IL: University of Chicago Press.

Nicholson, J. M., & Ioannidis, J. P. A. (2012). Conform and be funded. *Nature, 492,* 34–36.

Groupthink in Promotion and Tenure Decisions

Asbell, B. (1995). The pill: A biography of the drug that changed the world. New York, NY: Random House.

Blass, T. (2004). *The man who shocked the world: The life and legacy of Stanley Milgram.* New York, NY: Basic Books.

Djerassi, C. (2001). *This man's pill: Reflections on the 50th birthday of the pill.* Oxford, UK: Oxford University Press.

Korn, J. (1997). *Illusions of reality: A history of deception in social psychology.* Albany, NY: State University of New York Press.

Marks, L. V. (2001). *Sexual chemistry: A history of the contraceptive pill.* New Haven, CT: Yale University Press.

Hormone Therapy (HT)

Grady, D., Rubin, S. M., Petitti, D. B., Fox, C. S., Black, D., Ettinger, B., . . . Cummings, S. R. (1992). Hormone therapy to prevent disease and prolong life in postmenopausal women. *Annals of Internal Medicine, 117,* 1016–1037.

Ness, R. B. (2012). *Innovation generation.* New York, NY: Oxford University Press.

Watkins, E. S. (2007). *The estrogen elixir: A history of hormone replacement therapy in America.* Baltimore, MD: Johns Hopkins University Press.

Writing Group for the Women's Health Initiative Investigators. (2002). Risks and benefits of estrogen plus progestin in healthy postmenopausal women: Principal results from the Women's Health Initiative randomized clinical trial. *Journal of the American Medical Association, 288,* 321–333.

第十章

Bell Labs

Alcatel-Lucent. (n.d.). *Bell Labs history.* Retrieved March 2013, from http://www3.alcatel-lucent.com/wps/portal/BellLabs/History.

Gertner, J. (2012). *The idea factory: Bell Labs and the great age of American innovation.* New York, NY: Penguin.

Howard Hughes Medical Institute. http://www.hhmi.org/.

Levy, S. (2011). *In the plex: How Google thinks, works, and shapes our lives.* New York, NY: Simon & Schuster.

Reed, B. (2008, December 19). Does AT&T breakup still matter 25 years on? *Network World.* Retrieved September 2013, from http://www.networkworld.com/news/2008/121908-att-break.html.

Riordan, M., & Hoddeson, L. (1997). *Crystal fire: The birth of the information age.* New York, NY: W. W. Norton.

Slywotzky, A. Where have you gone, Bell Labs? *Bloomberg Business Week.* Retrieved March 2013, from http://www.businessweek.com/magazine/content/09_36/b4145036681619.htm.

DARPA

Bonvillian, W. B. (2006, November 1). Power play. *The American Interest.* Retrieved June 2014, from http://www.the-american-interest.com/articles/2006/11/01/power-play/.

Bonvillian, W. B., & Van Atta, R. (2011). ARPA-E and DARPA: Applying the DARPA model to energy innovation. *Journal of Technology Transfer, 36,* 469–513.

DARPA. http://www.darpa.mil/.

Crowdfunding

Barnett, C. (2013, May 8). Top 10 crowdfunding sites for fundraising. *Forbes.* Retrieved June 2014, from http://www.forbes.com/sites/chancebarnett/2013/05/08/top-10-crowdfunding-sites-for-fundraising/.

Dewey, C. (2013, January 11). Kickstarter launched 18,000 projects in 2012; 17 raised more than $1 million. *Washington Post.* Retrieved January 2013, from http://articles.washingtonpost.com/2013-01-11/business/36272319_1_elevation-dock-kickstarter-double-fine-adventure.

Kickstarter. http://www.kickstarter.com/.

Millennials

Deloitte Consulting. (2005). *Who are the Millennials? Aka Generation Y.* Retrieved April 2013, from http://www.mcosa.net/SPF-SIG%20TRAINING%20Folder/us_consulting_millennialfactsheet_080606.pdf.

Ness, S. B. (2013). Onwards to Utopia: Practical models for building intentional communities. Unpublished thesis, University of Texas, Austin.

Rampell, C. (2011, May 28). A generation of slackers? Not so much. *The New York Times.* Retrieved April 2013, from http://www.nytimes.com/2011/05/29/weekinreview/29graduates.html?_r=0.

Reynot, J., & Mastrodicasa, J. (2007). *Connecting to the net generation: What higher education professionals need to know about today's students.* Washington, DC: National Association of Student Personnel Administrators.

Tapscott, D. (2008). *Grown up digital.* New York, NY: Tata McGraw-Hill Education.

Scientific Web-Based Networks and Open Access

Butler, D. (2012). Drug firm to share raw trial data. *Nature, 490,* 322.

Kuntz, R. E. (2013). The changing structure of industry-sponsored clinical research: Pioneering data sharing and transparency. *Annals of Internal Medicine, 158,* 914–915.

Laine, C., Guallar, E., Mulrow, C., Taichman, D. B., Cornell, J. E., Cotton, D., . . . Goodman, S. N. (2013). Closing in on the truth about recombinant human bone morphogenic protein-2: Evidence synthesis, data sharing, peer review, and reproducible research. *Annals of Internal Medicine, 153,* 916–918.

Ledford, H. (2013). Bioengineers look beyond patents. Synthetic biology company pushes open-source models. *Nature, 499,* 16–17.

Mitka, M. (2013). Open access to data closes the book on efficacy of popular bone-graft device. *Journal of the American Medical Association, 310,* 359–360.

National Center for Biotechnology Information. (n.d.). *Genbank.* Retrieved June 2014, from http://www.ncbi.nlm.nih.gov/genbank/.

Priem, J. (2013, March 28). Beyond the paper. *Nature, 493,* 437–443.

Priem, J., & Hemminger, B. M. (2010). Scientometrics 2.0. Toward new metrics of scholarly impact on the social web. *First Monday.* Retrieved April 2012, from http://firstmonday.org/ojs/index.php/fm/article/view/2874.

Researchgate. http://www.researchgate.net/

Resnick, D., & Bozic, K. J. (2013). Meta-analysis of trials of recombinant human bone morphogentic protein-2: What should spine surgeons and their patients do with this information? *Annals of Internal Medicine, 158*, 912–913.

MATLAB and Polymath Projects

Gowers, T. Background to a polymath project. *Gowers's Weblog: Mathematics Related Discussions*. Retrieved September 2013, from http://gowers.wordpress.com/2009/01/30/background-to-a-polymath-project/.

Howe, J. (2008). *Crowdsourcing: How the power of the crowd is driving the future of business*. New York, NY: Random House.

MATLAB Central. (n.d.). *The MATLAB online programming contest*. Retrieved August 2013, from http://www.mathworks.com/matlabcentral/contest/.

The Polymath blog. http://polymathprojects.org/.

Polymath, D. H. J. (2009). A new proof of the density Hales-Jewett theorem. *arXiv:0910.3926*.

Promotion and Tenure That Values Collaboration

Impactstory. http://impactstory.org/.

Kaiser, J. (2013). Varmus's second act. *Science, 342*, 416–419.

McGovern, V. (2009). Perspective: How to succeed in big science and still get tenure. *Science*. Retrieved July 2013, from http://sciencecareers.sciencemag.org/career_magazine/previous_issues/articles/2009_07_31/caredit.a0900092.

San Francisco Declaration on Research Assessment. Retrieved June 2014, from http://am.ascb.org/dora/.

Group Acknowledgment

Bjelland, O. M., & Wood, R. C. (2008). An inside view of IBM's innovation jam. *MIT Sloan Management Review, 50*(1), 32–40.

BugGuide. http://bugguide.net/node/view/15740.

Galaxy Zoo. http://www.galaxyzoo.org/.

Greenemeier, L. (2013, April 29). James Cameron donates his tricked-out deep-ocean sub to science. *Scientific American*. Retrieved May 2013, from http://www.scientificamerican.com/article.cfm?id=james-cameron-deepsea-challenger-donate-woods-hole.

IBM 100. (n.d.). *A global innovation jam*. Retrieved July 2013, from http://www-03.ibm.com/ibm/history/ibm100/us/en/icons/innovationjam/.

National Geographic. (n.d.). *Deepsea challenge*. Retrieved May 2013, from http://deepseachallenge.com/.

Science 2.0. (2013, September 23). Galaxy Zoo 2: Citizen scientists catalogue more than 300,000 nearby galaxies. Retrieved May 2013, from http·//www.science20.com/news_articles/galaxy_zoo_2_citizen_scientists_catalogue_more_300000_nearby_galaxies-120990.

Inclusiveness/Egalitarianism

Cassidy, J. (2013, March 11). What killed Intrade? *The New Yorker.* Retrieved May 2013, from http://www.newyorker.com/online/blogs/johncassidy/2013/03/whatever-happened-to-intrade.html.

Cohen, P. (2010, August 23). Scholars test web alternative to peer review. *The New York Times.* Retrieved February 2011, from http://www.nytimes.com/2010/08/24/arts/24peer.html?pagewanted=all&_r=0.

Computer weekly.com. (2001, December). Sport in the city. Retrieved April 2013, from http://www.computerweekly.com/feature/Sport-in-the-City.

Harley, D. (2013). Scholarly communication: Cultural contexts, evolving models. *Science, 342*, 80–82.

Ideastorm. http://www.ideastorm.com/.

Intrade. http://www.intrade.com/v4/home/.

Israel, S. (2012, March 27). Dell modernizes Ideastorm. *Forbes.* Retrieved May 2013, from http://www.forbes.com/sites/shelisrael/2012/03/27/dell-modernizes-ideastorm/.

Kreiger, L. M. (2010) Stanford and UC Berkeley create massively collaborative math. *San Jose Mercury News.* Retrieved May 2013, from http://www.mercurynews.com/san-jose-neighborhoods/ci_15713739.

Mathoverflow. http://mathoverflow.net/.

Pfeiffer, T., & Almenberg, J. (2010). Prediction markets and their potential role in biomedical research—a review. *Biosystems, 102*, 71–76.

Rabesandratana, T. (2013). The seer of scientific publishing. *Science, 342*, 66–67.

Patent Law

Duhigg, C., & Lohr, S. (2012, October 7). The patent as a sword. *The New York Times*, p. A1.

Fingleton, E. (2013, March 30). America the innovative? *The New York Times.* Retrieved March 2013, from http://www.nytimes.com/2013/03/31/sunday-review/america-the-innovative.html?pagewanted=all&_r=0.

Kevles, D. J. (2012, March 7). Can they patent your genes? *The New York Review of Books.* Retrieved July 2014 from http://www.nybooks.com/contributors/daniel-j-kevles/.

Kuehn, B. M. (2013). Supreme Court rules against gene patents. *Journal of the American Medical Association, 310*, 357–358.

Posner, R. A. (2012, July 12). Why there are too many patents in America. *The Atlantic*. Retrieved March 2013, from http://www.theatlantic.com/business/archive/2012/07/why-there-are-too-many-patents-in-america/259725/.

Rajkumar, R. (2013). Balancing access and innovation: India's supreme court rules on Imatinib. *Journal of the American Medical Association, 310*, 263–264.

Wingfield, N. (2012, August 24). Jury awards $1 billion to Apple in Samsung patent case. *The New York Times*. Retrieved July 2014, from http://www.nytimes.com/2012/08/25/technology/jury-reaches-decision-in-apple-samsung-patent-trial.html?_r=0.

第十一章

Atomic Bomb

Rhodes, R. (2012). *Making of the atomic bomb*. New York, NY: Simon & Schuster.

H5N1

Berns, K. I., Casadevall, A., Cohen, M. L., Ehrlich, S. A., Enquist, L. W., Fitch, J. P., . . . Vidaver, A. K. (2012). Public health and biosecurity. Adaptations of avian flu virus are a cause for concern. *Science, 335*, 660–661.

Fouchier, R. A. M., Herfst, S., & Osterhaus, A. D. M. E. (2012). Restricted data on influenza H5N1 virus transmission. *Science, 335*, 662–663.

NSABB. (2008). *Strategic plan for outreach and education on dual use research issues*. Retrieved August 2012, from http://osp.od.nih.gov/sites/default/files/NSABB%20Public%20Mtg%20121008%20-%20Imperiale.pdf.

Tuskegee and Guatemala Studies

Centers for Disease Control and Prevention. (2010, September 30). *Findings from a CDC report on the 1946–1948 U.S. Public Health Service Sexually Transmitted Disease (STD) Inoculation Study*. Retrieved June 2012, from http://www.hhs.gov/1946inoculationstudy/findings.html30.

Jones, J. H. (1993). *Bad blood*. New York, NY: Simon & Schuster.

McNeil, D. G., Jr. (2010, October 1). U.S. apologizes for syphilis tests in Guatemala. *The New York Times*. Retrieved July 2014, from http://www.nytimes.com/2010/10/02/health/research/02infect.html.

Reverby, S. M. (2000). *Tuskegee's truths: Rethinking the Tuskegee Syphilis Study.* Chapel Hill: University of North Carolina Press.

Reverby, S. M. (2008). Inclusion and exclusion: The politics of history, difference, and medical research. *Journal of the History of Medicine and Allied Sciences, 63*(1), 103–113.

IRBs

Stark, L. (2012). *Behind closed doors: IRBs and the making of ethical research.* Chicago, IL: University of Chicago Press.

US Department of Health and Human Services. (2005, January 15). *Code of federal regulations Title 45 public welfare. Department of Health and Human Services. Part 46. Protection of human subjects.* Retrieved September 2013, from http://www.hhs.gov/ohrp/policy/ohrpregulations.pdf.

US Department of Health and Human Services. (n.d.). *Institutional Review Boards (IRBs).* Retrieved September 2013, from http://www.hhs.gov/ohrp/assurances/irb/index.html.

Multiple Rules and Regulations

Decker, R. S., Wimsatt, L., Trice, A. G., & Konstan, J. A. (2007). A profile of federal-grant administrative burden among federal demonstration partnership faculty. *Intelligence in Science.* Retrieved June 2013, from http://www.iscintelligence.com/archivos_subidos/usfacultyburden_5.pdf.

Federal Demonstration Partnership. (n.d.). *Faculty Standing Committee.* Retrieved September 2013, from http://sites.nationalacademies.org/PGA/fdp/PGA_055749.

Ness, R. B. (2007). Influence of the HIPAA privacy rule on health research. *Journal of the American Medical Association, 298*, 2164–2170.

Rockwell, S. (2009). The FDP faculty burden survey. *Research Management Review, 16*, 29–44.

Smith, T. L., Trapani, J., Decrappeo, A., & Kennedy, D. (2011). Reforming regulation of research universities: Regulatory and reporting requirements have become excessively burdensome. A more balanced approach is needed. *Association of American Universities.* http://www.aau.edu/WorkArea/DownloadAsset .aspx?id=12330.

Smith, T. L., Trapani, J., Decrappeo, A., & Kennedy, D. (2011). Reforming regulation of research universities. *Issues in Science and Technology.* Retrieved April 2013, from http://issues.org/27-4/smith-5/.

Societal Tendency Toward Oversight

The gap in medical testing. [Editorial]. (2013, July 7). *The New York Times*. Retrieved July 2014, from http://www.nytimes.com/2013/07/08/opinion/the-gap-in-medical-testing.html.

Painkiller overdoses in women. [Editorial]. (2013, July 7). *The New York Times*. Retrieved July 2014, from http://www.nytimes.com/2013/07/08/opinion/painkiller-overdoses-in-women.html.

Costs and Burdens from Regulation

Committee on Research Universities, Board on Higher Education and Workforce (BHEW), Policy and Global Affairs (PGA), & the National Research Council. (2012). *Research universities and the future of America. Ten breakthrough actions vital to our nation's prosperity and security*. Washington, DC: The National Academies Press.

De Berardis, G., Lucisano, G., D'Ettorre, A., Pellegrini, F., Lepore, V., Tognoni, G., & Nicolucci, A. (2012). Association of aspirin use with major bleeding in patients with and without diabetes. *Journal of the American Medical Association, 307*, 2286–2294.

Gabriel, S. E., Jaakkimainen, L., & Bombardier, C. (1991). Risk of serious gastrointestinal complications related to use of nonsteroidal anti-inflammatory drugs: A meta-analysis. *Annals of Internal Medicine, 115*, 787–796.

Ginsberg, B. (2011). *The fall of the faculty: The rise of the all-administrative university and why it matters*. New York, NY: Oxford University Press.

Smith, T. L., Trapani, J., Decrappeo, A., & Kennedy, D. (2011). Reforming regulation of research universities. *Issues in Science and Technology*. Retrieved April 2013, from http://issues.org/27-4/smith-5/.

Drug Discovery

Angell, M. (2005). *The truth about the drug companies: How they deceive us and what to do about it*. New York, NY: Random House.

Ashton, C. M., & Wray, N. P. (2013). *Comparative effectiveness research: Evidence, medicine, and policy*. New York, NY: Oxford University Press.

Dormandy, J. A., Charonne, B., Eckland, D. J. A., Erdmann, E., Massi-Benedetti, M., Moules, I. K., . . . Taton, J. (2005). Secondary prevention of macrovascular events in patients with type 2 diabetes in the PROactive Study. *Lancet, 366*, 1279–1289.

Feeley, J. (2008, October 22). Wyeth ordered to pay $3 million in fen-phen trial (Update2). *Bloomberg News*. Retrieved September 2013, from http://www.bloomberg.com/apps/news?pid=newsarchive&sid=aMJLRFEDuKVM.

Goldacre, B. (2013). *Bad pharma: How drug companies mislead doctors and harm patients*. New York, NY: Random House.

Institute of Medicine (IOM). (2012). *Ethical and scientific issues in studying the safety of approved drugs*. Retrieved September 2013, from http://www.iom.edu/Reports/2012/Ethical-and-Scientific-Issues-in-Studying-the-Safety-of-Approved-Drugs.aspx.

Kahn, S. E., Haffner, S. M., Heise, M. A., Herman, W. H., Holman, R. R., Jones, N. P., . . . Viberti, G. (2006). Glycemic durability of rosiglitazone, metrormin, or glyburide monotherapy. *New England Journal of Medicine, 355*, 2427–2443.

Moynihan, R., & Cassels, A. (2005). *Selling sickness: How drug companies are turning us all into patients*. New York, NY: Nation Books.

Nissen, S., & Wolski, K. (2007). Effect of rosiglitazone on the risk of myocardial infarction and death from cardiovascular causes. *New England Journal of Medicine, 356*, 2457–2471.

Pharmaceutical industry. (n.d.). *Wikipedia*. Retrieved January 2013, from http://en.wikipedia.org/wiki/Pharmaceutical_industry.

Pringle, E. (2006, August 23). Fen-phen may cause rummage sale of Wyeth assets—Fen-phen trial resources. *LawyersandSettlements.com*. Retrieved September 2013, from http://www.lawyersandsettlements.com/articles/pph_class_action/fen_phen-00286.html#.UknsDr4o5jo.

Springen, K., & Cowley, G. (1997, September 29). After phen-fen. *Newsweek*. Retrieved July 2014, from http://www.newsweek.com/after-fen-phen-172714.

Vastag, B. (2012, July 7). US pushes for more scientists, but the jobs aren't there. *Washington Post*. Retrieved July 2012, from http://www.washingtonpost.com/national/health-science/us-pushes-for-more-scientists-but-the-jobs-arent-there/2012/07/07/gJQAZJpQUW_story.html.

第十二章

Missions

American Cancer Society. *ACS mission statements*. Retrieved September 2012, from http://www.cancer.org/aboutus/whoweare/acsmissionstatements.

James S. Olson. (2009). MD Anderson Cancer Center: Making cancer history. http://www.mdanderson.org.

Yale University. (n.d.). *University mission statement*. Retrieved June 2012, from http://www.yale.edu/about/mission.html.

Thomas Parran

Parran, T. (1937). *Shadow on the land: Syphilis*. New York, NY: Reynal & Hitchcock.

Snyder, L. P. (1995). The career of Surgeon General Thomas J. Parran, Jr., MD (1892–1968). *Public Health Reports, 110*, 630–632.

Vergano, D. (2013, February 27). Controversy engulfs STD association over name of Thomas Parran Award. *USA Today*. Retrieved July 2014, from http://www.usatoday.com/story/tech/sciencefair/2013/02/26/parran-award-controversy/1948705/.

Wright, J. J. (1951). Venereal disease control. *Journal of the American Medical Association, 147*, 1408–1411.

Prostate Cancer Screening

Andriole, G. L., Crawford, D., Grubb, R. L., Buys, S. S., Chia, D., Church, T. R., . . . Berg, C. D. (2009). Mortality results from a randomized prostate-cancer screening trial. *New England Journal of Medicine, 360*, 1310–1319.

Barry, M. J. (2009). Screening for prostate cancer—the controversy that refuses to die. *New England Journal of Medicine, 360*, 1351–1354.

Bill-Axelson, A., Garmo, H., & Holmberg, L. (2013). Long-term distress after radical prostatectomy versus watchful waiting in prostate cancer: A longitudinal study from the Scandinavian Prostate Cancer Group-4 Randomized Clinical Trial. *European Urology, 64*(6), 920–928.

Bill-Axelson, A., Holmberg, L., Ruutu, M., Garmo, H., Stark, J. R., Busch, C., . . . Johansson, J. E. (2011). Radical prostatectomy versus watchful waiting in early prostate cancer. *New England Journal of Medicine, 364*, 1708–1717.

Chou, R., Croswell, J. M., Dana, T., Fu, R., Blazina, I., Gleitsmann, K., & Rugge, J. B. (2011). Screening for prostate cancer: A review of the evidence for the US Preventive Services Task Force. *Annals of Internal Medicine, 155*, 762–771.

Moyer, V. A., & the US Preventive Services Task Force. (2012). Screening for prostate cancer: U.S. Preventive Services Task Force recommendation statement. *Annals of Internal Medicine, 157*, 120–134.

Schröder, F. H., Hugosson, J., Roobol, M. J., Tammela, T. L., Ciatto, S., Nelen, V., . . . Auvinen, A. (2009). Screening and prostate-cancer mortality in a randomized European study. *New England Journal of Medicine, 360*, 1320–1328.

Task force sticks to its guns on PSA screening; urologists respond strongly, quickly. (2012, May 22). *Urology Times*. Retrieved August 2012, from http://urologytimes.modernmedicine.com/urology-times/news/modernmedicine/modern-medicine-news/task-force-sticks-its-guns-psa-screening-urol.

Wilt, T. J., Brawer, M. K., Jones, K. M., et al. (2012). Radical prostatectomy versus observation for localized prostate cancer. *New England Journal of Medicine, 367,* 203–213.

Optimizing vs. Maximizing

Christensen, C. (1997). *The innovator's dilemma: When new technologies cause great firms to fail.* Cambridge, MA: Harvard Business Press.

Drucker, P. F. (1999). Innovation and entrepreneurship. New York, NY: HarperCollins.

Opportunity Cost

Jewell, E. J., & Abate, F. (2001). *The new Oxford American dictionary.* New York, NY: Oxford University Press.

Kreps, D. M. (2004). *Microeconomics for managers.* New York, NY: W. W. Norton.

Environments That Promote Creativity

Amabile, T. (1983). *The social psychology of creativity.* New York, NY: Springer-Verlag.

The Hemi Q&A: Fareed Zakaria. (2013, February). *Hemispheres Magazine, 130,* p. 73.

Levy, S. (2011). *In the plex: How Google thinks, works, and shapes our lives.* New York, NY: Simon & Schuster.

Morgan, J. M., & Liker, J. K. (2006). *The Toyota product development system.* New York, NY: Productivity Press.

Petsko, G. A. (2012). Goodbye Columbus. *Genome Biology, 13,* 155–156.

Raudsepp, E. (1963). *Managing creative scientists and engineers: A new management program for increasing professional creativity in industry.* New York, NY: Macmillan.

Seligman, C., Fazio, R. H., & Zanna, M. P. (1980). Effects of salience of extrinsic rewards on liking and loving. *Journal of Personality and Social Psychology, 38,* 453.

Mentorship and Lab Environment Promotes Creativity

A handful of Nobels. Five laureates from 2012 Lindau Nobel Laureate Meeting give us their thoughts on everything from Higgs Boson to climate change. (2012). *Nature, 490,* S8–S12.

Bynum, W. (2012). What makes a great lab? *Nature, 490,* 31–32.

Flier, J. S. (2013). Creating a Nobel culture. *Science*, *339*, 140–141.
Haroche, S. (2012). The secrets of my prizewinning research. *Nature*, *490*, 311.
Ness, R. B. (2013). *Genius unmasked*. New York, NY: Oxford University Press.

Constraints Are Not All Harmful

Patrick, C. (1955). *What is creative thinking?* New York, NY: Philosophical Library.
Raudsepp, E. (1963). *Managing creative scientists and engineers: A new management program for increasing professional creativity in industry*. New York, NY: Macmillan.
Senor, D., & Singer, S. (2011). *Start-up nation: The story of Israel's economic miracle*. New York, NY: Random House.

第十三章

Arrowsmith

Lewis, S. (1925). *Arrowsmith*. New York, NY: Harper Collins.

Personality Characteristics of Innovators

Adelson, B. (2003). Issues in scientific creativity: Insight, perseverance and personal technique profiles of the 2002 Franklin Institute laureates. *Journal of the Franklin Institute*, *340*, 163–189.
Choi, J. N. (2004). Individual and contextual predictors of creative performance: The mediating role of psychological processes. *Creativity Research Journal*, *16*, 187–199.
Csikszentmihalyi, M. (1996). *Creativity: Flow and the psychology of discovery and invention*. New York, NY: Harper Collins.
Dellas, M., & Gaier, E. L. (1970). Identification of creativity: The individual. *Psychological Bulletin*, *73*, 55–73.
Dollinger, S. J., Urban, K. K., & James, T. A. (2004). Creativity and openness: Further validation of two creative product measures. *Creativity Research Journal*, *16*, 35–47.
Dowd, E. T. (1989). The self and creativity: Several constructs in search of a theory. In J. A. Glover, R. R. Ronning, & C. R. Reynolds (Eds.), *Handbook of creativity* (pp. 233–242). New York, NY: Basic Books.
Eysenck, H. J. (1997). Creativity and personality. In M. A. Runco & R. S. Albert (Eds.), *The creativity research handbook* (Vol. 1, pp. 41–66). Cresskill, NJ: Hampton Press.

Feist, G. J. (1998). A meta-analysis of personality in scientific and artistic creativity. *Personality and Social Psychology Review, 4*, 290–309.

Gardner, H. (1994). The creators' patterns. In M. A. Boden (Ed.), *Dimensions of creativity* (pp. 143–158). Cambridge, MA: MIT Press.

Martindale, C. (1989). Personality, situation, and creativity. In J. A. Glover, R. R. Ronning, & C. R. Reynolds (Eds.), *Handbook of creativity* (pp. 211–232). New York, NY: Basic Books.

McCrae, R. R., & Costa, P. T. (1997). Conceptions and correlates of openness to experience. In R. Hogan, J. Johnson, & S. Briggs (Eds.), *Handbook of personality psychology* (pp. 825–847). San Diego, CA: Academic Press.

Sternberg, R. J. (1988). A three-facet model of creativity. In R. J. Sternberg (Ed.), *The nature of creativity* (pp. 125–147). New York, NY: Cambridge University Press.

Underbelly of Creativity

Associated Press. (2011, January 7). Will autism fraud report be a booster? Retrieved January 2011, from http://www.foxnews.com/us/2011/01/06/autism-fraud-report-vaccine-booster/.

Blass, T. (2004). *The man who shocked the world: The life and legacy of Stanley Milgram*. New York, NY: Basic Books.

Goodlee, F., Smith, J., & Marcovitch, H. (2011). Wakefield's article linking MMR vaccine and autism was fraudulent. *British Medical Journal, 342*, c7452.

Korn, J. (1997). *Illusions of reality: A history of deception in social psychology.* Albany: State University of New York Press.

Smith, M. J., Ellenberg, S. S., Bell, L. M., & Rubin, D. M. (2008). Media coverage of the measles-mumps-rubella vaccine and autism controversy and its relationship to MMR immunization rates in the United States. *Pediatrics, 121*, e836–e843.

Wakefield, A. J., Murch, S. H., Anthony, A., Linnell, J., Casson, D. M., Malik, M., . . . Walker-Smith, J. A. (1998). Ileal-lymphoid-nodular hyperplasia, non-specific colitis, and pervasive developmental disorder in children. *Lancet, 351*, 637–641.

Conflict of Interest

Bekelman, J. E., Li, Y., & Gross, C. P. (2003). Scope and impact of financial conflicts of interest in biomedical research. *Journal of the American Medical Association, 289*, 454–465.

Jefferson, T., Di Pietrantonj, C., Debalini, M. G., Rivetti, A., & Demicheli, V. (2009). Relation of study quality, concordance, take home message, funding, and impact in studies of influenza vaccines: Systematic review. *British Medical Journal, 338*, b354.

Lexchin, J., Bero, L. A., Djulbegovic, B., & Clark, O. (2003). Pharmaceutical industry sponsorship and research outcome and quality: Systematic review. *British Medical Journal*, *326*, 1167–1170.

Scientific Misconduct Motivated by Fame

Begley, C. G., & Ellis, L. M. (2012). Drug development: Raise standards for preclinical cancer research. *Nature*, *483*, 531–533.

Fang, F. C., Steen, R. G., & Casadevall, A. (2012). Misconduct accounts for the majority of retracted scientific publications. *Proceedings of the National Academy of Sciences USA*, *109*, 17028–17033.

How science goes wrong. (2013, October 9). *The Economist*. Retrieved February 2014, from http://www.economist.com/news/leaders/21588069-scientific-research-has-changed-world-now-it-needs-change-itself-how-science-goes-wrong.

Macleod, M. R., Michie, S., Roberts, I., Dirnagl, U., Chalmers, I., Ioannidis, J. P., . . . Glasziou, P. (2014). Biomedical research: Increasing value, reducing waste. *Lancet*, *383*, 101–104.

Prinz, F., Schlange, T., & Asadullah, K. (2011). Believe it or not: How much can we rely on published data on potential drug targets? *Nature Reviews Drug Discovery*, *10*, 712.

Stuart, O., Popovich, W., Deitrich, D., & Kleitman, N. (2012). Replication and reproducibility in spinal cord injury research. *Experimental Neurology*, *233*, 597–605.

Overly Burdensome Research Regulation

Bronowski, J. (2011). *Ascent of man*. New York, NY: Random House.

Decker, R. S., Wimsatt, L., Trice, A. G., & Konstan, J. A. (2007). A profile of federal-grant administrative burden among federal demonstration partnership faculty. Retrieved June 2013, from http://www.iscintelligence.com/archivos_subidos/usfacultyburden_5.pdf.

Federal Demonstration Partnership. (n.d.). *Faculty Standing Committee*. Retrieved September 2013, from http://sites.nationalacademies.org/PGA/fdp/PGA_055749.

Orwell, G. (2006). *Nineteen eighty-four*. New York, NY: Editions Underbahn.

Raudsepp, E. (1963). *Managing creative scientists and engineers: A new management program for increasing professional creativity in industry*. New York, NY: Macmillan.

Rockwell, S. (2009). The FDP faculty burden survey. *Research Management Review, 16*, 29–44.

Smith, T. L., Trapani, J., Decrappeo, A., & Kennedy, D. (2011). Reforming regulation of research universities. *Issues in Science and Technology*. Retrieved April 2013, from http://issues.org/27-4/smith-5/.

第十四章

Public-Scientific Profession Dialogue

Chalmers, I., Bracken, M. B., & Djulbegovic, B. (2014). Research: Increasing value, reducing waste: How to increase value and reduce waste when research priorities are set. *Lancet, 383*, 156–165.

Committee on Research Universities, Board on Higher Education and Workforce (BHEW), Policy and Global Affairs (PGA), & the National Research Council. (2012). *Research universities and the future of America. Ten breakthrough actions vital to our nation's prosperity and security*. Washington, DC: The National Academies Press.

The New York Times. (n.d.). Tawana Brawley: News about Tawana Brawley, including commentary and archival articles published in *The New York Times*. Retrieved February 2014, from http://topics.nytimes.com/top/reference/timestopics/people/b/tawana_brawley/.

Scientific Rules Only When Necessary

AAU, APLU, COGR submit comment on NSB faculty regulatory burden. (2013, June 5). Retrieved October 2013, from http://www.aau.edu/WorkArea/DownloadAsset.aspx?id=14439.

Committee on Research Universities, Board on Higher Education and Workforce (BHEW), Policy and Global Affairs (PGA), & the National Research Council. (2012). *Research universities and the future of America. Ten breakthrough actions vital to our nation's prosperity and security*. Washington, DC: The National Academies Press.

HIPAA

Nass, S. J., Levit, L. A., & Gostin, L. O. (Eds.). (2009). *Beyond the HIPAA privacy rule: Enhancing privacy, improving health through research*. Washington, DC: National Academies Press.

Ness, R. B. (2007). Influence of the HIPAA privacy rule on health research. *Journal of the American Medical Association, 298*, 2164–2170.

National Children's Study

Bishop, D. (2011, June 25). The National Children's Study: A view from across the pond. *BishopBlog.* Retrieved September 2013, from http://deevybee.blogspot.com/2011/06/national-childrens-study-view-from.html.

Eunice Kennedy Shriver National Institute of Child Health and Development. (2012). *Scientific vision: The next decade—2012.* Washington, DC: US Government Printing Office.

Improving the health of America's children: The National Children's Study. http://www.nationalchildrensstudy.gov/Pages/default.aspx.

Kaiser, J. (2013). The Children's Study: Unmet promises. *Science, 339,* 133–136.

Landrigan, P. J., Trasande, L., & Thorpe, L. E. (2006). The National Children's Study: A 21-year prospective study of 100,000 American children. *Pediatrics, 118,* 2173–2186.

Paneth, N. (2013). Restoring science to the National Children's Study. *Journal of the American Medical Association, 309,* 1775–1776.

Reduce Errors and Deter Misconduct

Announcement: Reducing our irreproducibility. [Editorial]. (2013, April 24). *Nature.* Retrieved February 2014, from http://www.nature.com/news/announcement-reducing-our-irreproducibility-1.12852.

Dickersin, K., Chan, S., Chalmers, T. C., Sacks, H. S., & Smith, H., Jr. (1987). Publication bias and clinical trials. *Controlled Clinical Trials, 8,* 343–353.

Easterbrook, P. J., Berlin, J. A., Gopalan, R., & Matthews, D. R. (1991). Publication bias in clinical research. *Lancet, 337,* 867–872.

Ellis, L. (2013, May 13–14). *Issues with the publication and replication of scientific studies.* Presentation to Committee on Science Technology and the Law, National Academies of Science, Washington, DC.

Haynes, A. B., Weiser, T. G., Berry, W. R., et al. (2009). A surgical safety checklist to reduce morbidity and mortality in a global population. *New England Journal of Medicine, 360,* 491–499.

Journal of Articles in Support of the Null Hypothesis. http://www.jasnh.com/m2.htm

Open Science Framework. (2012). *Reproducibility project: Psychology.* Retrieved February 2014, from https://osf.io/ezcuj/wiki/home/.

Orlitzky, M. (2011). Institutional logics in the study of organizations: The social construction of the relationship between corporate social and financial performance. *Business Ethics Quarterly, 21,* 409–444.

Park, I-U., Peacey, M. W., & Munato, M. R. (2014). Modelling the effects of subjective and objective decision making in scientific peer review. *Nature, 506,* 93–96.

Validation Science Exchange. (n.d.). *Reproducibility Initiative. Identifying and rewarding high quality research.* Retrieved June 2014, from http://validation.scienceexchange.com/#/reproducibility-initiative.

Van Noorden, R. (2013, October 16). Initiative gets $1.3 million to verify findings of 50 high-profile cancer papers. *Nature News Blog.* Retrieved February 2014, from http://blogs.nature.com/news/2013/10/initiative-gets-1-3-million-to-verify-findings-of-50-high-profile-cancer-papers.html.

Managing Creative People

Amabile, T. (1983). *The social psychology of creativity.* New York, NY: Springer-Verlag.

Csikszentmihalyi, M. (1996). *Creativity: Flow and the psychology of discovery and invention.* New York, NY: Harper Collins.

Ernst & Young. (2010). *Igniting innovation. How hot companies fuel growth from within.* EYGM Limited. Retrieved July 2014 from http://www.ey.com/GL/en/Services/Strategic-Growth-Markets/Igniting-innovation-how-hot-companies-fuel-growth-from-within---Design-a-career-path-for-your-intrapreneurs.

Farnham, A., & Davis, J. E. (1994, January 10). How to nurture creative sparks. Workers burning with great ideas are your hottest competitive resource. Handle them right, and you can stoke that flame. *Fortune.* Retrieved February 2013, from http://money.cnn.com/magazines/fortune/fortune_archive/1994/01/10/78834/index.htm.

Heil, G., Bennis, W., & Stephens, D. C. (2000). *Douglas McGregor, revisited: Managing the human side of the enterprise.* New York, NY: Wiley.

Mumford, M. D. (2000). Managing creative people: Strategies and tactics for innovation. *Human Resource Management Review, 10,* 313–351.

Scott, R. K. (1995). Creative employees: A challenge to managers. *Journal of Creative Behavior, 29,* 64–71.

Torr, G. (2011). *Managing creative people: Lessons in leadership for the ideas economy.* Hoboken, NJ: Wiley.

第十五章

A Common Definition of Innovation

Cast, J. L. (1994). *Complexification: Explaining a paradoxical world through the science of surprise.* London, UK: Abacus.

Meyer, W. U., & Niepel, M. (1994). Surprise. *Encyclopedia of Human Behavior, 4,* 353–358.

Moore, T. (2009). *DARPA: Bridging the gap powered by ideas*. Retrieved June 2014, from http://www.dtic.mil/dtic/tr/fulltext/u2/a510795.pdf.

Models for Adopting Innovation

Csikszentmihalyi, M. (1996). *Creativity: Flow and the psychology of discovery and invention*. New York, NY: Harper Collins.

Kuhn, T. S. (1962). *The structure of scientific revolutions*. Chicago, IL: University of Chicago Press.

Prochaska, J. O., Redding, C. A., & Evers, K. E. (2008). The transtheoretical model and stages of change. In K. Glantz, B. K. Rimer, & K. Viswanatth (Eds.), *Health behavior and health education* (4th ed., pp. 97–122). San Francisco, CA: Jossey-Bass.

Academic Institutions Should Be Proactive

James Webb Space Telescope. *NASA*. http://www.nasa.gov/.

Focusing Attention on Innovation—Affordable Care Act

Chernew, M. E., Mechanic, R. E., Landon, B. E., & Safran, D. G. (2011). Private-payer innovation in Massachusetts: The "alternative quality contract." *Health Affairs, 30*, 51–61.

Fisher, E. S., & Shortell, S. M. (2010). Accountable care organizations. *Journal of the American Medical Association, 304*, 1715–1716.

Goodson, J. D. (2010). Patient Protection and Affordable Care Act: Promise and peril for primary care. *Annals of Internal Medicine, 152*, 742–744.

Jost, T. S. (2010). *Health insurance exchanges and the Affordable Care Act: Key policy issues*. London, UK: Commonwealth Fund.

Paulus, R. A., Davis, K., & Steele, G. D. (2008). Continuous innovation in health care: Implications of the Geisinger experience. *Health Affairs, 27*, 1235–1245.

Shortell, S. M., Casalino, L. P., & Fisher, E. S. (2010). How the Center for Medicare and Medicaid Innovation should test accountable care organizations. *Health Affairs, 29*, 1293–1298.

第十六章

Janelia Farm

Howard Hughes Medical Institute. (2003). *Janelia Farm Research Campus: Report on program development*. Retrieved February 2013, from http://www.janelia.org/sites/default/files/JFRC.pdf.

Rubin, G. M. (2006). Janelia Farm: An experiment in scientific culture. *Cell, 125*, 209–212.

Regression Analysis

Cramer, J. S. (2012). The origins of logistic regression. *IDEAS*. Retrieved February 2014, from http://ideas.repec.org/p/dgr/uvatin/20020119.html.

Google

He, L. (2013, March 29). Google's secrets of innovation: Empowering its employees. *Forbes*. Retrieved September 2013, from http://www.forbes.com/sites/laurahe/2013/03/29/googles-secrets-of-innovation-empowering-its-employees/.

Kotter, J. (2013, August 21). Google's best new innovation: Rules around "20% time." *Forbes*. Retrieved September 2013, from http://www.forbes.com/sites/johnkotter/2013/08/21/googles-best-new-innovation-rules-around-20-time/.

Levy, S. (2011). *In the plex: How Google thinks, works, and shapes our lives.* New York, NY: Simon & Schuster.

索　引

A

B

D

E

F

G

H

J

N

O

P

Q

R

S

W

X

Y

Z

译后记

《创造力危机——重塑科学以释放潜能》一书马上就要付印，前后历时近3年时间完成的翻译工作终于要画上圆满句号，当然令人高兴。下面我就翻译这本书的缘起、过程及个人感受做一点简单介绍。

我负责翻译这本书缘起于一个电话：高福院士于2015年上半年的某一天给我来了一个电话，说有一本关于创新的英文原著非常不错，书中许多崭新的观点对国内科技界和创新工作都有启发，因此想把它翻译成中文。高福院士认为我是搞政策研究的博士，长期从事科技管理工作，在翻译这本书时可能理解得更加准确，语言也更加专业。尽管我从没有翻译整本图书的经验（可能也正因为不知道翻译一本书的工作量才"无知者无畏"地接了下来），但一方面出于对老领导的尊重，另一方面出于学术上的一点追求，就一口答应下来。

经过简短的沟通，翻译任务由我及美国肯塔基大学的安敏博士承担，高福院士和美国得克萨斯大学的安志强教授负责译后的审校。从某种程度上来说，翻译好一本书其实是又一次的重新写作，甚至比新写作更难，因为不仅要忠于作者的原意，还要文字流畅，不能翻成"英式"中文。不过，这本书的翻译难度远远超出我的预期，其内容不仅涉及科技政策和科研管理领域，更涉及包括医学与公共卫生在内的诸多学科领域的术语和科学史。翻译过程中，我查阅了大量文献资料，前后历时8个月左右总算交出了初稿。然而，我又庆幸自己能有机会翻译这样一本书。这本书包含了作者在美国经历几十年科研实践和创新管理后的深刻思考，许多都是真知灼见的反思，都是对美国国内现行科技体制机制的反思甚至批判，其中有许多是中国正在经历的事情，尤其值得我们借鉴和思考。一言以蔽之，我本人读后的感觉不亚于早年读了《科学——没有止境的前沿》之后的震撼和收获。

交完译稿后，我本以为很快就可以出版了。不料，高福院士非常严谨认真，他真的认真“较劲”地进行了审校。花了很长时间阅读译稿后，他提出了许多需要修改的地方，包括翻译的规范、前后文的统一和部分术语准确性的问题。说真的，我没有想到高福院士那么繁忙还能花时间来校稿。他认真到近乎“挑剔”的态度深深地感染了我。我根据他的修改意见，下了更大的功夫，有疑问的地方还当面请教了作者罗伯塔·乃斯（Roberta Ness）教授及有关专家，力求更加准确，对全文又重新进行了修改完善。之后，我与高福院士又往回不下三次，每次都是我修改完全文，他再审核提出意见。高福院士的一句话让我非常受教，“不要急于出版，把质量放在首位，一旦出版了，白纸印上了黑字，所造成的影响和错误就是永远的，再也不能挽回了”。

翻译这本书的过程中，我还得到了许多人的帮助，向他们请教了翻译的有关问题或者征求了意见。这些人员包括又不局限于：中国科学院有机化学研究所所长丁奎岭院士，中国科学院心理研究所所长傅小兰研究员，中国科学院国家空间科学中心副主任王赤研究员，暗物质粒子探测卫星首席科学家、中国科学院紫金山天文台副台长常进研究员，中国科学院微生物研究所蔡真副研究员，中国科学院遗传与发育生物学研究所农业资源研究中心王文惠和卢洁同志。客观地说，没有这些专家的指正和帮助，本书的翻译很难达到现在的质量和水平。

当然，我最需要感谢的是我的家人。在周末和假日回家时，他们仍然能够包容我在无数个夜晚忽略了他们而趴在电脑前去码这些文字。

尽管如此，因水平所限，不足之处仍在所难免，诚挚地希望读者不吝指教。

赵军

2018年3月20日

于北京